Wulfmeyer, Lippe 1933

Copyright:
AJZ Druck und Verlag GmbH
Bielefeld 1987
ISBN 3-921680-70-0
Satz: digitron, Bielefeld
Druck und Vertrieb:
AJZ Druck und Verlag GmbH
Heeperstr. 132
4800 Bielefeld 1

Reinhard Wulfmeyer

Lippe 1933

Die faschistische Machtergreifung in einem deutschen Kleinstaat

AJZ Verlag

Inhalt

Vorwort	1
Lippe vor der Landtagswahl vom 15.1.1933	3
Der Weg zur NS-Landesregierung Dr. Krappe	14
Die Regierungsübernahme durch die Nationalsozialisten im Urteil der Öffentlichkeit	24
Erste Unterdrückungsmaßnahmen und der Wahlkampf zur Reichstagswahl vom 5.3.33	34
SA-Willkür nach der Wahl vom 5.3.33	52
Das neue Regime etabliert sich mit Terror und Propaganda	67
Erste Maßnahmen gegen Sozialdemokraten	67
Die Potsdamer Rührkomödie	74
Boykotthetze gegen die Juden	78
Denunziation und Anpassung	84
Führerkult	94
Gleichschaltung in den Gemeinden	98
Die Zerschlagung der Gewerkschaften	104
Die Gleichschaltung der Vereine und Verbände	119
Die Einsetzung des Reichsstatthalters und das Ende des Parteienstaates	124
Die kulturelle und geistig-ideologische Gleichschaltung	135
Die Propaganda für Frieden und Arbeitsbeschaffung vor der Volksabstimmung vom 12.11.33	143
Widerstand gegen den NS-Staat	156
Anmerkungen	174
Quellen- und Literaturverzeichnis	196
Verzeichnis der Interview- und Gesprächspartner	199
Verzeichnis der im Text genannten lippischen Städte und Gemeinden	200
Verzeichnis der wichtigsten Redner der NSDAP im Landtagswahlkampf	202
Verzeichnis der Abbildungen	202

Vorwort

Die vorliegende Arbeit versteht sich als Beitrag zur Schärfung des historischen Gedächtnisses.

Jahrzehntelang war – keineswegs nur in Lippe – der Nationalsozialismus für die Lokal- und Regionalgeschichtsschreibung ein Thema, das man besser mit Schweigen überging. Zu groß erschien die Gefahr, daß örtliche Honoratioren, geachtete Mitbürger oder ganze Bevölkerungsgruppen durch derartige Veröffentlichungen kompromittiert würden, daß Geschichte als bloße Enthüllungsgeschichte mißverstanden werden könnte. Doch seit der Mitte der 70er Jahre ist in dieser Hinsicht ein merklicher Wandel eingetreten, so daß inzwischen die lokalen und regionalen Studien über die Jahre 1933 - 1945 unübersehbar sind. Hier reiht sich *Lippe 1933* ein.

Diese Arbeit fragt nach Gründen, weshalb der Nationalsozialismus im hiesigen Raum – wie in anderen Reichsteilen – so schnell siegen konnte, sie fragt, welche Personen, Gruppierungen und Schichten ihn gefördert, toleriert oder auch bekämpft haben. Dabei bleibt es kein Geheimnis, daß die Sympathie des Verfassers nicht jenen gehört, die aus opportunistischer Anpassung heraus "gefehlt" haben oder den Verlockungen des Nationalsozialismus "erlegen" sind (wie gängige verharmlosende Formulierungen lauten), sondern jenen, die sich dem Regime widerwillig anpassen mußten oder versuchten, dem antihumanistischen Zeitgeist möglichst lange zu widerstehen.

Ein solcher Standpunkt des Verfassers ist legitim. Da der Nationalsozialismus selbst parteiisch und nicht neutral war, kann auch nicht unparteiisch über ihn geschrieben werden.

Objektivität im naturwissenschaftlichen Sinne gibt es in der Geschichtswissenschaft nicht. Dies festzustellen bedeutet aber keineswegs die Rechtfertigung von parteilicher Interpretationswillkür. Es soll nur verdeutlicht werden, daß sich der Verfasser der Standortgebundenheit seiner eigenen Wertungen bewußt ist, denn jeder Historiker kann die unendliche Mannigfaltigkeit der geschichtlichen Wirklichkeit nie unmittelbar, sondern nur durch seine persönliche Perspektive erfahren.[1] Trotz dieser Einschränkung ist der Verfasser der Meinung, nirgendwo den Bereich des wissenschaftlich Belegbaren und Verantwortbaren verlassen zu haben. An mehreren Stellen werden zudem kontroverse Interpretationen aus der Geschichtswissenschaft einbezogen. Weiterhin gilt als selbstverständlich, daß die vorgelegten Interpretationen keine dogmatischen Wahrheiten sind, sondern sich im Verlauf des fortschreitenden wissenschaftlichen Erkenntnisprozesses als korrekturbedürftig erweisen können.

Die vorliegende Darstellung basiert nicht auf einer bestimmten, schlüssigen Faschismus-Theorie. Sie akzeptiert jedoch keine Deutung, die den Nationalsozialismus einseitig aus dem Denken und Handeln einzelner Führer ableitet und erklärt. Vielmehr ist der Verfasser der Meinung, daß die Schlußfolgerung der CDU der Britischen Zone aus dem Jahre 1947 ("Das kapitalistische Wirtschaftssystem ist den staatlichen und sozialen Lebensinteressen des deutschen Volkes nicht gerecht geworden") ein bemerkenswerter Interpretationsansatz ist. Er geht ferner davon aus, daß es sich bei dem Nationalsozialismus nicht um einen "Betriebsunfall" in der deutschen Geschichte handelt, sondern dieser *auch* ein Resultat deutscher Geschichte ist. Genauer gesagt, einer geschichtlichen Sonderentwicklung der bürgerlichen Gesellschaft in Deutschland.[2]

Die stilistische Ausformung des Textes wurde von der Absicht bestimmt, diese Studie nicht nur einem kleinen Kreis historisch Interessierter zu widmen, sondern sie für ein breiteres Publikum lesbar zu machen. Denn nur ein möglichst umfangreiches Wissen vieler, insbesondere junger Menschen über die Gründe des "Erfolges" des deutschen Unrechtsstaates kann wirksam dazu beitragen, einen Schutzwall zur Verteidigung von Demokratie zu errichten.

Manchen Leser mögen die zahlreichen Anmerkungen in seinem Lesefluß hemmen. Der Verfasser ist jedoch der Meinung, daß angesichts der vielen Detailangaben und mancher vielleicht überraschender Informationen und Interpretationen die folgende Darstellung nicht ohne die konkreten Belege veröffentlicht werden darf, damit jeder Leser die Möglichkeit der eigenen empirischen Überprüfung erhält. Sollten trotz aller Gewissenhaftigkeit einzelne Irrtümer nicht zu vermeiden gewesen sein, so bittet der Verfasser um Nachsicht und Nachricht. Auch ergänzende Informationen sind jederzeit willkommen.

Lippe vor der Landtagswahl vom 15.1.33

Es waren naßkalte Januartage, mit denen das neue Jahr 1933 begann, auf das die lippische Bevölkerung ihre Hoffnung setzte – soweit sie nicht bereits in Resignation verfallen war oder ihr Heil bei den Nationalsozialisten suchte: Würde es im neuen Jahr wirtschaftlich wieder bergauf gehen? Würde es wieder mehr Arbeit für die Menschen geben? Würden der Lohnabbau und die Massenverarmung in Deutschland endlich ein Ende haben? Würde das Reich dann auch politisch in ein ruhigeres und demokratisches Fahrwasser steuern? Würden die politischen Krawalle und Schlägereien zwischen Rechts und Links aufhören? Und würden schließlich auch die fanatischen Braunhemden wieder aus den Straßen und von der politischen Bildfläche verschwinden? Bange Fragen der übergroßen Mehrheit der lippischen Bevölkerung.

Landespräsident Heinrich Drake (SPD), der lippische Regierungschef, glaubte, seinen Mitbürgern in seinem Neujahrsgruß von ersten hoffnungsvollen Anzeichen am deutschen und internationalen Konjunkturhimmel künden zu können: "Leute, die es wissen könnten und die sogar mit einem wissenschaftlichen Mantel versehen sind, sagen uns, die ersten Anzeichen einer leichten Besserung seien zu verspüren."[1]

Heute wissen wir, daß in der Tat bereits zu diesem Zeitpunkt – und nicht erst nach Hitlers Machtantritt – die Weltwirtschaftskrise ihr Ende erreicht hatte und es bald weltweit bergauf gehen sollte.

Zunächst jedoch wurde das kleine lippische Land von einer furchtbaren Epidemie heimgesucht, die für nicht wenige Menschen tödlich endete: Eine Grippewelle legte weite Teile des öffentlichen Lebens lahm. Dabei sollte dieses kleine Land in jenen Wochen noch eine zweite "Epidemie" durchmachen müssen, ohne daß es sich dagegen wehren konnte: Ohne eigenes Zutun war es nämlich wenige Wochen vorher von der Reichsleitung der NSDAP zum entscheidenden "Schlachtfeld" für die propagandistische Offensive dieser Partei zur Erringung der Regierungsgewalt im Reich bestimmt worden. Freilich fielen die tatsächlich ausschlaggebenden Entscheidungen auf dem Wege zum 30. Januar 1933 dann aber doch an anderen Orten hinter den Kulissen.

Warum nun wurde diesem – nach Schaumburg-Lippe kleinsten – deutschen Land diese überdimensionierte Rolle von der NSDAP aufgezwungen?
Sollten seine 120.000 Wähler etwa stellvertretend für alle 68 Millionen Deutschen sprechen? Um diese Fragen beantworten zu können, müssen wir einen kurzen Blick zurück auf das Jahr 1932 werfen.

Am Anfang dieses Jahres stand ein bemerkenswerter Erfolg für die lippische NSDAP. Nach einem Wahlkampf, der von ihr mit übergroßem Einsatz von Menschen und Material geführt worden war – Hitler hatte vor 7000 Zuhörern in Lemgo gesprochen, SA-Kader aus Westfalen, Hannover und Braunschweig waren als Verstärkung der lippischen Einheiten eingesetzt worden –, gingen die Nazis als eindeutige Sieger aus den Kreis- und Gemeindewahlen vom 10.1.1932 hervor. Während der gemeinsame Stimmenanteil der Arbeiterparteien SPD und KPD gegenüber früheren Wahlen im wesentlichen konstant geblieben war, konnte die NSDAP weite Teile des Bürgertums und Kleinbürgertums an sich binden. Unter dem wirtschaftlichen Druck der Weltwirtschaftskrise politisch orientierungslos geworden, wurde die bürgerliche Mitte zusehends zerrieben. Die zehn Jahre vorher noch starke bürgerliche Mitte existierte nicht mehr.[2]

Dieser für die NSDAP günstige Trend in der Wählergunst hielt auch im Frühjahr und Sommer bei den Reichspräsidenten- und Reichstagswahlen an. Zwar gelang es weder Hitler, in das Amt des Reichspräsidenten gewählt zu werden, noch seiner Partei, die Regierung zu übernehmen, festzuhalten bleibt freilich, daß die deutschen Faschisten in einer von politischem Terror bestimmten Atmosphäre erfolgreich ihre Stimmenanteile im Reich wie auch in Lippe erheblich zu steigern vermochten: 37,4% im Reich und 40,6% in Lippe am 31.7.32 machten die NSDAP zur eindeutig stärksten Partei.

Für viele ihrer Anhänger war es daher nur noch eine bloße Frage der Zeit, wann die verhaßte Papen-Regierung durch ein Kabinett Hitler ersetzt würde. Am 8.August notierte Goebbels dementsprechend in seinem Tagebuch: "Die ganze Partei hat sich bereits auf die Macht eingestellt. Die SA verläßt die Arbeitsplätze, um sich bereit zu machen. Die politischen Amtswalter richten sich auf die große Stunde ein. Wenn es gut geht, dann ist alles in Ordnung. Geht es aber schlecht, dann gibt es einen furchtbaren Rückschlag."[3]

Diesen Rückschlag für Hitler und die NSDAP brachte dann der 13.8.32, als der spätere "Gröfaz" (Größter Feldherr aller Zeiten) in einem Gespräch mit Reichspräsident Hindenburg das Angebot ablehnte, als Koalitionspartner in das Kabinett Papen einzutreten. Stattdessen forderte er, wie Hindenburg bald nach dem Gespräch bekanntgab, die "ausschließliche" Macht, was der Reichspräsident in frostiger und brüsker Form zurückwies.

Tiefe Niedergeschlagenheit und Enttäuschung breiteten sich nach diesem Tag der Niederlage unter weiten Teilen der nach Erfolg dürstenden, bisher führergläubigen SA-Massen aus. Wie sollte man jetzt überhaupt an die Macht kommen? Legal? Durch einen Putsch? Würde man überhaupt noch neue Wähler gewinnen können angesichts der relativen Stabilität der Wähleranteile der Arbeiterparteien und des katholischen Zentrums? Bedrohliche Ausmaße nahm in den folgenden Monaten auch das Nachlassen des Stroms finanzieller Großspenden in die Parteikasse an, so daß der Geldmangel die Aktionsfähigkeit der Partei ernsthaft bedrohte.

Es war daher auch keine Überraschung, daß die Partei bei den folgenden Reichstagswahlen am 6.11.1932 einen existenzgefährdenden Rückschlag erlebte. Im Reich stimmten insgesamt 2 Millionen Bürger weniger für sie, ihr Anteil sank auf 33,1% (in Lippe auf 34,7%). Weil sich dieser Trend bei einigen regionalen und lokalen Wahlen der folgenden Wochen dramatisch fortsetzte, blies die NSDAP-Führung mit ihrem allerletzten Aufgebot zum scheinbar alles entscheidenden Propagandagefecht – in Lippe, wo am 15. Januar 1933 reguläre Landtagswahlen anstanden.

Als der Beschluß zu dieser Verzweiflungstat Mitte Dezember 1932 gefaßt wurde, befand sich die gesamte Nazipartei in einer wirklich desolaten Lage: Enttäuschte Wähler wandten sich massenweise von ihr ab; nur mühsam konnte die Parteispitze die erst aufgeputschte, dann frustrierte und so radikalisierte SA im Zaume halten; der Reichsorganisationsleiter Gregor Strasser hatte alle Parteiämter niedergelegt und die

Partei dadurch an den Rand einer Spaltung gebracht; der große Führer selbst dachte an Selbstmord oder erwog Möglichkeiten von Flucht und Asyl im Ausland;[4] manchem NS-freundlichen Unternehmer kamen Bedenken, ob er weiterhin eine Partei in solch desolatem Zustand um der Durchsetzung seiner kapitalistischen Interessen willen unterstützen sollte. Die leeren Parteikassen stellten folglich die Existenz der Partei ernsthaft in Frage: "Das Jahr 1932 war eine ewige Pechsträhne. ... Die Vergangenheit war schwer, und die Zukunft ist dunkel und trübe; alle Aussichten und Hoffnungen vollends entschwunden."[5]

Wenn sich das Schicksal der deutschen Faschisten in den kommenden Wochen dann doch wendete und sie zur Terrorherrschaft gelangten, so haben sie dieses nicht zuletzt einigen führenden Männern der Wirtschaft zu verdanken – schon im November forderten etliche deutsche Unternehmer Hindenburg offiziell auf, Hitler die Kanzlerschaft zu übertragen[6] – sowie konservativ-reaktionären Politikern wie Papen, Hugenberg und Präsidentensohn Oskar von Hindenburg. Deren Gerangel und deren Intrigen hinter den Kulissen erfuhren eine propagandistische Begleitmusik durch das, was sich in den ersten zwei Wochen des neuen Jahres in Lippe abspielte.

Vor der Darstellung des Wahlkampfes zur lippischen Landtagswahl wollen wir einen kurzen Blick auf die innerparteilichen Verhältnisse der NSDAP in Lippe werfen. Was war das für ein Bezirk, den die Reichsleitung für ihren möglicherweise letzten, verzweifelten Existenzkampf ausgewählt hatte?

Lassen wir zunächst einen führenden Parteigenossen selbst zu Wort kommen, der im Frühjahr 1933 nach Lippe kam, um hier das Amt des Regierungschefs zu übernehmen: Ex-Staatsminister Hans-Joachim Riecke erinnert sich: "Im Gegensatz zu dem friedlichen Dasein, das ich in Bückeburg geführt hatte, erwartete mich in Detmold ein wüstes Durcheinander. Zum ersten Mal lernte ich, wie unheilvoll es für eine Organisation sein kann, wenn die Personalbesetzung nicht durch Wahlen 'von unten', sondern durch Anordnung 'von oben' erfolgt. Der erste Bezirksleiter in Lippe war ein Hochstapler gewesen, der zweite war ein Irrenarzt, und man hatte oft den Eindruck, er habe in seiner Amtszeit nur Patienten in die Partei gebracht. Der 1933 im Amt befindliche Bezirksleiter war der Hauptmann a.D. und Kunstmaler Walter Steinecke. Dieser war ein großer Zyniker und gefiel sich darin, Menschen gegeneinander aufzuwiegeln."[7] Daß dies keine vereinzelte und nur der eigenen nachträglichen Rechtfertigung dienende Wertung ist, wird später noch in anderem Zusammenhang zu belegen sein.

Die NSDAP-Lippe bestand Anfang 1933 vermutlich aus 26 Ortsgruppen und 34 Stützpunkten[8] mit 1929 Mitgliedern[9]. Ganz im Gegensatz zur offiziellen Propaganda war der Weg zu diesem Mitglieder- und Organisationsstand aber keineswegs gradlinig. Er war vielmehr seit der Wiedergründung der Ortsgruppe Detmold am 8.5.1925 bestimmt gewesen von einer Vielzahl von Flügel- und Richtungskämpfen, persönlichen Auseinandersetzungen zwischen den führenden Funktionären, Animositäten unter den verschiedenen Parteiorganisationen sowie katastrophalen Organisations- und Kassenverhältnissen. Es gibt zahlreiche Belege für die andauernden Konflikte und das egoistische Kompetenzgerangel auf allen Ebenen der lippischen Parteiorganisation im Jahre 1932. So brandmarkte der damalige Bezirks- oder Landesleiter Steinekke den dauernden "Kriegszustand" zwischen seinem Amtsvorgänger Dr. Fuhrmann und der Ortsgruppe Detmold,[10] beklagte die "seit Jahren übliche Streitereien in der Ortsgruppe Detmold"[11] oder kritisierte, daß "die Zusammenarbeit mit der SA an fast allen Stellen zu wünschen übrig " ließ.[12] Über die finanzielle Lage schrieb Steinecke an die Gläubiger der Partei im Mai 1932: "Geld ist nicht ein Pfennig vorhanden; dagegen aber Zahlungsbefehle und Protestwechsel in einer Höhe von 3500 Rmk."[13] Hinzu kamen zahlreiche Unterschlagungen von Mitgliedsbeiträgen. Kein Wunder, wenn der zuständige Gauschatzmeister Eickel mehrfach die "haarsträubenden Verhältnisse"[14] in Lippe tadelte. In all diesen Jahren – und auch noch nach 1933 – waren die zuständigen Parteigerichte unaufhörlich damit beschäftigt, das Chaos in der lippischen NSDAP zu ordnen.

Wie aus zahlreichen Untersuchungen bekannt ist, entstammte die Mitgliedschaft der NSDAP überwiegend dem Mittelstand. Dies galt auch in Lippe. Häufig waren es kleine Selbständige, Handwerker, Gewerbetreibende sowie Angestellte, von denen viele in der Weltwirtschaftskrise ihren Betrieb oder ihren Arbeitsplatz verloren hatten oder bedroht sahen.

Außerhalb des Mittelstandes zählte ein Großteil landwirtschaftlicher Arbeiter zu den Anhängern der Partei. Fürstliche Weihen erhielt die Partei durch die beiden lippischen Prinzen Ernst und Leopold, die ihr Hakenkreuz ebenso öffentlich trugen[15] wie der frühere fürstliche Staatsminister von Biedenweg, Ex-Kammerherr von Donop und "Exzellenz" Cäsar, der Führer des lippischen Kriegerbundes[16]; auf der Hochzeit der Prinzessin Lilli spielte die SA-Kapelle, und der letzte lippische Fürst Leopold, und seine Frau wurden öffentlich vom *Volksblatt* als unterstützende Gönner der NSDAP bezeichnet.[17] Ab 1931/2 erhielt die Partei dann verstärkt Zulauf von jenen Arbeitslosen, die mangels politischer Schulung und Aufklärung orientierungslos geworden waren. Ein besonders extremes Beispiel hierfür war die Ortsgruppe Brake, von deren 33 Mitgliedern Anfang 1933 17 arbeitslos waren.[18]

Wichtig ist in diesem Zusammenhang die Tatsache, die von der NSDAP noch nach der Wahl vom 15.1.33 beklagt wurde: Ein nennenswerter Einbruch in die Arbeiterschaft war den Nazis bis 1933 nie gelungen.[19] Auch die Beamten verhielten sich nach 14 Jahren sozialdemokratisch geführter Landesregierung in Lippe – im Gegensatz zu manchen anderen Regionen – recht zurückhaltend gegenüber einer Mitgliedschaft in der NSDAP (so jedenfalls Steinecke Ende 1932).[20] Ideologische Berührungspunkte gab es dagegen – wie auch bei anderen bürgerlichen Gruppen – mehrere. Zwei Statistiken bestätigen die mangelnde organisatorische Bindung der Beamten an die NSDAP: Von allen Polizeibeamten des Jahres 1935, die auch schon in der Weimarer Republik ihren Dienst versehen hatten, war nur der Gendarmeriemeister Jürgens, 1933 auch Ortsgruppenleiter der NSDAP in Horn, vor dem 31.3.33 in die Partei eingetreten;[21] unter allen Volksschullehrern des Kreises Detmold gab es am 1.5.33 nur sechs Parteigenossen.[22]

Schon diese wenigen Angaben machen deutlich, daß die lippische Parteiorganisation in jeder Hinsicht überfordert war, einen engagierten und wirkungsvollen Wahlkampf zu führen. Angesichts dessen, was für die NSDAP durch ihre eigene Strategie und Propaganda auf dem Spiele stand, schien der Parteiführung in München nicht einmal die Gauleitung Westfalen-Nord in Münster ausreichende Gewähr für einen

Erfolg zu bieten. Dem Gauleiter Dr. Meyer stellte man deshalb Ende November 1932 Bernhard Rust, Gauleiter von Südhannover-Braunschweig und später Reichsminister für Wissenschaft, Erziehung und Volksbildung, als "Kommissar" zur Seite.[23] Herbe Enttäuschung und rabiate Aggression auf Seiten des Gauleiters und seiner Getreuen gegen den als Konkurrenten empfundenen Rust waren die Folge.[24]

Seit einigen Jahren liegt eine ausführliche Untersuchung über die NS-Wahlkampfführung vor.[25] Da auch die Wahlkampfanstrengungen der beiden Arbeiterparteien bereits ausführlich beschrieben worden sind,[26] mögen an dieser Stelle einige zusammenfassende und ergänzende Bemerkungen ausreichen.

Während der ersten, vorweihnachtlichen Wahlkampfphase entfalteten nur SPD und NSDAP begrenzte Aktivitäten. Sie hielten kleinere Versammlungen ab und verteilten Werbematerial. Die KPD beschränkte sich darauf, ihre Diskussionsredner in die Kundgebungen dieser Parteien zu schicken. Die bürgerlichen Parteien (außer der NSDAP) waren noch vollauf mit sich selbst beschäftigt: Erst Mitte Dezember scheiterten ihre Bemühungen, zu dieser Wahl mit einer gemeinsamen Liste anzutreten.[27]

Nach dem weihnachtlichen Burgfrieden begann dann am 4.1.33 die zweite und entscheidende Etappe eines Wahlkampfes, den die NSDAP jetzt mit allen ihr zur Verfügung stehenden Mitteln führte. Hatte sie sich doch zwei Ziele gesetzt, die ihr politisches Überleben sichern sollten: an erster Stelle selbstverständlich einen deutlichen Stimmenzuwachs. Zweitens – und dies wurde von ihren politischen Gegnern nicht erkannt oder leichtfertig verspottet – wollte sie nicht nur der lippischen, sondern der gesamten deutschen Öffentlichkeit sowie der Umgebung des Reichspräsidenten den Eindruck vermitteln, diese Partei sei wieder erfrischt und erstarkt in kämpferischer Dynamik und politischer Unwiderstehlichkeit. Es ging der NSDAP in diesem Wahlkampf also nicht in erster Linie im Lippe, sondern darum, "zum ersten Mal wieder seit dem 31. Juli einen großen Prestige-Erfolg zu erringen."[28]

"Adolf Hitler, der Künder deutscher Freiheit und germanischer Tugenden,"[29] engagierte sich daher persönlich mit 16 Wahlreden in diesem "Entscheidungskampf"[30] im "Lipperland, wo einst Herrmann der Cherusker die Befreiungsschlacht des deutschen Volkes geschlagen" hatte.[31] Und an den Riesenzelten, in denen der "Führer" redete, prangten in Riesenlettern die Worte: "Die ganze Welt sieht auf Lippe."[32] Die *Lippische Landes-Zeitung* dagegen spottete: "Hitler geht auf die Dörfer."[33]

In dieses martialische Unternehmen investierten die Nazis ihre letzten Reserven. Große Probleme bereitete naturgemäß die Finanzierung, da die Parteikassen leer waren. Die Reichsleitung konnte daher nur ca. 18.000 RM zur Verfügung stellen.[34] Außer durch Eigenleistungen der Parteigenossen wurden die übrigen Unkosten mittels Spenden und Eintrittsgeldern zu den Versammlungen gedeckt. So kostete beispielsweise der Eintritt zur Kundgebung mit Hitler, Frick und Goebbels in Lemgo (im Schützenhaussaal, den Röding-Sälen und der alten Schützenhalle) auf numerierten Plätzen 5, 3 und 2 RM, auf den übrigen Plätzen 1 RM, 50 und 20 Pfg. Wahrlich stolze Preise bei einer Partei, die verstärkt um Arbeiterstimmen werben wollte – der durchschnittliche Stundenlohn eines Facharbeiters betrug 60-80 Pfg.[35] Verständlich wird auch, weshalb das *Volksblatt* mehrfach belustigt feststellen konnte, welch große Zahl teurer Autos aus Lippe und Preußen bei den Hitler-Kundgebungen in der Nähe der Veranstaltungsorte geparkt waren.

Diese Kundgebungen mit einem "Führer", der über die Dörfer ging, bildeten selbstverständlich die Attraktion und den propagandistischen Schwerpunkt in der "Durchbruchsschlacht zur Macht", wie es später in der NS-Propaganda hieß.[36] Eine derartige militaristische Formulierung ist insofern stilgemäß, als hier nach NS-Verständnis schwere Artillerie auf einen begrenzten Kampfabschnitt konzentriert wurde, um so den Gegner durch ein Trommelfeuer kampf- und widerstandsunfähig zu machen.[37]

Neben Hitler hatte die Partei hierzu die gesamte "Elite" ihrer Agitatoren und Propagandaspezialisten nach Lippe beordert, die selbst in entlegensten Dörfern ihre Reden hielten. Dreizehn Riesenzelte wurden aufgebaut und zum ersten Mal in diesem Gebiet Telefunken-Großlautsprecher-Wagen eingesetzt.[38] Bei den Großkundgebungen wurde so verfahren, daß weniger prominente Vorredner so lange zu der Menge sprechen mußten, bis der Hauptredner des Abends eingetroffen war.

In den Tagen vom 4.1. bis 14.1.33 wurden folgende Hauptveranstaltungen durchgeführt:[39]

4.1.	Detmold: Hitler, Kube, Rust, Dr. Meyer	
	Bösingfeld: Hitler, Ley, Dr. Meyer, Schepmann	
	Bad Salzuflen: Goebbels, Wagner	
	Schieder: Kerrl	
5.1.	Leopoldshöhe: Hitler, Meinberg, Loeper	
	Oerlinghausen: Hitler, Wagner	
	Lemgo: Rosenberg	
6.1.	Augustdorf: Hitler, Wagner	
	Horn: Hitler, Rust	
	Lieme: Meinberg	
7.1.	Hohenhausen: Hitler, Rust, Darré	
	Kalldorf: Hitler, Dr. Meyer, Meinberg	
8.1.	Schwalenberg: Hitler, Darré, Klagges	
	Humfeld: Klagges	
9.1.	Lage: Hitler, Dr. Frank II	
	Alverdissen: Goebbels, Meinberg	
	Lüdenhausen: Goebbels	
	Almena: Goebbels, Prinz August Wilhelm	
	Schötmar: Kube	
10.1.	Herrentrup: Goebbels	
	Mosebeck: Goebbels	
	Donop: Goebbels	
	Langenholzhausen: Prinz August Wilhelm	
11.1.	Lemgo: Hitler, Goebbels, Frick	
	Müssen: Goebbels	
12.1.	Lipperode: Hitler, Kerrl	
	Schlangen: Hitler, Frick, Prinz August Wilhelm	
	Lockhausen: Goebbels	
	Helpup: Goebbels	
	Elbrinxen: Rust	

13.1. Barntrup: Hitler, Kerrl
Blomberg: Hitler, Frick
Detmold: Göring, Goebbels
14.1. Erder: Goebbels
Heiden: Rust
Varenholz: Goebbels
Bad Salzuflen: Hitler, Göring, Frick.

Diese Großveranstaltungen waren es, die in der Erinnerung der lippischen Bevölkerung bis zum heutigen Tag haften geblieben sind.

Darüber hinaus warb die NSDAP durch zahlreiche kleinere Versammlungen, durch Zeitungs-, Brief- und Symbolpropaganda, mit Filmvorführungen und Lautsprecherwagen der Zigarettenfabrik Sturm.[40] Um die Zeitungspropaganda zu verstärken, erschien die NS-Postille *Lippischer Kurier* seit dem 4.1. täglich in zwei Ausgaben, die eine Auflage von je 20.000 Stück hatten[40] (zum Vergleich: die *Lippische Landes-Zeitung* hatte eine Auflage von 17.000, das *Volksblatt* von 8.800 im Jahre 1930).[42]

Die lippische SA und SS, die bereits durch Herforder, Bielefelder, Mindener, Rintelner und Paderborner Kader ergänzt worden waren, erhielten noch zusätzliche 600 arbeitslose SA-Männer aus dem Ruhrgebiet als Verstärkung.[43] Es waren in erster Linie diese SA-Einheiten, die in diesen vierzehn Tagen Angst und Schrecken in Lippe verbreiteten. Trotz eines allgemeinen Demonstrations- und Kundgebungsverbotes durch die Landesregierung am 4.1. zogen auch weiterhin kleinere, geschlossene SA-Gruppen durch die Straßen. Dabei bedrohten sie Passanten, maßten sich Polizeigewalt an und provozierten Schlägereien. Zahlreiche blutige Zusammenstöße in Leopoldshöhe, Lemgo, Ehrsen, Varenholz und anderen Orten wurden in jenen Tagen gemeldet. Wie ein Wunder mutet es an, daß kein Toter zu beklagen war.[44]

Trotz aller generalstabsmäßigen Planung ihres Wahlkampfes erhielt die Siegeszuversicht der NSDAP wenige Tage vor dem Wahltag einen argen Dämpfer. Am 12.1. platzte eine "Bombe": In großer Aufmachung veröffentlichte die *Lippische Landes-Zeitung* den Wortlaut des Briefes, mit dem der frühere Bezirksleiter der NSDAP, Dr. Manfred Fuhrmann, Nervenarzt in Hiddesen, aus seiner Partei austrat. Bis 1932 war er der oberste Nazi in Lippe gewesen. Damals wurde er unter dem Druck zahlreicher innerparteilicher Gegner aus dem Amt gedrängt, nachdem es während seiner gesamten Amtszeit permanente Auseinandersetzungen, vor allem mit der Ortsgruppe Detmold und der SA, gegeben hatte. Der ehemalige Gaupressewart Dr. Schröder bezeichnete ihn als "Schwadroneur" mit skurrilen Ansichten.[45] Für den früheren Gauschatzmeister Eickel war er eitel und sonderte sich von den einfachen Parteigenossen ab, fuhr in der Bahn 2. Klasse, während seine Pgs. natürlich in der 3. Klasse fahren mußten, und lehnte es manchmal ab, verwundete SA-Männer ärztlich zu behandeln.[46]

Im Jahre 1931 hatte die NS-Reichsleitung Dr. Fuhrmann noch nachdrücklich gestützt. Mitte 1932, als die Querelen weiter andauerten – geschürt durch Steinecke, den Vorsitzenden der Lemgoer Ortsgruppe, und Bergemann, den lippischen NS-Propaganda-Chef[47] – und geeignete Nachfolgekandidaten für ihn bereitstanden, enschied man sich in München, ihn abzusetzen.

Ein halbes Jahr später trat der so Isolierte dann aus der Partei aus. Seinen Schritt begründete er mit "überhandnehmendem Byzantinismus" und dem fortdauernden pro-parlamentarischen Kurs der Parteiführung, Argumente, die zu diesem Zeitpunkt überholt und verspätet waren. Man geht daher sicherlich nicht fehl in der Annahme, darin nur vorgeschobene Begründungen zu sehen.

Henne[48] bringt Fuhrmanns Austritt in engeren Zusammenhang mit der Strasser-Krise der NSDAP im Dezember 1932. Damals war der Reichsorganisationsleiter und Anführer des sogenannten linken Flügels der NSDAP aus der Partei ausgetreten, nachdem er sich mit seinen Vorstellungen über einen Eintritt in die Regierung Schleicher gegenüber Göring, Goebbels und Hitler nicht hatte durchsetzen können. Belege für seine These gibt Henne nicht, sie muß daher bloße Spekulation bleiben. Wahrscheinlicher ist, daß es sich bei Fuhrmanns Schritt doch eher um den verspäteten persönlichen Racheakt eines Mannes handelte, der seine Absetzung nicht verwinden konnte. Er, der politisch völlig kaltgestellt worden war von Steinecke, seinem skrupellosen und aggressiveren Nachfolger, sah im Januar 1933 den geeigneten Moment gekommen, von der Partei, in die er so viel Geld und Engagement investiert hatte und die jetzt dem Ende ihres politischen Höhenfluges so nahe schien, demonstrativ Abschied zu nehmen und sie durch einen kräftigen Tritt dem politischen Abgrund ein beträchtliches Stück näher zu bringen.

Allein das hier geschilderte Wahlkampfaufgebot der NSDAP ließ selbstverständlich die Bemühungen der anderen Parteien weit hinter sich. Erst als Reaktion auf das Eingreifen der NS-Rednerprominenz in den lippischen Wahlkampf wurden auch von anderen Parteien Reichstagsabgeordnete nach Lippe beordert.

Für die Deutschnationale Volkspartei warben in der Zeit vom 4.1. bis 14.1.33 auf 92 Versammlungen neben lippischen Parteimitgliedern und Mitgliedern des preußischen Landtags die Reichstagsabgeordneten Hugenberg, Borchmeier, von Arnim, Wiembeck, Laverenz, Kuhnke, Hintzmann, Müller-Lehnhartz, Hergt, Wiedemann und Stadler,[49] für die Deutsche Staatspartei ihr Vorsitzender Dietrich.[50] Prominentester Redner der KPD, die ca. 160 Versammlungen durchführte mit überwiegend außerlippischen Rednern, war der Vorsitzende der Reichstagsfraktion, Ernst Torgler.[51] Ähnlich wie die NSDAP hatte auch die KPD ihre eigenen Reihen durch teilweise uniformierte Parteiformationen aus Bielefeld und dem Ruhrgebiet verstärkt.[52]

Insgesamt wurden vor dieser Landtagswahl rund 800 Wahlversammlungen abgehalten, auf denen mehr als 60 Reichstagsabgeordnete für ihre Parteien warben.[53] Um dabei Ruhe und Ordnung zu gewährleisten, sah sich die Landesregierung nach schweren politischen Zusammenstößen am 5.1.33 gezwungen, alle Versammlungen und Kundgebungen unter freiem Himmel auf Grund des Art. 123 Abs.2 der Reichsverfassung zu verbieten[54] und darüber hinaus noch preußische Polizei in Detmold und Lemgo zu stationieren.[55] So waren beispielsweise 30 Mann Bielefelder Schutzpolizei im Lemgoer Stadtverordneten-Sitzungssaal untergebracht.[56] Um Ausssschreitungen am Wahltag selbst vorzubeugen, hatte die Landesregierung für den 14. und 15. Januar jeglichen Alkoholausschank und -kleinhandel verboten.[57]

Hauptkontrahenten im Wahlkampf waren für die NSDAP nicht KPD und bürgerliche Splitterparteien, sondern die Sozialdemokraten. Bei der lippischen Arbeiterschaft wollten die Nazis diesmal einen wahlentscheidenden Stimmenanteil erringen. Um die eigenen Wähler aber bei der Stange zu halten, setzte die SPD in erster Linie auf ihren populären Spitzenkandidaten Heinrich Drake. "Mit Drake für das lippische

Volk" war ihr wirksamer Wahlslogan. Auf ihren Versammlungen – insgesamt ca. 200[58] – stand dementsprechend die Landespolitik im Vordergrund. Aber auch die SPD konnte sich dem Sog des NS-Wahlkampfes nicht entziehen. Zwar lag das Schwergewicht ihres Wahlkampfes auf kleineren Wahlversammlungen mit führenden lippischen Genossen und örtlichen Parteivertretern, doch inszenierte auch sie einige Großkundgebungen und schickte zahlreiche Reichstagsabgeordnete und Mitglieder der Parteiführung in die Wahlkampfarena, unter ihnen Schreck, Löbe, Severing und Breitscheid.[59] Schon in diesen Angaben wird die Widersprüchlichkeit der Reaktion der SPD – wie auch der anderen Parteien – auf die Strategie der NSDAP deutlich. Während sie einerseits bewußt auf landespolitische Propaganda setzten und einen traditionellen Landtagswahlkampf führen wollten, nahmen sie andererseits doch die Herausforderung der NSDAP teilweise an und ließen ebenfalls Reichstagsabgeordnete durchs Land pilgern.

Die Widersprüchlichkeit wurde noch dadurch verstärkt, daß die SPD eigentlich nur Hohn und Spott für den großen "Nazi-Wanderzirkus" und diese "neumodische Sorte von Wahlkampf"[60] übrig hatte. Kaum ein Tag verging, an dem nicht das *Volksblatt* sich höhnisch und herablassend über die Anstrengungen der Nazis mokierte, "den total kaputten Parteikarren...wieder zu leimen"[61]:"Missionare kommen nach Lippe und die Lippische Landeskirche weiß nicht einmal etwas davon."[62] Hitler habe "seine große Zukunft hinter sich".[63] Wenn die NS-Propaganda von den Tausenden Zuhörern der Hitler-Kundgebungen schwärmte, so hielt das *Volksblatt* entgegen, bei den Kundgebungen in den lippischen Randgemeinden seien 90% der Besucher aus Preußen gekommen. Wenn die NS-Propaganda den Landtagswahlkampf zu einer Neuauflage der Varus-Schlacht hochstilisierte, dann spottete das *Volksblatt*, Hitler sei kein Cherusker unserer Zeit, sondern ein Varus, um dann aus Kleists *Herrmannschlacht* zu zitieren: "Woher komme ich?" – "Aus dem Nichts." – "Wo bin ich?" – "Drei Schritte vor dem Nichts." – "Wohin gehe ich?" – "Ins Nichts!"[64]

Mit solch hämischer Ironie hatte das *Volksblatt* unter seinem verantwortlichen Redakteur Felix Fechenbach, der dem linken Flügel seiner Partei zuzuordnen war, schon in der Vergangenheit regelmäßig die NS-Aktivitäten kommentiert, insbesondere durch Fechenbachs sarkastisch-kabarettistische Glossen, in denen er seit Juni 1932 den erfundenen Pg. "Nazi-Jüsken" (Nazi-August) manche Peinlichkeit aus der lippischen NSDAP ausplaudern ließ. Wie jetzt im Landtagswahlkampf, so war auch vorher die Haltung des *Volksblattes* zum Nationalsozialismus nicht frei von Widersprüchen. Zum einen wurde unaufhörlich über die Brutalität der Nazis berichtet, wurde schonungslos die "Fratze des Nazi-Terrors"[65] präsentiert, wurden die Nazis als Unternehmerknechte und Arbeiterverräter dargestellt, die in ihrer praktischen Tagespolitik ihre Versprechungen vergäßen und schnell gemeinsame Sache mit den reaktionären Konservativen machten.

Zum anderen suggerierte das *Volksblatt* seit 1930 seinen Lesern immer wieder den Irrglauben, der Nationalsozialismus stelle im Grunde keine realistische Gefahr (mehr) dar: "Bluff, wie alles, was von den Hitlerschen kommt".[66] In einem ironischen Kommentar hieß es: "Wir fürchten, der Tag seiner (Hitlers) Machtergreifung wird der Sankt Nimmerleinstag sein."[67] Selbst nach dem klaren Wahlsieg der NSDAP am 30.7.32 zog das *Volksblatt* (Fechenbach?) aus vereinzelten Stimmenverlusten dieser

11

Partei den realitätsfernen Schluß: "... diese Auswahl zeigt schon, es beginnt bereits abzubröckeln bei den Nazis."[68] Demgegenüber erscheint Fechenbachs Fehleinschätzung vom November 1932 wegen ihres stärkeren Bezugs zur Wirklichkeit jener Tage verständlich und erklärbar: "Man merkt, auch die Nazis müssen mit Wasser kochen...Es ist vorbei mit dem Wunderglauben an das Hakenkreuz. Es geht mächtig rückwärts mit Hitler."[69] In gleichem Sinne formulierte Fechenbachs politischer Freund, der Vorsitzende des Allgemeinen Freien Angestelltenbundes, Siegfried Aufhäuser, in einem Gastkommentar: "Herr Hitler (hat) seine revolutionäre Situation so ziemlich verpaßt...Die Zeit des Aufstiegs des Faschismus ist vorbei."[70] Es war dieselbe These, die der SPD-Vorsitzende Otto Wels im Oktober 1932 im Parteivorstand vertreten hatte.[71] Eine solche scheinbare Selbstsicherheit in den Reihen der SPD oder – wie Fest mit Blick auf alle Parteien kritischer formuliert – die "ahnungslose oder blasierte Geringschätzung"[72], war zumindest bei der SPD auf die Hoffnung gegründet, daß all das Wahlkampfgetöse des Januar 1933 letzten Endes "auf den nüchternen und sachlich abwägenden Lipper ohne Wirkung bleiben"[73] werde. Später sollte das Wahlergebnis zeigen, daß diese Einschätzung der Lage nicht ganz unberechtigt war. Völlig übersehen hatte die SPD in Lippe und im Reich aber das Hauptziel der NS-Propaganda: "...von vornherein war die Agitation ganz darauf eingestellt, das Ergebnis als die entscheidende Probe im Kampf um die Herrschaft darzutun, und tatsächlich ließ sich die Öffentlichkeit diese Betrachtungsweise aufnötigen: sie erwartete dieses Randergebnis, das Votum von rund hunderttausend Wählern, wie eine Art Gottesgericht über die politische Zukunft eines 68-Millionen-Volkes."[74] Haupterfolg der NS-Propaganda war also am 15. Januar 1933 nicht der bescheidene Wahlsieg; folgenreicher war, daß die NSDAP die Aufmerksamkeit der deutschen und von Teilen der europäischen Öffentlichkeit auf die Lippe-Wahl gelenkt hatte. Damit war die Voraussetzung für den zweiten Akt der propagandistischen Inszenierung erreicht, in dem dann nach dem 15.1. das Wahlergebnis in einen Pseudo-Volksentscheid über die Reichspolitik umgedeutet werden sollte.

Der mit so großer Spannung erwartete Wahlabend brachte folgendes Ergebnis:[75]

	15.1.1933		Reichstag 6.11.32	
	absolut	%	absolut	%
SPD	29827	30,2	25782	27,1
KPD	11047	11,2	14601	15,3
Staatspartei	832	0,8	558	0,6
DVP	4380	4,4	3613	3,8
DNVP	6009	6,1	9377	9,9
Ev. Volksdienst	4525	4,6	4064	4,3
Kath. Volksvertretung	2556	2,6	2479*	2,6
NSDAP	39064	39,5	33038	34,7
Sonstige	701	0,7	1135	1,2
Wahlbeteiligung	98941	83,7	95156	83,3

* (Zentrum)

Danach verteilten sich die 21 Mandate im lippischen Landtag wie folgt:
Die SPD erhielt 7, die KPD 2, DNVP, DVP und Evangelischer Volksdienst je 1. Stärkste Fraktion wurde die NSDAP mit 9 Abgeordneten - ein "Erfolg", der es eigentlich schwer verständlich erscheinen läßt, weshalb nicht nur in der NS-Propaganda der folgenden Tage, Monate und Jahre, sondern auch in der Erinnerung mancher Mitbürger das Abschneiden der NSDAP als alles übertönender Fanfarenstoß in der "Entscheidungsschlacht" um die Reichskanzlei gewertet wurde.

Wie weit auch heute noch solche Auffassungen in Lippe verbreitet sind, zeigt eine Broschüre der lippischen Jungsozialisten über den von den Nazis ermordeten *Volksblatt*-Redakteur Felix Fechenbach[76]. Dort wird Hitlers Ernennung zum Reichskanzler als direkte Konsequenz der propagandistischen Auswertung der Lippe-Wahl bezeichnet. Auch verständliche lokale Sicht darf aber nicht darüber hinwegtäuschen, daß der Wahlkampf, das Wahlergebnis und vor allem seine propagandistische Fehlinterpretation den NS-Führern ihr Intrigenspiel zur Machterschleichung zwar erleichtert haben, ohne aber selbst unabdingbare Voraussetzung hierfür gewesen zu sein.

Der Weg zur NS-Landesregierung Dr. Krappe

Verlassen wir uns also nicht auf das durch die Propaganda und die jährlichen Lippe-Erinnerungstreffen nach 1933 manipulierte Urteil der Zeitgenossen, sondern halten wir uns lieber an die Tatsachen. Und die mußten für die Hitler-Partei eigentlich enttäuschend sein: Mit der Konzentration aller der Gesamtpartei zur Verfügung stehenden Mittel und Personen auf dieses kleine Fleckchen Erde hatte sie zwar 4,8% gegenüber dem 6.11.32 wiedergutgemacht. Aber es war ihr nicht einmal gelungen, alle ihre Wähler vom 31.7.32 zurückzugewinnen.

Damals hatten über 42.000 Bürger für sie gestimmt – gegenüber 39.000 am 15.1.33. Doch war die Bilanz für die NSDAP nicht so negativ, wie sie auf den ersten Blick erschien und wie in den einschlägigen Kommentaren noch heute zu lesen ist. Die Ergebnisse in den Kurorten Bad Salzuflen und Bad Meinberg weisen nämlich aus, daß die auswärtigen, nicht-lippischen Kurgäste, die am 31.7.32 mit ihren Stimmscheinen in Lippe gewählt hatten, überproportional für die NSDAP gestimmt hatten. Dementsprechend katastrophal waren dann die NS-Verluste am 6.11.32, als die Kurgäste fehlten:[1]

Bad Salzuflen	31.7.32	4946 Stimmen für die NSDAP
	6.11.32	3338
Bad Meinberg	31.7.32	580
	6.11.32	269

Berücksichtigt man weiterhin, daß für den 31.7.32 knapp 7000 Stimmscheine an nicht-lippische Urlauber ausgestellt waren,[2] so dürften 3.000 bis 3.500 von ihnen zusätzlich die NSDAP gewählt haben. Übrig blieben also ca. 39000 "echte" lippische NSDAP-Stimmen, die gleiche Anzahl wie am 15.1.33. Dennoch bleibt die Feststellung richtig, daß die NSDAP einen Teil ihrer Wähler vom 31.7.32 nicht zurückgewinnen konnte: Bei der Landtagswahl erhielt sie nämlich markante Verstärkung von bäuerlichen Wählern, die früher DNVP gewählt hatten und jetzt dem radikaleren Kurs der NSDAP-Propaganda in der Agrarpolitik gefolgt waren.

Bemerkenswert sind noch zwei weitere Beobachtungen: Erstens erhöhte sich trotz eines nie zuvor erlebten Wahlkampfgetöses die Wahlbeteiligung gegenüber dem 6.11. nur unwesentlich von 83,3% auf 85,3%;[3] ein deutliches Zeichen für innere Distanz zu politischem Geschehen oder auch für Immobilismus und Gleichgültigkeit der Nichtwähler, die sonst in Krisenzeiten am ehesten leichte Beute für radikale Parteien mit scheinbaren Patentlösungen sind.

Zweitens erwies sich die lippische Arbeiterschaft als außerordentlich immun gegen den Nationalsozialismus, obwohl gerade die SPD Hauptangriffsziel der NS-Propaganda gewesen war. Statt Stimmen einzubüßen, nahm sie noch deutlich zu auf Kosten der KPD, denn ein großer Teil der KPD-Wähler des 6.11. war offensichtlich nicht bereit, dem puren Wortradikalismus dieser Partei zu folgen. Vor allem der Arbeiterschaft in den Städten und in den Randgemeinden der Industrieorte[4] war es offensichtlich doch nicht "Gottlieb Schulze" (so ein lippischer KPD-Funktionär im Wahlkampf),[5] ob der lippischen Sozialdemokratie mit Heinrich Drake oder der faschistischen

NSDAP der Steineckes und Wedderwilles die Regierungsgeschäfte übertragen würden.

Eine objektive Wahlanalyse muß also zwangsläufig zu dem Ergebnis kommen, daß das rechtsradikale Wählerpotential des Jahres 1932 unter den gegebenen sozio-ökonomischen Bedingungen auch durch noch so massierte Propaganda nicht zu vergrößern war.

Insofern war es nur logisch, daß das Wahlergebnis keineswegs die Erwartungen erfüllte, die die NSDAP an den Wahlausgang geknüpft hatte. Dies bestätigte 30 Jahre später der damalige Landesleiter Steinecke dem Verfasser.[6] Das *Volksblatt* und andere nicht NS-orientierte Zeitungen in Lippe wie im Reich [7] analysierten sachlich richtig: "Der gewaltige Kraftaufwand der Nazis auf engstem Raum hat ihnen örtlich begrenzt einen ... Erfolg gebracht."[8] Nur daß dieser Erfolg als "vorübergehend" bezeichnet wurde, sollte für viele ein tödlicher Irrtum sein.

Die nüchterne Analyse geriet aber bald in Vergessenheit, als die NS-Propaganda in den folgenden zwei Wochen unaufhörlich das "Signal Lippe" beschwor und der deutschen Öffentlichkeit einzubleuen versuchte, die Partei habe einen grandiosen Sieg errungen, ihre Schwächeperiode sei vorüber, Dynamik und Kampfkraft seien wiedergewonnen, so daß der Angriff gegen die Schleicher-Regierung jetzt umso wirkungsvoller geführt werden könne. Kurzum – die "Machtergreifung" der Nationalsozialisten sei diesmal wirklich eine Frage von nur wenigen Tagen.

Diese Manipulation war zwar auch für Massen frustrierter Noch-Nazis bestimmt; sie war aber in erster Linie an jene Kräfte in der DNVP und der deutschen Wirtschaft gerichtet, die den Reichspräsidenten und seine Umgebung zu einer Regierungsbeteiligung der NSDAP umstimmen sollten, denn gleichzeitig wurde in den Tagen nach dem 15.1. klar, daß der amtierende Reichskanzler Schleicher seine Pläne zur Regierungsumbildung nicht verwirklichen konnte. Demgegenüber gelang es Hitler und Papen, neue Bündnispartner für ihre geplante gemeinsame Regierungsbildung zu gewinnen. Schon am 4.1.33 hatten beide während ihrer bekannten Zusammenkunft im Hause des Bankiers Schroeder eine grundsätzliche Vereinbarung zu einer engeren Zusammenarbeit getroffen.[9] Zu Recht nennt Bracher daher dieses Treffen die "Geburtsstunde des 'Dritten Reiches'".[10]

Als neuer Partner wurde der DNVP-Führer Hugenberg gewonnen, mit dem Hitler am 17.1. zusammentraf. Es gelang beiden, sich in einer Reihe von Punkten zu verständigen. Im Rahmen dieser Darstellung ist es überflüssig, auf die zahlreichen Intrigen einzugehen, die in den zwei Wochen vor dem 30.1. gesponnen wurden. All das spielte sich weitgehend hinter den Kulissen ab, wenn auch zahlreiche hektische Gerüchte die politische Atmosphäre in Deutschland noch weiter aufheizten und vergifteten.

Als General von Schleicher dem Reichspräsidenten am 28.1. schließlich offenbaren mußte, daß er mit seinem Versuch, eine Reichstagsmehrheit für seine Regierung zusammenzubasteln, gescheitert war, und als der Reichspräsident nicht bereit war, die von Schleicher erwogene offene Militärdiktatur[11] oder auch nur eine neue Reichstagsauflösung zu bewilligen, trat der Kanzler zurück. Die folgenden zwei Tage brachten dann mit der Ernennung Hitlers zum Reichskanzler und der Bildung der "Regierung der nationalen Konzentration" den endgültigen Erfolg des Zusammengehens von NSDAP und Teilen der Geld- und Machtelite, die auf diesem Weg hofften, "die katastrophale Wirtschaftslage und die Ohnmacht der durch die jahrelange Massenerwerbslosigkeit geschwächten Arbeiterschaft auszunutzen, und die lieber den Staat einem Abenteurer vom Schlage Hitlers ausliefern wollten als zu riskieren, daß sich die Republik nach der Überwindung der bald abfallenden Krise konsolidieren könnte."[12]

Der ersten Regierung Hitler gehörten Mitglieder der NSDAP und der DNVP sowie etliche sogenannte nationale Parteilose an. Die Tatsache, daß mit Hitler als Kanzler, Frick als Innenminister und Göring als Minister ohne Geschäftsbereich, der aber bald für die preußische Polizei zuständig sein sollte, nur drei Nazis in der Regierung saßen, führte bürgerliche, sozialdemokratische wie auch kommunistische Politiker zu folgenschweren Fehlurteilen. Auch Vizekanzler Papen erlag dem Irrglauben, man habe Hitler in der Regierung "eingerahmt" und unter Kontrolle. All jene Absichten der Nazis, die über die Vorstellungen der Konservativen und Reaktionäre hinausgingen, hätten daher keine Chance auf Verwirklichung. Welch fataler Irrtum!

Die hier geschilderte Entwicklung bildete den Hintergrund für die Bemühungen der lippischen Parteien, nach der Landtagswahl eine neue Regierung zu bilden, eine Regierung, die nach allgemeiner Meinung eine Rechtskoalition unter Führung der NSDAP sein würde. Diese Annahme konnten die lippischen Bürger bald in den Zeitungen lesen. Nicht nur die zum Hugenberg-Konzern gehörende *Lippische Tageszeitung*, deren Verlagsdirektor Alwin Herzfeld bereits seit 1930 Mitglied der NSDAP gewesen war,[13] jubelte, daß nunmehr der Weg für ein "nationales Lippe" frei sei,[14] auch Heinrich Drake rechnete mit einer solchen Regierung aus NSDAP, DNVP, DVP und Evangelischem Volksdienst[15], die mit 12 von 21 Abgeordneten über die absolute Mehrheit verfügen würden. Insofern war es logisch, daß Drake bereits am 17.1. seine Pressekonferenz, die er zehn Jahre lang regelmäßig einmal im Monat abgehalten hatte, als seine letzte Pressekonferenz als Landespräsident bezeichnete. Er wies dabei der NSDAP die Aufgabe zu, die Initiative zur Regierungsbildung zu ergreifen.[16] Dem entspricht auch die Meldung des *Volksblatts* am 26.1., daß die SPD-Fraktion bis dahin noch nicht zur Regierungsbildung Stellung genommen habe. Man wartete also ab.

Rein rechnerisch wäre sicherlich auch eine Koalition aus SPD (7 Abgeordnete), DVP (1) und Volksdienst (1) unter Duldung durch die KPD (2) möglich gewesen. Von dieser Möglichkeit spricht Henne,[17] der in diesem Zusammenhang der "Rechtssozialdemokratie" vorwirft, diesen theoretisch denkbaren Versuch zur Regierungsbildung ohne die NSDAP nicht unternommen zu haben und weder bei Volksdienst und DVP noch bei der KPD sondiert zu haben, ob nicht doch die Fortsetzung der sozialdemokratisch geführten Landesregierung möglich war.

Ein solcher Vorwurf geht völlig an den damaligen Realitäten vorbei. Ihm liegt nicht nur bloßes parteiliches Wunschdenken zugrunde, sondern hier wie an anderen Stellen wird Hennes unablässiges Streben deutlich, die aus der Sozialfaschismus-Ideologie der KPD geborene Verweigerungshaltung gegenüber der SPD zu verharmlosen, um andererseits tatsächliche oder unterstellte Fehler der SPD umso deutlicher herauszustreichen.

Abenteuerlich ist die Annahme, die beiden Landtagsabgeordneten der KPD, Scholz und Vehmeier, hätten eine solche Regierung unter Einschluß der kapitalorientierten DVP (!) geduldet. Deutlich war allen noch in Erinnerung, wie die KPD der SPD im Wahlkampf eine "sozialfaschistische" Politik vorgeworfen hatte. Das KPD-Organ

Kämpfer hatte die Devise ausgegeben: "Um die Faschisten und Kapitalisten zu schlagen, muß man die Sozialdemokratie schlagen, die ihnen hilft."[18] Auch der "Gottlieb-Schulze"-Vorwurf war Ausdruck dieser Haltung, die erwartungsgemäß voll auf der Linie der KPD von der angeblichen Zwillingsbrüderschaft von Sozialdemokratie und Faschismus lag.

Angesichts dieser Sachlage wird deutlich, daß nicht die geringste Hoffnung bestand, von der lippischen KPD die Unterstützung für eine sozialdemokratisch-bürgerliche Koalition zu erreichen.

Nach der Landtagswahl ergriff die NSDAP als stärkste Partei sehr bald die Initiative zur Kontaktaufnahme mit den drei in Frage kommenden bürgerlichen Gruppierungen zur Bildung einer neuen Landesregierung. Neben diesen Verhandlungen führten die drei kleineren Parteien DVP, DNVP und Volksdienst auch untereinander getrennte Gespräche ohne die NSDAP. Am 24.1. konnten die lippischen Zeitungen bereits berichten, daß zahlreiche Fortschritte bei der Regierungsbildung erreicht worden seien. In etlichen Sachfragen habe man sich geeinigt, keine Klärung hätten die Verhandlungen über Personalfragen ergeben. Bereits zu diesem Zeitpunkt stand aber fest, daß der Leiter des Lemgoer Finanzamtes Dr. Krappe (NSDAP) Regierungschef werden sollte. Nicht gelöst war die Frage, wieviel Regierungsmitglieder die NSDAP insgesamt in dem Dreimännergremium stellen sollte: Sie beanspruchte zwei und billigte den kleineren Koalitionsparteien den dritten zu, während diese umgekehrt zwei für sich beanspruchten. Sie waren aber auch bereit, eine Regierung aus einem Nationalsozialisten und zwei parteipolitisch nicht gebundenen Vertretern zu akzeptieren.[19]

Auch die nächste Verhandlungsrunde brachte keine Annäherung – im Gegenteil, offensichtlich vertraten beide Seiten ihre Standpunkte noch kompromißloser. Nur so ist wohl die Tatsache zu erklären, daß die Landesleitung der lippischen NSDAP die Öffentlichkeit in einer offiziellen Mitteilung davon informierte, daß sie zwei Sitze in der Regierung beanspruche. Wie im Reich verlangte sie auch in Lippe – an der politischen Leine der Reichsparteiführung – die ganze Macht.[20]

Angesichts der Auswegslosigkeit der Situation erlahmte der Widerstand von DNVP, DVP und Volksdienst sehr bald, so daß die *Lippische Post* am 30.1. melden konnte, diese drei Parteien hätten sich darauf verständigt, die NSDAP müsse, wenn sie auf ihrem Standpunkt beharre, allein eine Minderheitsregierung bilden, die sie bereitwillig tolerieren würden. Vier Tage später war alles klar und die Entscheidung gefallen: Nach der Bildung der neuen Reichsregierung sollte Lippes Schicksal ebenfalls von der NSDAP bestimmt werden. Die Entscheidung hierüber fiel in den Verhandlungen am 31.1.33[21], offentsichtlich unter unmittelbarem Einfluß der Ereignisse in Berlin am Vortag. Als Regierungsmitglieder benannte die NSDAP Dr. Krappe, ihren Kreisleiter Adolf Wedderwille und den parteilosen Wilhelm Klöpper.

Für alle Nationalsozialisten mußte diese Zusammensetzung der Regierung eine große Überraschung sein; für die radikaleren Gruppierungen (wie in weiten Teilen der SA) war sie sicherlich eine herbe Enttäuschung, waren doch Dr. Krappe und der damals noch parteilose Klöpper in der NSDAP weitgehend unbekannt. Während der vorausgegangenen Wahlkämpfe hatte der Pg. Dr. Krappe vornehme Zurückhaltung geübt und sich kaum engagiert.[22] Es waren daher eindeutig taktische Rücksichten der

17

Gauleitung auf die bürgerlichen Koalitionspartner, die zu diesem Triumvirat geführt hatten.

Ein Landespräsidium, in dem neben dem gescheiterten Malermeister Wedderwille ein zweiter Parteikarrierist wie beispielsweise Steinecke, Kunstmaler und Major a.D., vertreten gewesen wäre, hätte sich sicherlich durch ein Höchstmaß an Inkompetenz ausgezeichnet. Darüber hinaus hätte es zumindest bei Teilen der Bürgerlichen die vorhandene Furcht vor einer NS-Parteidiktatur verstärkt[23] und vielleicht doch stärkeren Widerstand hervorgerufen. Stattdessen sollte der frühere Finanzamtsleiter Dr. Krappe den Eindruck von Solidität und Kompetenz vermitteln. Er wurde deshalb als ein Mann herausgestellt, "welcher auf Grund seiner fachlichen Kenntnisse keine Angriffsflächen bot. Da Dr. Krappe auch in seinem Auftreten in der Öffentlichkeit zu besonderen Angriffen keinen Anlaß gegeben hatte und als Leiter des Finanzamtes Lemgo ein gewisses Ansehen besonders auch in den bürgerlichen Kreisen genoß, schien er der geeignete Mann zu sein, weil man bei ihm die nötige Verwaltungspraxis voraussetzte."[24] So das Urteil seines Kollegen Wedderwille im Jahre 1938. Trotz vorhandener Meinungsunterschiede mit Gauleiter Dr. Meyer hatte Dr. Krappe schon vor Januar 1933 starke Fürsprecher in der Gauleitung. Die setzte ihn nämlich – obwohl als aktiver Parteigenosse bis dahin in Lippe nicht in Erscheinung getreten – auf den aussichtsreichen Platz sieben der Kandidatenliste im Wahlkreis Westfalen-Nord bei der Reichstagswahl im Juli 1932.[25]

Aber auch für die nicht-nationalsozialistische lippische Öffentlichkeit war das Ergebnis der Verhandlungen um die Regierungsbildung eine Überraschung. Zu offensichtlich schien nach dem 15. Januar der Weg zu einer Koalitionsregierung der vier Parteien vorgezeichnet. Zwei Faktoren hatten aber einen anderen Ausgang der Verhandlungen bewirkt: einmal die kompromißlose Verhandlungsführung der NSDAP, die nur auf schwachen Widerstand der kleineren Parteien stieß. Vor allem die DNVP hatte nach ihrer schweren Wahlniederlage noch eine weitere Schwächung dadurch erfahren, daß ihr Vorsitzender Petri nach scharfen Auseinandersetzungen mit übergeordneten Parteistellen und der Hugenberg-Presse über die Art der Wahlkampfführung zurückgetreten war. Sein Nachfolger war der Oberstudiendirektor Gregorius.[26]

Welche Motive den DVP-Abgeordneten Kesting bewogen haben, für die Minderheitsregierung der NSDAP zu stimmen, wird sich wohl nicht mehr eindeutig klären lassen. Grundsätzlich wird man feststellen können, daß die lippische DVP des Jahres 1933 – bedingt durch die verschärften ökonomischen Interessengegensätze während der Weltwirtschaftskrise – nicht mehr bereit und fähig war, eine Koalition mit der SPD einzugehen; zu stark war ihre Aversion gegen sozialdemokratische Politik und einen Fortbestand des "Systems Drake".[27] Aus dieser Einstellung darf jedoch nicht auf eine zwangsläufige Bereitschaft zur Koalition mit der NSDAP geschlossen werden, da sich Kesting noch kurz vorher ungewöhnlich hämisch über Steinecke und seine lippischen Nazis geäußert hatte.[28]

Wichtige Entscheidungshilfe in diesem Dilemma mag schließlich von der Berliner Reichsleitung der DVP gekommen sein, mit der Kesting mehrfach die zu treffenden Entscheidungen telefonisch besprach.[29] Ob Kestings Stimme – er war Vorstandsmitglied des Lippischen Lehrervereins – auch dadurch gewonnen wurde, daß Steinecke ihm eine berufliche Förderung in Aussicht stellte, kann nicht bewiesen werden. Der spätere Schulrat Wolf behauptet es zwar in seinen Erinnerungen[30], kann aber außer einem Telefongespräch, dessen Zeuge er gewesen sein will, keine weiteren Belege anführen.

Der zweite Faktor, der die NS-Alleinregierung in Lippe ermöglichte, war die Ernennung Hitlers zum Reichskanzler, die in ihren politischen und psychologischen Rückwirkungen eine enorme Stärkung der Verhandlungsposition der NSDAP bedeutete.

Insofern ergab sich für die lippische Bevölkerung Anfang Februar eine Parallelität der Ereignisse in Lippe und im Reich. Auf diese neuen Tatbestände hatten sich alle politischen Lager einzustellen und dementsprechend ihre Entscheidungen über ihr konkretes politisches Handeln in der Zukunft zu treffen. Von Interesse ist daher die Frage, wie die Parteien und die Bevölkerung auf die Machtübernahme der Nazis reagierten; ob und inwieweit ihnen bewußt war, daß hier nicht ein bloßer Regierungswechsel erfolgt war, sondern daß das Ziel der neuen Machthaber eine Umgestaltung Deutschlands war, die alle humanistischen Tugenden und Traditionen aus Jahrhunderten deutscher Geschichte beseitigen würde. Hiermit eng verbunden ist auch die Frage, ob und in welchem Maße die lippische Bevölkerung von ihrer politischen und journalistischen Führung auf den fundamentalen Unrechts- und Unmenschlichkeitscharakter des neuen Regimes vorbereitet und gegebenenfalls zum Widerstand aufgerufen wurde. Diese Fragen sollen behandelt werden, nachdem zunächst Ablauf und Ergebnisse der ersten Landtagssitzung dargestellt und bewertet worden sind.

Nachdem wider Erwarten in den ersten Februartagen neue Auseinandersetzungen zwischen den Regierungsparteien auftraten – darauf deuten jedenfalls Pressemeldungen hin –, erfolgte die endgültige Einigung erst am Abend des 6.2., unmittelbar bevor am folgenden Nachmittag der Landtag zu seiner ersten Sitzung zusammentrat.[31]

Das Interesse der lippischen Bevölkerung an dieser Sitzung war immens. Auf der Tribüne saßen die Zuschauer "eingepökelt wie die Heringe".[32] Auch der Flur vor dem Saal war hoffnungslos überfüllt, wobei die Mitglieder von NSDAP und KPD unter den Zuhörern vielfach in Uniform erschienen waren.[33] Draußen vor dem Landtagsgebäude hatte sich eine große Menschenmenge versammelt, die nach Arbeitsschluß in den Fabriken um 17 Uhr noch stärker wurde und bis auf rund 1500 interessierte und demonstrierende Bürger anwuchs.[34] Unter diesen waren besonders stark die Erwerbslosenausschüsse der KPD vertreten, die auf ihren Fahrrädern aus ganz Lippe gekommen waren, um gegen eine bevorstehende NS-Regierung zu demonstrieren: mit "Hunger"-Rufen, mit "Wir wollen Arbeit und Brot" und mit "Hitler verrecke". Als schließlich im Gebäude die Sitzung gestört wurde, veranlaßte die Polizei die Räumung. Einige Demonstranten wurden mit Gummiknüppeln in Nebenstraßen abgedrängt.[35]

Währenddessen nahmen drinnen im Sitzungssaal die Dinge ihren parlamentarischen Lauf, nachdem die Nationalsozialisten in Uniform geschlossen in den Saal gezogen waren. "Ein Höllenspektakel bricht los. Wild und brachial übertönen sich die feindlichen Kehlen. Sind das Menschen, oder ist man irgendwo im tiefsten Urwald"? fragte die *Landes-Zeitung*.[36]

Um 16 Uhr eröffnete der DNVP-Abgeordnete Schlinkmeier als Alterspräsident die Sitzung und gab zunächst das Wahlergebnis offiziell bekannt. Danach wurde die Wahl

Regierungsbildung in Lippe

Die neuen Männer

Pg. Landespräsident Dr. Krappe

Krappe, Ernst, Dr. jur., Regierungsrat, Vorsteher des Finanzamts Lemgo, geboren am 31. Oktober 1891 in Horst i. W. [...] Seit dem 1. November 1931 in der Reichsfinanzverwaltung im Finanzamt Detmold, seit 1. November 1931 Vorsteher des Finanzamts Lemgo. [...] Er ist in der NSDAP in der Abteilung Wirtschaft tätig.

Mitglied der Landesregierung Pg. Adolf Wedderwille

Wedderwille, Adolf, Malermeister, Lage. Geboren am 25. September 1895 in Lage. [...] Seit dem 10. Januar 1932 gehört Pg. Wedderwille dem Kreistage Detmold als Fraktionsführer der NSDAP und dem Stadtparlament Lage an.

Präsident der Landesregierung

Pg. Regierungsrat Dr. Krappe

in dessen Hände das lippische Volk sein Schicksal gelegt hat und der angesichts des marxistischen Regimes bewußt nationale Politik treiben wird.

Mitglied der Landesregierung Wilhelm Klöpper

Klöpper, Wilhelm, Landwirt, Werl. Geboren am 17. Februar 1890 [...] Seit Jahren Vorstandsmitglied der lippischen Landwirte.

Landtagspräsident Pg. Helms

Helms, Heinrich, Landwirt, Grasen in Salzuflen. Geboren am 7. Juli 1866. [...] Später Vorsteher der Landwirtschaftskammer und Mitglied der Kreissynode in Detmold.

Fraktionsführer der NSDAP. Hauptmann a. D. Steinecke

Steinecke, Walter, Hauptmann a. D., Lemgo. Geboren am 7. März 1889 in Lippinghausen. [...] Ist für erfrorene Glieder Träger des Goldenen Haus-Ordens mit Schwertern. [...] Beschäftigt sich in der Malerei bei seinem Vater Maler Siegmund als Kopierer und Maler selber tätig.

Der neue Landtagspräsident
Pg. Helms

Landw. Wilh. Klöpper-Werl

Pg. Adolf Wedderwille

Die weiteren Mitglieder der

Der Fraktionsführer der NSDAP.
Pg. Hauptm. a. D. Steinecke

des Landtagspräsidenten durchgeführt. Als Vertreter der stärksten Fraktion wurde der NSDAP-Abgeordnete Helms mit den Stimmen der Regierungskoalition gewählt. Die Sozialdemokraten enthielten sich, während die beiden KPD-Vertreter für den Abgeordneten Scholz stimmten.

Der neue Landtagspräsident unternahm in seiner ersten Rede zunächst einen propagandistischen Exkurs über die Lage in Deutschland aus NS-Sicht. Anschließend fand er einige überraschend versöhnliche Worte für seine Gegner im Landtag. Er bat sie nämlich ausdrücklich um ihr Verständnis und um ihre Unterstützung: "Dabei gebe ich mich der angenehmen Hoffnung hin, daß es mir gelingen wird, wenn nicht ihr Vertrauen, so doch die stumme Anerkennung auch der Abgeordneten zu erwerben, die mir ihre Stimme nicht gegeben haben."[37] Auf ausdrückliche Intervention des SPD-Abgeordneten Mellies bestätigte Helms, daß er in diese Worte auch die beiden Kommunisten einschließe. Gleichzeitig versprach er, sein Amt "absolut unparteiisch und überparteilich zu führen."[38]

Aus heutiger Sicht ist es nicht einfach zu entscheiden, ob diese Worte aufrichtig gemeint waren oder ob sie nur von der Taktik bestimmt waren, den damaligen Gegner und zukünftigen Feind zu beruhigen, so daß seine spätere politische und physische Ausschaltung umso leichter sein würde. Sicher ist jedoch, daß Helms nicht zu den Scharfmachern in der lippischen NSDAP gehörte.

Die anschließende Wahl des – politisch wenig bedeutsamen – Landtagsvizepräsidenten dokumentierte noch einmal mit aller Eindringlichkeit die bekannte und vielfach beklagte Spaltung und Konfrontation der Arbeiterparteien. Völlig überflüssigerweise versagte die KPD dem SPD-Kandidaten Linne ihre Zustimmung und beharrte erneut auf ihrem Kandidaten, so daß das Ergebnis 9:2 für Linne bei 10 Enthaltungen (vorwiegend der NSDAP) lautete.

In diesem Zusammenhang ist erneut eine These Hennes[39] zu korrigieren, da sie zu den Quellen in offenkundigem Widerspruch steht. Henne spricht von einem angeblichen Angebot der KPD an die SPD, die Wahl eines Sozialdemokraten zum Landtagspräsidenten zu unterstützen unter der Voraussetzung, daß die SPD gemeinsam mit der KPD versuchte, die NSDAP von der Führung der "Landesgeschäfte" fernzuhalten. Die Schuldzuweisung bei Henne ist dann eindeutig: Die SPD habe das KPD-Angebot abgelehnt und sich stattdessen auf einen "faktischen Kuhhandel" mit der NSDAP eingelassen.

Wie weit sich eine solche Interpretation von der Realität entfernt, macht ein kurzer Blick in die Landtagsprotokolle deutlich, auf die Henne sich bei seiner Darstellung selbst beruft. Mit keinem Wort wird dort ein solches tatsächliches Angebot erwähnt, wäre es angesichts der tatsächlichen Mehrheitsverhältnisse doch völlig illusorisch gewesen. Zutreffenderweise sprach der KPD-Abgeordnete Scholz in diesem Zusammenhang nur von einer hypothetischen Möglichkeit ohne konkreten Realitätsbezug: "*Wenn* die Möglichkeit *bestünde*, die Nationalsozialisten ... von der Führung der Landtagsgeschäfte (bei Henne: 'Landesgeschäfte') auszuschalten, würden wir gegebenenfalls durch die Wahl eines Sozialdemokraten dies mit zu erreichen versuchen" (Hervorhebungen durch den Verf.).[40] Nichts, aber auch gar nichts von einem tatsächlichen KPD-Angebot an die SPD. Im Gegenteil: Die Formulierungen machen deutlich, daß auch der Kommunist Scholz die Mehrheitsverhältnisse im Landtag anerkannt

21

hatte.

Im Rückblick auf die damaligen Wochen bestätigt heute der frühere KPD-Abgeordnete Wilhelm Vehmeier, daß es für die KPD kaum vorstellbar und überlegenswert gewesen sei, ein gemeinsames Bündnis mit der SPD unter Duldung von Evangelischem Volksdienst und DVP anzustreben.[41] Zwar habe es mit Emil Feldmann von der SPD Gespräche über eine außerparlamentarische Aktionsfront gegeben. Chancen auf eine Mehrheit im Landtag sahen die Akteure aber realistischerweise zu keinem Moment.

Nach der Wahl von Landtagspräsident und Landtagsvizepräsident stand die Wahl der neuen Landesregierung auf der Tagesordnung. Von besonderem Interesse ist dabei, mit welchen Argumenten die Abgeordneten Kesting (DVP) und Schlinkmeier (DNVP) ihre Unterstützung für die künftige NS-Landesregierung rechtfertigten. Während sich der Vertreter des Evangelischen Volksdienstes überhaupt nicht äußerte, stellte Kesting in Übereinstimmung mit Schlinkmeier fest, es sei außerordentlich bedauerlich, daß die Rechtsparteien nicht zur Bildung einer festen Regierungskoalition in der Lage gewesen seien. Nachdem jedoch die NSDAP den bürgerlichen Abgeordneten zugesichert habe, daß die neue NS-Landesregierung nur in loyaler Zusammenarbeit mit der Landtagsmehrheit regieren werde, sei man bereit gewesen, die NS-Minderheitsregierung zu unterstützen. Offensichtlich war Kesting und Co. doch nicht ganz wohl hierbei, denn sie versuchten, noch einige politische Haken zu schlagen, um sich vor der politischen Mitverantwortung für diese Regierung zu drücken. Ausdrücklich betonten sie nämlich, daß sie mit ihrer Zustimmung für die neue Regierung keinerlei Verantwortung übernähmen. Vielmehr wollten sie in Zukunft bei den einzelnen Sachfragen von Fall zu Fall ihre persönliche Entscheidung treffen. Um die Schizophrenie in dieser Argumentation noch weiter auf die Spitze zu treiben, sicherten sie den Nazis gleichzeitig ihre zukünftige Unterstützung gegen alle Mißtrauensanträge zu.[42]

Es war der SPD-Abgeordnete Mellies, der die extreme Widersprüchlichkeit dieser Position von DVP und DNVP brandmarkte. Die Wahl einer Regierung bedeute selbstverständlich auch die Mitverantwortung für deren Taten. Die angeblich wechselseitige Abhängigkeit von Nazis und DVP/DNVP sei vielmehr eine höchst einseitige, da letztere keinerlei konkrete Zusagen für die gemeinsame Kontrolle der Regierung erhalten hätten.[43]

Nach der Wahl der Regierungsmitglieder Dr. Krappe, Wedderwille (der, wie die *Landes-Zeitung* spöttisch notierte, bei der Vereidigung Schwierigkeiten mit der Eidesformel hatte und einen dreimaligen Anlauf nehmen mußte[44]) und Klöpper kam es bei der Wahl des Hauptausschusses zu einer weiteren Konfrontation zwischen Landtagsmehrheit und der SPD/KPD-Minderheit. Die Regierungskoalition wollte eine "Machtlösung" durchsetzen und der KPD keinen Sitz im Hauptausschuß zugestehen. Demgegenüber wollte die SPD an der Regelung festhalten, die schon in der Vergangenheit gegolten hatte: zwei Sitze für die SPD und einen für die KPD. NS-Landesleiter Steinecke lehnte eine solche Forderung in rüdem Ton ab: Eine "undeutsche" Partei wie die KPD dürfe im Hauptausschuß nicht vertreten sein. Gegen diese bewußt provokatorische Formulierung wandte sich Drake mit gleicher Schärfe, indem er Steinecke vorhielt, nur der Abgeordnete einer "sogenannten deutschen Partei" zu sein. Angesichts der Mehrheitsverhältnisse im Landtag war es klar, daß der Hauptausschuß anschließend gemäß der Absprache der Parteien der Regierungskoalition besetzt wurde und die KPD leer ausging.

Wenn sich die SPD in dieser Frage für die KPD eingesetzt hatte, so darf das selbstverständlich nicht als Kurswechsel auf eine antifaschistische Einheitsfront hin mißdeutet werden.

Genau wie das spätere Angebot der Sozialdemokraten an die NSDAP zu kritischer Zusammenarbeit mit der Regierung entsprach dieses Abstimmungsverhalten bloßen Praktikabilitätserwägungen und einem Legalitätsdenken, wie noch an anderer Stelle zu zeigen sein wird.

Überraschenderweise standen am Ende dieser Landtagssitzung erneut einige versöhnlich stimmende Worte. Zunächst hatte der neue Regierungschef Dr. Krappe die Grundlinien seiner Politik aufgezeigt: An erster Stelle stehe die Unterstützung der neuen Reichsregierung. Die übrigen Ziele seiner Regierung seien die Beseitigung der Arbeitslosigkeit, die Behebung der Notlage des gewerblichen Mittelstandes, des Handwerks und Einzelhandels, die Verbesserung der Lage der Landwirtschaft und eine Erziehung des lippischen Volkes zu stärker "vaterländischem und christlichem" Geist.[45]

In der anschließenden kurzen Aussprache versuchte Landespräsident a.D. Drake, dem vermeintlich bloßen Wortradikalismus der Nazis die Grenzen zu zeigen: "Daß Sie gegen den sogenannten volkszerstörenden Marxismus angehen wollen, nehmen wir entgegen als eine gewisse Kampfansage. Allerdings werden Sie kräftige Waffen dagegen wohl nicht haben." Das Protokoll vermerkt darauf: "Lachen bei den Nat. Soz.. Zuruf: Warten Sie nur ein paar Tage."[46] Schließlich bot Drake noch die sachliche Mitarbeit der SPD an. Er sei überzeugt, "daß wir in voller Ruhe und Objektivität miteinander fertig werden, und die Bevölkerung wird den Vorteil davon haben."[47]

Welch schlimmer Widerspruch zu früheren Verlautbarungen dieser Partei in Lippe und im Reich! Waren all die radikalen Warnungen vor der Brutalität und der Mißwirtschaft der NSDAP doch nur markige, aber hohle Phrasen gewesen zur bloßen Agitation und Mobilisierung der eigenen Mitglieder und Wähler? Wem und was sollten die lippischen antifaschistischen Bürger jetzt noch glauben? Mag Drake auch vielleicht die Hoffnung gehabt haben, mit einem solchen Angebot beruhigend auf die lippischen Nazis einwirken zu können, um sie von einem ähnlich radikalen Kurs wie in Preußen abzuhalten – auf die Mitglieder und Anhänger der lippischen Sozialdemokratie mußten Drakes Worte jedoch allemal desorientierend wirken.

Die Regierungsübernahme durch die Nationalsozialisten im Urteil der Öffentlichkeit

Eine nationalsozialistisch geführte Reichsregierung und eine nationalsozialistische Minderheitsregierung im Land – mit dieser Situation mußte sich die Bevölkerung im Land Lippe Anfang Februar 1933 abfinden; hierzu mußten zwangsläufig alle gesellschaftlich und politisch relevanten Institutionen und Personen Stellung beziehen. Ihre Reaktionen sollen im folgenden näher untersucht und dargestellt werden.

Wenig Rühmliches ist dabei erneut über die nichtnationalsozialistischen bürgerlichen Parteien zu sagen, sofern sie überhaupt noch eine politische Rolle spielten. Zu stark waren sie in der Weltwirtschaftskrise zwischen den beiden Blöcken der Arbeiterparteien und der Nationalsozialisten zerrieben worden. Von gewisser Bedeutung waren in Lippe nur noch DVP und DNVP, nicht zuletzt dank der sie unterstützenden Presseorgane *Lippische Landes-Zeitung* und *Lippische Tageszeitung*. Die Dienste beider Parteien als Steigbügelhalter für die NS-Landesregierung wurden aber auch von der übrigen lippischen Presse mit Ausnahme des sozialdemokratischen *Volksblatts* anerkennend zur Kenntnis genommen und bejubelt: Zum ersten Mal seit 1919 habe Lippe eine "nationale Regierung". Dieses Faktum zählte im Bewußtsein der konservativen und "liberalen" Bürgerlichen.

Über die vielfachen, von den Nazis selbst angekündigten Drohungen zur Errichtung einer Diktatur ging man schweigend hinweg. Soweit man in den konservativen Kreisen nicht ohnehin mit einer reaktionären Umwälzung sympathisierte, tröstete man sich mit dem vermeintlichen Gefühl, daß es so schlimm schon nicht kommen werde.

Die klägliche Rolle, die die bürgerlichen Parteien Anfang 1933 in Lippe spielten, entspricht jener Rolle, die sie bis zu ihrem Verschwinden von der politischen Bühne im Reich spielten und die in ihrer Zustimmung zu den Ermächtigungsgesetzen im Reich und in den Ländern ihren traurigen Tiefpunkt fand. Bereitschaft zu einem Bündnis mit der SPD zur Verteidigung der Republik oder gar Widerstand gegen ein faschistisches Regime hat es bei diesen Parteien weder im Reich noch in Lippe gegeben.

Anders und vielschichtiger war die Haltung der Arbeiterparteien. Was viele Geschichtsbücher lange Zeit verschwiegen haben, weil es manchem konservativen Historiker nicht in sein Weltbild paßte und auch nur schwer mit dem klischeehaften Freund-Feind-Denken des Kalten Krieges nach 1945 zu vereinbaren war, wird heute zunehmend anerkannt und gewürdigt: Der Widerstand gegen die nationalsozialistische Diktatur wurde in den ersten Jahren ganz überwiegend von Kommunisten und Sozialdemokraten getragen. Hieraus zu folgern, daß beide Parteien und ihre Wähler in dieser kritischen Situation des Jahres 1933 gemeinsame Kämpfer gewesen seien, wäre jedoch ein Trugschluß. Betrachten wir also die Haltung beider Parteien im einzelnen.

Schon unmittelbar nach der "Inthronisation" der Hitler-Regierung hatte die SPD-Parteiführung eine außerordentlich passive Rolle gespielt. Während an der Basis von Partei, Gewerkschaften, Reichsbanner und Eiserner Front große Teile "Gewehr bei Fuß" standen und auf das Zeichen zum Generalstreik warteten, verlegte sich die

Mehrheit in den Führungen aufs Abwarten. Als auf einer gemeinsamen Führungsbesprechung einige Funktionäre die Möglichkeit eines Generalstreiks vorsichtig in die Debatte warfen, wurde dieses Thema von einer "massiven Mehrheit" vom Tisch gewischt.[1] Einerseits wollte man der NS-Regierung keinerlei Vorwand zur Vernichtung der SPD geben, andererseits argumentierte man, der neuen Regierung müsse mit legalen, verfassungsmäßigen, parlamentarisch-demokratischen Mitteln die Stirn geboten werden, zumal sie formal auf legale Weise ins Amt gelangt sei.

Diese Haltung wie auch die Gesamtpolitik der SPD in der Endphase der Weimarer Republik werden von der Geschichtswissenschaft überwiegend negativ beurteilt.[2] H. Schulze, der die Akten des SPD-Parteivorstandes ausgewertet hat, urteilt schonungslos: "Hinter der Politik der SPD in der 2. Jahreshälfte 1932 stand kein strategisches, ja nicht mal ein taktisches Konzept...sondern hauptsächlich: Ratlosigkeit."[3]

Vor diesem Hintergrund verwundert es nicht, daß die Parteiführung die Ereignisse des 30.1.33 und die vermutlichen Konsequenzen falsch einschätzte, wie zahlreiche Äußerungen führender Funktionäre und die sozialdemokratische Presse belegen.

Ähnlich wie bürgerliche Politiker, die meinten, die Nazis seien im neuen Hitler-Kabinett unter Kontrolle gestellt und "eingerahmt" worden, informierte auch das sozialdemokratische lippische *Volksblatt* in offenkundiger Verkennung der wahren Machtverhältnisse falsch, als es am 31.1.33 mit der Schlagzeile erschien: "Papen-Clique regiert mit Hitler". Genauso lautet nämlich auch die erste Interpretation des SPD-Parteivorstandes: Hitler sei bloßes "Werkzeug der großkapitalistischen und großagrarischen Konzentration".[4] Diese Interpretation wurde auch in den folgenden Tagen noch beibehalten. Unter der Schlagzeile "Hitlers Kapitulation vor Hugenberg" analysierte der *Vorwärts* am 10.2.33:

"Vor der Szene bestimmt der Reichskanzler Hitler die Richtlinien der Politik. Hinter der Szene ist Hugenberg der fast unumschränkte Regisseur und Papen der Intendant. Noch immer hat das deutsche Volk kaum eine Vorstellung davon, wie sehr die nationalsozialistische Bewegung in dieser nationalen Erhebung Attrappe, der Nationalkapitalismus Hugenbergs aber Trumpf ist."

Zugleich suchte die SPD Trost in ihrem Glauben an eine ökonomisch vorausbestimmte Entwicklung von Gesellschaft und Staat, die die Hitler-Regierung zu einer kurzen Episode machen werde. Im schlimmsten Falle erwartete man eine Unterdrückung der Partei wie unter Bismarcks Sozialistengesetz, oder man zog Parallelen zu Mussolinis faschistischer Diktatur in Italien.[5] Schon in seiner Abendausgabe vom 30.1. glaubte der *Vorwärts* seinen sozialdemokratischen Lesern Mut machen zu können: "Die Situation ist voller Gefahren. Sie birgt aber auch die Möglichkeit einer überraschend schnellen günstigen Entwicklung in sich. Wir wissen, daß an ihrem Ende der Sieg der Arbeiterklasse, der Demokratie und des Sozialismus steht. Er ist vielleicht näher, als mancher denkt!"

Diese verfehlte Lageeinschätzung wurde ergänzt durch das zweifellos vorhandene Bewußtsein von der eigenen Machtlosigkeit gegenüber den neuen Herren. Schließlich darf nicht vergessen werden, daß die eigentliche Niederlage und Kapitulation der SPD bereits ein halbes Jahr zurücklag. Damals nämlich konnte die Papen-Regierung die sozialdemokratisch geführte preußische Regierung staatsstreichartig absetzen, ohne

daß die Arbeiterführer zu nennenswertem Widerstand aufgerufen hätten. Ausnahmsweise ist an dieser Stelle einmal dem NS-Propagandachef Goebbels zuzustimmen, der am 21. Juli 1932 in sein Tagebuch notierte: "Die Roten haben ihre große Stunde verpaßt. Die kommt nie wieder."
Im historischen Rückblick kann man nicht umhin, dieser Feststellung beizupflichten. Nachdem an jenem Tage die streikbereiten Arbeiter auf einen streng legalen Kurs verpflichtet worden waren, sprach viel dafür, daß auch künftig die Führer von SPD und Gewerkschaften die Weimarer Republik nicht mit Gewalt verteidigen lassen würden.

Grund für die Stillhaltepolitik der Mehrheit des SPD-Vorstandes war nicht allein die Vermutung, daß ein Generalstreik angesichts der Millionen von Arbeitslosen und der Feindschaft zwischen Sozialdemokraten und Kommunisten keine Aussicht auf Erfolg haben würde. Vielmehr offenbarte sich in den zahlreichen Aufrufen zur Besonnenheit und zu konsequent legalem Verhalten die uneingeschränkte Loyalität zur Reichsverfassung und eine weitgehende Identifikation mit dem Weimarer Staat, der von den Sozialdemokraten mehrfach als "unser" Staat angesehen wurde, als die Verwirklichung der liberal-demokratischen Ziele der gescheiterten deutschen Revolution von 1848.[6]

In völliger Verkennung der Ziele des deutschen Faschismus beschwor die SPD jetzt in rein defensiver Weise die vermeintlichen Stärken der Verfassung und den formalen Fortbestand des Rechtsstaates: "Gegenüber dieser Regierung der Staatsstreichbedrohung stellt sich die Sozialdemokratie und die ganze Eiserne Front mit beiden Füßen auf den Boden der Verfassung und der Gesetzlichkeit."[7]

In der Geschichtswissenschaft hat diese Politik der Mehrheit der SPD-Führer die bereits zitierte, überwiegend kritische Bewertung gefunden.[8] So würdigt Steinbach[9] zwar die Achtung der SPD vor der Verfassung als letztem Bollwerk gegen den Nationalsozialismus, registriert aber auch lähmende und illusionäre Elemente des Legalitätskurses.[10] Andere Autoren urteilen weniger nachsichtig: Das Selbstverständnis der SPD als dem eigentlichen Garanten der Verfassungsmäßigkeit habe sich als Hindernis beim Einsatz jener Mittel erwiesen, über die die Partei als Massenorganisation verfügte;[11] Sozialdemokraten hätten in einem parlamentarisch-rechtsstaatlichen Utopia gelebt;[12] der Boden der Legalität sei keine Kampfbasis, sobald der Gegner definiere, was legal sei;[13] das politische Denken der SPD sei in den Formen des parlamentarischen Machtkampfes erstarrt gewesen.[14]

Zahlreiche Äußerungen lippischer SPD-Führer belegen, daß sich ihre Haltung in nichts von der hier dargestellten offiziellen Parteilinie unterschied. Auch sie gaben sich folglich dem Trugschluß hin, es werde schon nicht so schlimm kommen.

In den Meldungen und Aufrufen im *Volksblatt* war in jenen Tagen viel von "revolutionärer Disziplin", von Abwarten, von Gesetzlichkeit, von Warnungen vor Einzelaktionen zu lesen. Unter dem Schlagwort "Bereit sein ist alles" wurden die lippischen Sozialdemokraten ständig zur Ruhe ermahnt. Verhängnisvoll erwies sich dabei auch der Glaube an eine Art Naturgesetz, wie es angeblich von Karl Marx formuliert worden sei: "An den Unerbittlichkeiten ökonomischer Gesetze werden auch die Spitzen der Bajonette zerbrechen."[15] So machte sich die Führung der lippischen SPD selbst Mut.

Keiner der lippischen SPD-Führer hat auf das tatsächliche Ausmaß der Gefahr hingewiesen. Selbst der scharfzüngige Analytiker Fechenbach, Redakteur am *Volksblatt* und Nazifeind Nr. 1, irrte. In einem richtungsweisenden Leitartikel[16] übernahm Fechenbach ohne Einschränkungen die Wertungen der SPD-Parteispitze: "Fünf Barone haben dem 'Führer' Adolf Hitler die Ehre gegeben, ihn in ihr Kabinett aufzunehmen." Nicht nach Hitlers, sondern nach Hugenbergs Programm werde also regiert werden. Sollte Hitler tatsächlich einen Staatsstreich wagen, um eine "Minderheitsdiktatur im Namen der Schwerindustrie und der Großagrarier gegen das Volk" zu errichten, "dann wird die ganze Arbeiterschaft auf dem Boden der Verfassung ihre Rechte und Freiheiten zu verteidigen wissen...An der Gesetzlichkeit unseres Handelns mögen die Herrschaften verzweifeln. Greifen sie selbst aber zur Ungesetzlichkeit, zum Verfassungsbruch, zum Hochverrat, dann werden all ihre Unternehmungen am Wall der einigen und geschlossenen Arbeiterschaft zerschellen." Es ist dies die in der SPD damals verbreitete, falsche Perspektive, daß es sich bei der Hitler-Regierung um nichts anderes als ein weiteres bürgerlich-reaktionäres Kabinett handele.

Desorientierend konnten auch die Worte wirken, die Fechenbach seinem "Nazi-Jüsken" in den Mund legte, der in Erwartung radikaler Eingriffe der Nazis in Staat und Gesellschaft nach einer Woche scheinbar enttäuscht bilanzierte:[17]"...vom Dritten Reich habe ich im Reich noch nichts gemerkt, und in Lippe wirds nicht anders. Hitler muß eben auch mit Wasser kochen."[18]

Bei dieser Sachlage war es nur folgerichtig, daß in den kommenden Tagen und Wochen weder SPD noch Gewerkschaften in Lippe ihre Mitglieder auf der Straße mobilisierten. Weder das *Volksblatt* noch die polizeilichen Meldungen bezeugen irgendwelche derartige Aktivitäten. Ausnahmen sind nur eine Veranstaltung der Eisernen Front in Brake[19] sowie die planmäßigen SPD-Jahreshauptversammlungen.

Die Tagesordnung der Jahreshauptversammlung des SPD-Unterbezirks Lippe spiegelte beispielsweise überhaupt nichts von der Dramatik jener Tage wider[20]: 1) Bericht über Organisation und Presse, Wahlen zum UB-Vorstand und zur Pressekommission. 2) Bericht der Landtagsfraktion. 3) Carl Schreck über "Sozialistischer Tatwille und der Parteitag in Frankfurt/M."

Auch die lippische Eiserne Front, ein Zusammenschluß von SPD, Reichsbanner Schwarz-rot-gold, Gewerkschaftsbund und Arbeitersportvereinen, wirkte beschwichtigend auf die Arbeiterschaft ein. In einem Bericht über die Mitgliederversammlung des Bezirks Detmold wurde zwar die agitatorische Formel "Freiheit statt Knechtschaft" proklamiert. Gleichzeitig erging aber auch hier der Aufruf an die Arbeiter, sich von der Gesetzmäßigkeit im Handeln nicht abbringen zu lassen. "Derjenige verliert die Schlacht, der den Boden der Gesetzmäßigkeit verläßt...Nicht mit gefühlsmäßiger Aufwallung, sondern mit kühler Überlegung und entschiedenem Handeln *im entscheidenden Augenblick* wird die Arbeiterschaft ihren Freiheitskampf führen und den Sieg an ihre Fahnen heften"[21]

Wie sollte bei einer solchen Beschwichtigungspolitik die Arbeiterschaft in jenen Tagen die Bereitschaft und die Kraft zu wirkungsvollem Antifaschismus haben? Waren die Nazis vielleicht doch nicht so gefährlich, wie es sozialdemokratische Führer jahrein jahraus behauptet hatten? Offenbar war vieles doch nur propagandistische Übertreibung gewesen. Wie konnte sonst Heinrich Drake bei der Regierungsübergabe an die Nationalsozialisten seine ehemaligen Beamten bitten, "auch der neuen Landes-Regierung mit der gleichen Dienstfertigkeit und Objektivität getreu ihrem Beamteneid zu dienen."[22] Oder bedeutete diese Wortwahl etwa einen versteckten Aufruf zum Widerstand gegen Gesetzesbrecher? In keiner Weise, denn Drake hatte der neuen Regierung nach eigenen Worten "in hingebender Weise" eine "gewisse amtliche Einführung" gegeben.[23]

Die vorstehende Kritik am strikten Legalitätskurs oder an dem Immobilismus der SPD in der Endphase der Weimarer Republik darf freilich nicht dahingehend mißverstanden werden, eine aktivere Reaktion in den ersten Februartagen des Jahres 1933 hätte mit Gewißheit den Sieg des Nationalsozialismus verhindern können. Dazu war die gespaltene und organisatorisch verfeindete Arbeiterbewegung viel zu schwach. Zu schwach nicht gegenüber der selbst angeschlagenen NSDAP, sondern gegenüber den konservativen und reaktionären Steigbügelhaltern "aus dem Großgrundbesitz, der Schwerindustrie und der Hochfinanz, die bewußt auf die Änderung der innenpolitischen Zustände hinarbeiteten."[24]

Andererseits ist die These aber auch nicht von der Hand zu weisen, daß der Immobilismus von Partei- und Gewerkschaftsführung "nicht ohne Auswirkungen auf den zukünftigen Widerstandswillen des ... militant-aktiven Teils der Mitgliedschaft war."[25]

Im Gegensatz zur SPD hat die andere Arbeiterpartei, die inzwischen zu einer Partei der Arbeitslosen geworden war, die unheilvolle Bedeutung des 30.1.33 scheinbar erkannt und bewußter, kompromißloser und entschlossener reagiert. Doch diese Einschätzung stimmt nur bei einem ersten, flüchtigen Blick. Zwar rief an jenem Tage das ZK der KPD zu einem Generalstreik gegen die faschistische Terrorherrschaft und zur proletarischen Einheitsfront mit der SPD auf. Dieser Aufruf war aber nur ein weiteres Beispiel für den Wortradikalismus dieser Partei, wie ihn die Arbeiterschaft in den vorausgegangenen Monaten schon häufig kennengelernt hatte.

Als Folge der von Stalin seit 1928 auch von den deutschen Kommunisten verlangten sogenannten ultra-linken Politik hatte die KPD eine außerordentlich verworrene Vorstellung von dem, was Faschismus sein würde. Zahlreich sind die Belege, daß die kommunistischen Führer schon seit 1930 den Faschismus an der Macht sahen. So urteilte das Zentralkomitee schon 1931: "Brüning hat eine absolute Diktatur eingerichtet, wie sie die Nationalsozialisten nicht absoluter schaffen können."[26]

Wer in dieser Weise die Regierungen von Brüning bis Schleicher als faschistisch ansah[27] und die deutschen Sozialdemokraten als die angeblich nicht minder gefährlichen "Sozialfaschisten" bekämpfte, der war zwangsläufig nicht in der Lage, die Machtübertragung an Hitler realistisch zu werten. Wer wie der KPD-Vorsitzende Thälmann 1932 warnte: "Nichts wäre verhängnisvoller als eine opportunistische Überschätzung (!) des Hitlerfaschismus",[28] der konnte nach dem 30.1. höchstens eine Verschärfung des staatlichen Terrors erwarten, nicht aber eine grundlegende Änderung des gesamten politischen Systems.[29]

Selbst im Mai 1933 hatte die KP-Führung noch keine grundsätzliche Kurskorrektur vorgenommen. Für sie blieb die SPD der Hauptfeind: "Die völlige Ausschaltung der Sozialfaschisten aus dem Staatsapparat, die brutale Unterdrückung auch der sozialdemokratischen Organisationen und ihrer Presse ändert nichts an der Tatsache, daß sie nach wie vor die soziale Hauptstütze der Kapitaldiktatur darstellen."[30] Trotz solcher unversöhnlicher Gegnerschaft von SPD und KPD – die an der Basis beider

Parteien freilich nur mit Einschränkungen anzutreffen war[31] – waren sich beide in einem Urteil über die Machtergreifung ziemlich nahe: Ähnlich wie die SPD glaubte auch die KPD nicht an eine lange Herrschaft des Nationalsozialismus. So faßte das Exekutivkomitee der Kommunisten Internationale am 1.4.33 folgende optimistische, aber gänzlich realitätsferne Resolution:[32]

Die Errichtung der offenen faschistischen Diktatur, die alle demokratischen Illusionen in den Massen zunichte macht und die Massen aus dem Einfuß der Sozialdemokratie befreit, beschleunigt das Tempo der Entwicklung Deutschlands zur proletarischen Revolution."

Folglich erwartete die KPD die scheinbar naturgesetzliche Verschärfung der Krise des Kapitalismus, die fortschreitende Zersetzung der NSDAP und ein Anwachsen des kommunistischen Lagers, wie es die Wahlen vom November 1932 erwiesen hatten.

All dies ist also der Hintergrund für eine Vielzahl der kommunistischen Kampagnen im Reich als Reaktion auf die Einsetzung der Hitler-Regierung.[33] Der Immobilität der SPD entsprach bei der KPD eine bloße Scheinmobilisierung.[34] Die Niederlage, die auch die KPD am 30.1. erlitten hatte, wurde von ihr in keiner Weise zur Kenntnis genommen.[35]

Auch in Lippe deutete nichts darauf hin, daß die hiesige KP-Führung unter A. Scholz und W. Vehmeier grundsätzlich andere Erwartungen für die Zukunft Deutschlands hegte. Zeitungen und Polizeiberichte weisen die bekannte öffentliche Aktivität und Agitation aus. Zu nennen sind hier die Kundgebungen in Lage am 30.1.[36], in Lemgo am 1.2.[37] und in Bösingfeld am 2.2.33.[38] Die Demonstrationen in Lage (mit dem Landtagsabgeordneten Vehmeier) und in Lemgo (mit dem Vorsitzenden Scholz) mobilisierten über 100 Teilnehmer und verliefen störungsfrei. Am 3.2., als in Lemgo eine Jubelkundgebung der Nationalsozialisten stattfand, wurde diese durch Schmährufe von Kommunisten und eine Straßenbarriere in der Orpingstraße gestört. Nach der KPD-Kundgebung in Bösingfeld schlossen sich KPD- und SPD-Mitglieder zu einem gemeinsamen antifaschistischen Demonstrationszug zusammen. Als Rufe laut wurden, "Hitler verrecke", löste die Polizei den Zug wegen der angeblich bedrohlichen Lage auf. Zusätzlich zu diesen Parteiveranstaltungen fanden noch kommunistische Erwerbslosendemonstrationen statt, so am 2.2. in Bad Salzuflen und am 3.2. in Detmold, wo aber statt der erwarteten 600 Demonstranten nur höchstens 150 auf die Straße gingen. Hauptredner war kein führender Parteifunktionär, sondern der Vorsitzende der Erwerbslosenausschüsse, Zimmermeister.[39]

In ihrer öffentlichen Propaganda folgten die lippischen Kommunisten dabei den Vorgaben der Parteileitung und deren Fehleinschätzungen. Noch nach dem Reichstagsbrand rief die KPD mit einem Anfang März verteilten Fugblatt in Verkennung der tatsächlichen Kräfteverhältnisse in der Reichsregierung zum Sturz der "Papen-Hitler-Hugenberg-Diktatur auf.[40]

Bei aller Kritik an der offiziellen Haltung und Strategie der KPD in diesen Wochen darf aber eine Tatsache nicht unterschlagen werden: Es waren allein Kommunisten, die in den ersten Februartagen in Lippe vereinzelte, wenn auch hilflose antifaschistische Aktionen organisierten. Daß sie nur äußerst geringe Resonanz erfuhren, dafür macht Henne erneut die SPD verantwortlich: Ihre fatale Beschwichtigungspolitik habe

Stürzt die Papen-Hitler-Hugenberg-Diktatur

Arbeiter an die Macht!
Für die Arbeiter- u. Bauern-Republik!

Arbeiter, Werktätige, Frauen und Jugendliche,
Kleinbauern, Angestellte, werktätige studierende Jugend!

Die Ereignisse überstürzen sich! In diesen Tagen vollziehen sich schwarze Geschehnisse in Deutschland! Faschistische Volksfeinde, braune Terroristen, junkerliche Tyrannen und kapitalistische Schwerverdiener haben nach dem Willen des Finanzkapitals aus der Hand des Marschalls Hindenburg die Regierungsmacht in Deutschland übernommen!

Die braune Mordbestie rast in Deutschland! In einem brodelnden Meer von Arbeiterblut, im Feuerschein brennender Arbeiter- und Gewerkschaftshäuser wollen die jetzigen Machthaber für immer das Regiment der blutigsten Diktatur des Faschismus über das werktätige deutsche Volk errichten!

Papen, der die Zähne kürzte, der den hungernden Arbeitslosen die Unterstützung raubte, der die Salzsteuer diktierte, der den Invaliden, Krüppeln und Witwen die Renten fortnahm, Herr Hugenberg, der kapitalistische Zeitungs- und Konzern-König, der Lohnräuberische Scharfmacher, sie regieren unter dem Patronat, unter Führung Hitlers mit einem Schreckensregiment gegen die Werktätigen Deutschlands.

Wenn je in den letzten 14 Jahren — dann mahnen diese Tage und Wochen zur

allerhöchsten, mutigsten und kampfentschlossensten antifaschistischen Einheit!

Wenige Tage Hitler-Diktatur haben bereits das bluttriefende Gesicht dieser Diktaturregierung enthüllt! Dutzende von Erschlagenen, meuchlings Niedergemachten, schwerverletzten Antifaschisten liegen auf den Arbeiterstraßen. Drohend holen die Lufträuber zu neuem Lohnraub und Unterstützungsabbauschlägen aus! — Was die Hitler, Frick und Goering den Werktätigen versprochen haben, haben sie in den Staub getrampelt! Die Tauende „Treueschwüre", die sie den Notleidenden schworen, haben sie schmählich gebrochen. Aus dem „Kampf gegen die feinen Herren", aus dem „Feldzug gegen die Barone", aus der „Enteignung der Börsenfürsten" wurde ein

Schutz- und Treue-Bündnis mit den Baronen, den Osthilfeschiebern, den Kouponabschneidern, Börsenspekulanten und Industrieräubern!

Sie wollen die „Krise beseitigen" —: aber wie jede kapitalistische Regierung steht auch die Hitler-Regierung der Krise ohnmächtig gegenüber!

Das „Dritte Reich" ist angebrochen: Arbeiterhäuser werden besetzt, kommunistische Zeitungen langfristig geknebelt. Die Kommunistische Partei, die einzige Kampfpartei, wird mit Terror, Schikanen, Verbotsmaßnahmen, Demonstrationsverbot, mit Razzienwellen usw. überschüttet.

Wir schlagen Alarm im Land! Die Diktatur der Hitler, Papen, Hugenberg will die Kommunistische Partei verbieten! Noch vor den Wahlen soll der Schlag gegen die KPD durchgeführt und soll die Kommunistische Reichstagsliste für Null und Nichtig erklärt werden!

So wollen die braunen Kreaturen der Großindustrie die dritte stärkste Partei Deutschlands, die revolutionäre Sechs-Millionen-Partei, die Führerin der Notleidenden und Unterdrückten, die einzige Partei gegen Versailles verbieten! Durch Ausschaltung von über 100 Reichstagsabgeordneten der KPD. will die Hitler-Papen-Diktatur sich eine „parlamentarische Mehrheit" verschaffen, um nur so besser die Niedertrampelung der Massen vollziehen zu können!

Verhindert diesen Schurkenplan der Industriesöldlinge!

Schart euch wie eine Mauer um eure Kommunistische Partei! Niemals Verzicht auf die Beteiligung der revolutionären Arbeiterschaft an der Wahl! Gebt euer Veto ab für den deutschen Kommunismus!

In den nächsten Tagen und Wochen: höchste Alarmstufe für alle Feinde des Faschismus in Stadt und Land!

Am 6. März wollen Hitlers braune Kosaken, diese Thyssen-Landsknechte den „Marsch auf Berlin" nach dem Muster von Mussolinis „Marsch auf Rom" vollziehen,

um das rote Berlin blutig niederzuschlagen und die Fahne des faschistischen Staatsstreichs in der roten Reichshauptstadt zu hissen! Alarm! Alarm! Alarm! Verhindert die neuen Verbrechen durch antifaschistischen Zusammenschluß, durch Streiks und Massenstreiks!

Hitler ist an der Macht! Seine Rundfunkrede war eine einzige große Kampfansage gegen das werktätige Volk, gegen den Kommunismus. Hitler hat es offen ausgesprochen, daß er den Kommunismus vernichten will, um den ausländischen Tributräubern, den Börsen- und Tributhyänen die Reparationszahlungen zu leisten.

Kein Wort in Hitlers „Programm"-Rede über die Verteilung des Ueberflusses an Kartoffeln, Kohlen und Brotgetreide an selbst KPD-Anhängern die augenblickliche Aussichtslosigkeit der Lage suggeriert. Statt zu demonstrieren, seien sie lieber zu Haus geblieben.⁴¹ Eine Argumentation, die nicht völlig abwegig ist. Ebenso richtig ist aber auch, daß die KPD selbst nicht die grundsätzliche neue Lage nach dem 30.1.33 erkannt hatte. Das nämlich wäre die Voraussetzung dafür gewesen, die eigenen Anhänger zu einer machtvollen Demonstration zu mobilisieren. In anderer Hinsicht ist Hennes Wertungen und Bewertungen jedoch erneut zu widersprechen: in seinem Gesamturteil über die Politik von SPD und KPD in diesen Monaten. Zwar wird die KPD bei ihm nicht ganz aus der Kritik ausgespart. Ausdrücklich genannt wird als schwerwiegender Fehler die Ablehnung einer "Einheitsfront von oben mit den Spitzen der SPD- und Gewerkschaftsbürokratie"⁴². Auch die Zwillingsbrüder-These von Faschismus und "Sozialfaschismus" der SPD wird erwähnt und als unmarxistisch bezeichnet. Doch all diese Kritik bleibt verhalten und schont die KPD. Die "sektiererische" Politik der KPD-Zentrale trägt nach Henne daher nur "mit an der Verantwortung", daß ein einheitliches Handeln der Arbeiterschaft unterblieben sei. Umgekehrt habe die "Rechtssozialdemokratie" in dieser Hinsicht "völlig versagt" und "auch ihren Anspruch auf politische Führung der Arbeiterbewegung verspielt."⁴³

Jenseits aller nachträglichen Versuche, Verantwortung zwischen beiden Parteien aufzuteilen, bleibt einfache und beeindruckende Wahrheit, was Engelman hierzu schreibt: "Hätten die Führer von SPD, ADGB und KPD ... damals gewußt, was sie und ihre Anhänger erwartete...dann wären sie vielleicht doch noch zum Widerstand bereit gewesen, hätten es vorgezogen, auf den Barrikaden zu sterben, anstatt in Folterkellern (und) KZ-Bunkern...."⁴⁴

Zieht man Bilanz, so kommt man nicht umhin festzustellen, daß die offiziellen Reaktionen der beiden Arbeiterparteien auf die Regierungsübernahme durch die Nationalsozialisten – in unterschiedlicher Weise – unangemessen waren. SPD und KPD hielten dogmatisch an ihren jeweiligen Positionen und Denkschablonen fest, so daß es zunächst zu keinem Lernprozeß kam.⁴⁵

Diese Wertung bedeutet nun keineswegs, die Schuld für den Sieg des Nationalsozialismus diesen beiden Parteien aufzubürden und damit die Opfer zu den Tätern zu machen. Eine solche Interpretation wäre völlig abwegig, und zwar aus mehreren Gründen. Zum einen ist zu bedenken, daß die damals Handelnden – anders als der rückschauende Betrachter, dem Handlungsspielräume und Alternativen erkennbar sind – die Konsequenzen ihres Tuns und den Ausgang des Prozesses nicht überblicken konnten. Insbesondere mag manchem Zeitgenossen in der hektischen und aufgeputschten Atmosphäre der Jahre 1932/33 angesichts der vielen Demonstrationen, Straßenschlachten, Kabinettskrisen und Wahlkämpfe Hitlers Regierungsantritt nicht als *der* historische Einschnitt bewußt geworden sein, wie er uns Rückblickenden selbstverständlich ist. Überdies: Waren die Greuel, die Brutalität, die Unmenschlichkeit, die Systematik der NS-Mordorganisation der folgenden Jahre, deren Ausmaß jede menschliche Vorstellungskraft übersteigen mußte, vorauszuahnen? Klang nicht vieles wegen seiner nie gekannten Brutalität und Radikalität wie bloße propagandistische Übertreibung?

So richtig all diese Feststellungen und Fragen sind, sie dürfen den Betrachter nicht dazu verführen, *jedes* Verhalten zu entschuldigen und das Handeln der Personen nur aus "Geist und Atmosphäre der Zeit" heraus abzuleiten. Irrtümer, Widersprüche, Fehlverhalten oder die Unfähigkeit, mögliche Erkenntnisse und Einsichten zu gewinnen, werden auch weiterhin trotz der o.a. Vorbehalte aufzudecken sein. Dabei gilt es sicherlich, zwischen offenkundigen Fehlern und dem notwendigen Suchen nach Auswegen, die sich erst später als nicht gangbar oder als Sackgassen erwiesen, zu unterscheiden.[46] Würde man aber andererseits Handlungen und Unterlassungen der Gegner des Nationalsozialismus nur aus ihrem begrenzten Wahrnehmungskontext ableiten und darauf verzichten, auch von Fehlern zu reden – der Sieg des Nationalsozialismus 1933 würde leicht den "Nymbus des Unausweichlichen"[47], des scheinbar Naturgesetzlichen erhalten.

Aus all diesen Überlegungen heraus kann der zitierten Kritik an SPD und KPD wegen ihres Festhaltens an Denkschablonen oder ihrer "sterile(n) Politik"[48] schwerlich widersprochen werden. Wie vielfältig mögliche Wahrnehmungshorizonte zur unterschiedlichen Einschätzung des Nationalsozialismus waren, belegen etliche sozialistische Splittergruppen wie SAP oder "Neubeginnen", die eine wesentlich realistischere Vorstellung von dem hatten, was Faschismus sein würde[49] und die sich daher wesentlich angemessener auf die Illegalität vorbereitet hatten.[50]

Bei der Schilderung der *Pressereaktionen* auf die nationalsozialistische Machtübernahme muß beachtet werden, daß es sich bei der lippischen Presse nicht um unabhängige, sondern parteigebundene oder parteiorientierte Organe handelte. Soweit die Zeitungen, wie die NS-Postille *Lippischer Kurier* oder das Hugenberg-Blatt *Lippische Tageszeitung* nicht ohnehin lautstark die Machtübernahme durch die "nationalen Kräfte" begrüßten, kommentierten die übrigen – mit Ausnahme des sozialdemokratischen *Volksblattes* – wohlwollend mit einigen kritischen Untertönen. Als Beispiel hierfür sei die *Lippische Landes-Zeitung* genannt, die die lippische Bevölkerung am 3.2.33 beruhigte: "In Lippe gibt es keine Experimente, gibt es keine wie immer gearteten umstürzenden Neugestaltungen." Und anerkennend kommentierte dieselbe Zeitung am 8.2., daß die lippische NS-Regierung "Sachverwalter des ganzen Volkes" sein wolle, sich an das Parlament binde und die Errichtung einer Parteidiktatur nicht beabsichtigt sei.

Einerseits Befriedigung darüber, daß das "System Drake" nunmehr am Ende sei und bürgerliche Parteien die Regierungspolitik bestimmen würden, andererseits ein gewisses Unbehagen am zukünftigen Kurs der NS-Minderheitsregierung – diese beiden Motive bestimmten die Haltung der meisten lippischen Zeitungen. Dankbar und blind ergriffen sie daher jeden Hinweis der führenden lippischen Nazis auf, sie würden sich an Verfassung und Gesetze halten.

Zum Abschluß dieses Kapites gilt es, kurz zu berichten, welches Echo die Kunde von der Machtergreifung, die aufgrund der zahlreichen Intrigen der vorhergehenden Tage mit Recht eine "Machterschleichung" genannt worden ist,[51] bei der lippischen NSDAP hatte. Während in vielen anderen Teilen des Reiches sehr bald und spontan Jubelfeiern durchgeführt wurden, tat sich in Lippe zunächst nichts Derartiges. Erst am 3.2. in Lemgo und am 4.2. in Detmold holte man diese Feiern "spontaner" Freude bei gemeinsamen Kundgebungen von SA, SS und Stahlhelm nach. Im Gegensatz zur Lemgoer Kundgebung, die die oben dargestellte Störung durch die KPD erlebte, verlief jene in Detmold mit mehreren tausend Teilnehmern aus ganz Lippe völlig störungsfrei.[52]

Aufsehen erregte in Lippe ein Vorfall, der sich bereits am 30. Januar in Bösingfeld ereignete: Als die Kanzlerschaft Hitlers bekannt wurde, drangen sechs Parteigenossen in das Rathaus ein und hißten dort neben der Bösingfelder Flagge auch die Hakenkreuz-Fahne. Anschließend entwendeten zwei andere die auf dem Dachboden gelagerte Reichsflagge Schwarz-Rot-Gold und verbrannten sie unter Schmährufen öffentlich auf dem Rathausplatz. Erheiternd wirkt dabei nur die nachträgliche Entschuldigung eines der Beteiligten vor der Polizei, er sei ob der neuen Reichsregierung in einen derartigen Freudenrausch geraten, daß er sich an diese Aktionen nicht mehr erinnern könne.[53]

Erste Unterdrückungsmaßnahmen und der Wahlkampf zur Reichstagswahl vom 5.3.33

Das also war die Situation Anfang Februar 1933: Weder hatte der 15.Januar der NSDAP in Lippe noch der 30.Januar der NSDAP im Reich die alleinige Regierungsmacht gebracht. In beiden Fällen war die Partei gezwungen gewesen, taktische und politische Rücksicht auf ihre bürgerlichen Regierungspartner zu nehmen, die ihnen als Mehrheitsbeschaffer oder Steigbügelhalter zur Macht geholfen hatten. Im Reich kamen als weitere Faktoren, mit denen die Nazis zu rechnen hatten, noch Einfluß und Macht des Reichspräsidenten und der Reichswehr hinzu. Bei dieser Machtkonstellation bedeuteten beide Daten aber auch keinen abrupten politischen Bruch, wie manche heute zu meinen scheinen. Vielmehr stellten die folgenden Wochen eine Übergangsphase dar, in der die Nazis und die alten konservativen Kräfte gemeinsam und übereinstimmend die Kommunisten aus dem politischen Leben ausschalteten, die Sozialdemokraten terrorisierten und die verhaßte Weimarer Republik zu einem autoritären Obrigkeitsstaat zurückentwickelten.

Aber: Anspruch, politische Ziele und Selbstverständnis der NSDAP erforderten die ganze Macht im Staate und in der Gesellschaft. Sie endgültig zu erringen, war demnach in den folgenden Wochen und Monaten das eigentliche Handlungsmotiv der Nationalsozialisten. Nur wenn die ganze und uneingeschränkte Macht bei der NSDAP lag, konnten all jene Vorstellungen und Ziele verwirklicht werden, die Hitler und seine Gesinnungsgenossen offen in ihren Reden verkündeten und die bereits in zahlreichen Schriften dargelegt worden waren, die die meisten Deutschen aber doch für Hirngespinste, mindestens aber für Übertreibungen hielten.

Daß auf diesem Wege der Machtsicherung und -eroberung eigenständige Entscheidungen der lippischen NS-Regierug für die lippische Bevölkerung von untergeordneter Bedeutung waren, versteht sich von selbst. Was immer die Reichsregierung oder der preußische Innenminister an Entscheidungen zur Abkehr von Demokratie und Parlamentarismus trafen, die lippische Regierung brauchte die gleichen Schritte nur nachzuvollziehen.

Die Anlehnung an das preußische "Vorbild" wurde dadurch sichergestellt, daß sich die Landesregierung seit Mitte Februar durch engen Kontakt mit der Regierung in Minden von den über Polizeifunk übermittelten Maßnahmen in Preußen, z.B. den Presseverboten, informieren ließ.[1]

Außerordentlich dringende Polizeifunksprüche wurden vom Polizeipräsidenten Bielefeld per Eilboten der lippischen Regierung zugestellt.[2] Außerdem wurde – sofern möglich – manche Verordnung ein paar Tage hinausgeschoben: Man brauchte dann nur den Text der preußischen Verordnung übernehmen.[3]

Von erstrangiger Bedeutung für die Umgestaltung des politischen und gesellschaftlichen Lebens in den Ländern erwies sich dabei, daß bei der Bildung der Reichsregierung dem Reichsminister ohne Geschäftsbereich Hermann Göring auch das Amt des preußischen Innenministers übertragen worden war. Die folgenden Ausführungen werden immer wieder deutlich machen, daß Göring Motor und Stütze der ersten

Phase der diktatorischen Umgestaltung Deutschlands war. Er war es, der in den kommenden Wochen anderen NS-Regierungen – wie der lippischen – zum Vorbild seinen Polizei- und Verwaltungsapparat rücksichtslos gegen politische Gegner einsetzte. Somit erwies sich die Annahme des Vizekanzlers und Reichskommissars für Preußen Franz von Papen bald als blanke Illusion, er habe Kontrolle und Aufsicht über "seinen" Innenminister.

Zunächst jedoch übte sich die Hitler-Regierung in taktischer Zurückhaltung. Bemüht um ein möglichst positives Echo im Inland wie im Ausland, faßte sie ihren Aufruf an das deutsche Volk vom 1.Februar in außerordentlich gemäßigtem Ton ab – gemessen an der sonst üblichen Form Hitlerscher Verlautbarungen. Sollten all jene doch recht behalten, die die frühere NS-Agitation als bloßen Wortradikalismus betrachteten? Würde aus dem Demagogen Hitler nach der Übernahme politischer Verantwortung doch ein bedachter Staatsmann werden?

So beklagte die Regierung in dem Aufruf[4] zu Recht das Elend des hungernden Millionenproletariats und die Verelendung des Mittel- und Handwerkerstandes. In bekannter Manier wurden hierfür und für den angeblichen Verfall einer 2000jährigen "Erbmasse an hohen und höchsten Gütern menschlicher Kultur und Zivilisation" "14 Jahre Marxismus" verantwortlich gemacht. Gleichzeitig warnte die Regierung vor einem "anarchischen Kommunismus". Für die Zukunft wurden aber keinerlei Drohungen ausgesprochen. Vielmehr appellierte die Regierung an das Volk, den "Akt der Versöhnung selbst mit zu unterzeichnen". Mit christlich-konservativem Pathos wurde der "allmächtige Gott" beschworen, die Arbeit der Regierung zu unterstützen zur Wiederherstellung des Christentums "als Basis unserer gesamten Moral", der "Familie als Keimzelle unseres Volks- und Staatskörpers" und zur Wiedergewinnung der geistigen und willensmäßigen Einheit des deutschen Volkes. "Getreu dem Befehl des Generalfeldmarschalls wollen wir beginnen. Möge der allmächtige Gott unsere Arbeit in seine Gnade nehmen, unseren Willen recht gestalten, unsere Einsicht segnen und uns mit dem Vertrauen unseres Volkes beglücken. Denn wir wollen nicht kämpfen für uns, sondern für Deutschland!" Sollten das etwa die Worte eines kriegslüsternen und menschenverachtenden Diktators sein?

Kein Wunder, daß bei solch wohlgesetzten Worten, die eher dem Sprachschatz von DNVP und DVP als einer radikalisierten NSDAP und SA entstammten, die lippische Presse mit Ausnahme des sozialdemokratischen *Voksblattes* der neuen Regierung überwiegend einmütigen Beifall zollte. Sie förderte so die Strategie der NS-Führung, der Bevölkerung Sand in die Augen zu streuen und die tatsächlich weitergehenden Absichten der Nationalsozialisten, wie sie all die Jahre vorher verkündet worden waren, vorübergehend zu verschweigen. Verständlich sind daher auch die Bemühungen der NSDAP, diesen Aufruf der Bevölkerung möglichst umfassend zur Kenntnis zu bringen. Es reichte ihr daher nicht aus, daß er im Radio übertragen wurde und die Zeitungen darüber ausführlich berichteten: In den folgenden Tagen wurde der Text der Erklärung auch öffentlich durch Plakate verbreitet. Wo dies nicht geschah, wie z.B. in Hörstmar, wurde die Gemeindeverwaltung vom *Lippischen Kurier* gerügt.[5]

Nur zwei Tage nach diesem scheinbar so versöhnlichen Aufruf bestätigte Hitler auf einer Besprechung mit den Befehlshabern der Reichswehr seine radikalen Pläne für die Umgestaltung Deutschlands und Europas. Ein Teilnehmer der Besprechung notierte:⁶

Ziel der Gesamtpolitik allein: Wiedergewinnung der politischen Macht. Hierauf muß gesamte Staatsführung eingestellt werden (alle Ressorts!)
1. Im Innern. Völlige Umkehrung der gegenwärt. innenpol. Zustände in D. Keine Duldung der Betätigung irgendeiner Gesinnung, die dem Ziel entgegen steht (Pazifismus!) Wer sich nicht bekehren läßt, muß gebeugt werden. Ausrottung des Marxismus mit Stumpf und Stiel. Einstellung der Jugend u. des ganzen Volkes auf den Gedanken, daß nur d. Kampf uns retten kann u. diesem Gedanken gegenüber alles zurückzutreten hat... Todesstrafe für Landes- und Volksverrat. Straffste autoritäre Staatsführung. Beseitigung des Krebsschadens der Demokratie!....
Wie soll pol. Macht, wenn sie gewonnen ist, gebraucht werden? Jetzt noch nicht zu sagen. Vielleicht Erkämpfung neuer Export-Mögl., vielleicht – und wohl besser – Eroberung neuen Lebensraums im Osten u. dessen rücksichtslose Germanisierung."

All jene Zeitgenossen, die heute noch (selbst-)entschuldigend davon sprechen, der Nationalsozialismus und Hitler hätten an sich etwas Positives gewollt, seien aber später "entartet" und in etwas Negatives hinabgeglitten, haben es sicherlich schwer, angesichts solcher Äußerungen die konsequente Kontinuität in den Anschauungen und Taten der NS-Führung zu leugnen. Von einem angeblich mäßigenden Einfluß der neuen politischen Verantwortung auf früher unaufhörlich angedrohte Maßnahmen also keine Spur.⁷

"Ausrottung des Marxismus mit Stumpf und Stiel": In diesem Ziel – soweit es die KPD betraf – war sich die NS-Führung einig mit allen damaligen Trägern der Staatsgewalt. Um bei ihren Unterdrückungs- und Einschüchterungsmaßnahmen nicht das Mißtrauen von Reichspräsident, Koalitionspartnern und Reichswehr zu wecken, wählten sich die Nazis eben diese KPD als ersten auszuschaltenden Gegner. Sie taten es in dem Bewußtsein, hiermit den Deutschnationalen und anderen Reaktionären einen Herzenswunsch zu erfüllen. Bereits auf der ersten Kabinettssitzung hatte nämlich DNVP-Chef Hugenberg ein solches Verbot befürwortet. Geradlinig und konsequent wurden in den folgenden sechs Wochen die tatsächlichen Voraussetzungen dafür geschaffen. Sie sollten sich als so wirksam erweisen, daß es eines abschließenden formellen Verbotes der KPD gar nicht mehr bedurfte.

Der erste Schritt auf diesem scheinlegalen Weg war die Notverordnung des Reichspräsidenten nach Art. 48 der Reichsverfassung (sog. Diktaturgewalt des Reichspräsidenten) "Zum Schutze des deutschen Volkes " vom 4.2.33. Mit ihren außerordentlich unbestimmten Formulierungen erhielten Regierung und Polizei das Recht, bei Gefahr für die öffentliche Sicherheit und Ordnung – was immer das im Einzelfall bedeuten mochte – Presseorgane zu beschlagnahmen, Aufzüge und Versammlungen unter freiem Himmel zu untersagen und Geldsammlungen für politische Zwecke zu verbieten. Ja, selbst jener Bürger konnte ins Gefängnis geworfen werden, der von der Existenz verbotener Schriften wußte, ohne den Besitzer anzuzeigen.⁸ Die *Lippische Volkszeitung* informierte ihre Leser daher richtig, als sie ihren Bericht über diese Notverordnung mit der Schlagzeile "Das Ende der Pressefreiheit" versah.⁹

Bereits jetzt und nicht erst nach der Reichstagsbrand-Notverordnung erhielt also die Regierung die scheinbar legale Möglichkeit, ihre Gegner auf der Linken, vor allem die

KPD, zu terrorisieren. Nicht zu Unrecht wurde diese Notverordnung in engem Zusammenhang mit der immer noch vorhandenen Angst der Nationalsozialisten vor einem Generalstreik gesehen.[10] Schon jetzt hatte man dem Gegner daher einen entscheidenden Schlag versetzt. Dieser wurde dann in Preußen von Göring rücksichtslos und brutal in die Tat umgesetzt. In seinen eigenen Worten klang das so: "Hier habe ich keine Gerechtigkeit zu üben, hier habe ich nur zu vernichten und auszurotten, weiter nichts."[11]

Die lippische Bevölkerung erfuhr sehr bald aus Zeitungen und aus dem Rundfunk von den ersten Unterdrückungsmaßnahmen gegen KPD und SPD, von Zeitungsverboten und Verhaftungen. Manch besorgter lippischer Bürger mag sich in diesen Tagen noch damit beruhigt haben, dies sei eine Entwicklung im "fernen" Preußen, die an dem abgelegenen lippischen Ländchen mit seinen "besonnenen" und "nüchtern handelnden" Politikern vorbeigehen werde. Schließlich hatte sich doch auch Heinrich Drake in diesem Sinne geäußert, als er am 7. Februar die Regierungsgeschäfte an die Nationalsozialisten übergeben hatte.

Daß all dies aber ein Trugschluß war, machte die neue lippische Regierung unter ihrem Chef Dr. Krappe, der 1920 selbst über das Notverordnungsrecht promoviert hatte[12], umgehend klar: Schon am 8. Februar wies sie aufgrund der Notverordnung vom 4.2. Bürgermeister und Landräte an, Demonstrationen der KPD und ihrer Nebenorganisationen zu verbieten. Hinsichtlich Inhalt und Schnelligkeit entsprach die Verordnung einer Maßnahme des preußischen Innenministers Göring, der ebenfalls unmittelbar nach Amtsübernahme an alle preußischen Regierungspräsidenten bereits am 1. Februar telegraphiert hatte: "KPD plant Umsturz über Generalstreik. Alle Versammlungen der KPD und ihrer Hilfs- und Nebenorganisationen unter freiem Himmel verbieten und mit allen polizeilichen Machtmitteln verhindern. Alle anderen öffentlichen Versammlungen der KPD überwachen..."[13]

Die erste lippische Gemeinde, die umgehend von der neuen Regierungsanweisung Gebrauch machte, war Lemgo.[14] Und das war sicherlich kein Zufall. Dort trat die KPD nämlich besonders engagiert auf und hatte starken Rückhalt in der Wählerschaft. Die Störungen der NS-Jubelkundgebung am 3.2. durch Kommunisten waren aktuelle Zeichen gewesen. Bei allen Wahlen hatte die KPD hier ein deutlich besseres Ergebnis erzielen können als im lippischen Durchschnitt. In der Stadtverordnetenversammlung war sie mit vier Mandaten vertreten, die SPD hatte nur zwei Abgeordnete. Nicht zuletzt war dieser Erfolg dem Einsatz und der Überzeugungskraft des lippischen KPD-Vorsitzenden und Landtagsabgeordneten Adolf Scholz zu verdanken, der in Lemgo wohnte und dort auch Mitglied der Stadtverordnetenversammlung war.

Andererseits war Lemgo auch eine Stadt mit einer überdurchschnittlich starken NSDAP. Bei der Kommunalwahl vom 10.1.1932 hatte sie 32% der Stimmen und damit 6 Mandate gewonnen. Sie war zur stärksten politischen Kraft in Lemgo geworden.[15] Dabei wurde der Kurs der Lemgoer Ortsgruppe von zwei besonders schlimmen Scharfmachern bestimmt: dem schon mehrfach erwähnten Landesleiter und Chef der NS-Landtagsfraktion Steinecke, der in Lemgo wohnte, und dem Stadtverordnetenvorsteher, Studienrat Betz. Sie sollten in den nächsten Jahren die Lemgoer Kommunalpolitik maßgeblich beeinflussen, zumal dem damaligen Stadtoberhaupt Bürgermeister Gräfer Bereitschaft und Standfestigkeit fehlten, sich Parteigenossen wie Steinecke und

Aufgenommen			Befördert
von: dqh			223
am 1/2/33 um 1245		an	
durch Stz.		am	
		durch	

Kopf ssd berlin nr 18 109 1 1200

an alle regierungspräsidenten — kpd plant umsturz über generalstreik/alle versammlungen der kpd und ihrer hilfs-und nebenorganisationen unter freiem himmel verbieten und mit allen polizeilichen machtmitteln verhindern,alle anderen öffentlichen versammlungen der kpd überwachen,sofortige auflösung bei aufforderung zu streik und sonstiger hochverräterischer betätigung — geschlossene versammlungen polizeilich überprüfen und geeignetenfalls eben= so behandeln. planmässige durchsuchungen bei kpd —leitungsstellen und ver= dächtigen funktionären sofort und in nächsten tagen vornehmen,sogenannte sportübungen der kpd besonders alle schiessübungen verhindern alle waffen auch wenn an sich erlaubtes sportgerät sicherstellen,bericht über besondere ergebnisse der aktion.bei ausreichendem verdacht führer von kpd-organisa= tionen festnehmen —

  inngenminister(kommissar des reiches)
  röm 1 1295 klein b 1/1. 2.

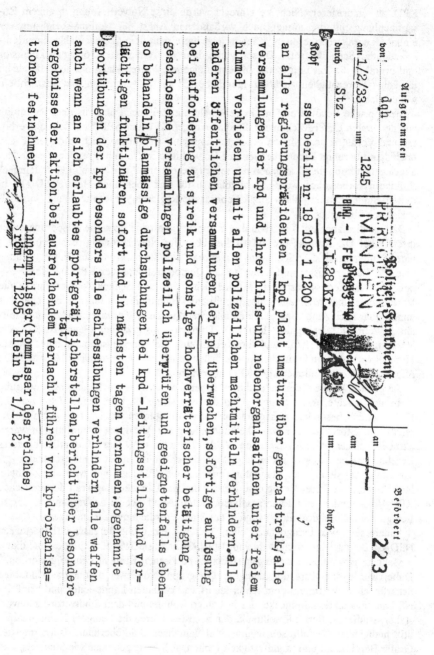

Betz zu widersetzen.

"Gräfer ist ein sehr wendiger und anpassungsfähiger Mensch", urteilte 1938 der lippische Regierungsrat Wolff.[16] Schon 1932 glaubte er offenbar an den Sieg der NSDAP und bemühte sich deshalb um Aufnahme in die Lemgoer Ortsgruppe. Der spätere Ortsgruppenleiter Kohlmann erinnerte sich 1935:[17]

"Wir haben in einem engen Kreise alter und zuverlässiger Parteigenossen die kundgetane Absicht des Bürgermeisters besprochen und sind damals zu der Überzeugung gekommen, daß es besser wäre, wenn er noch nicht beiträte, weil er als Ortspolizeiverwalter in den damaligen Kampfjahren mehr für uns tun konnte, wenn er nicht offiziell unser Mitglied wäre und dies ferner auch in seinem Interesse lag, da bei den damaligen Zeitumständen seine Stellung durch den offenen Beitritt zur Partei zweifellos gefährdet gewesen wäre. Der damalige Ortsgruppenleiter Detering und der Stadtverordnetenvorsteher Betz haben in diesem Sinne mit dem Bürgermeister gesprochen und ihm gleichzeitig versichert, daß wir uns über seinen Eintritt freuen würden, sobald die Verhältnisse es zuließen. Diesem Ratschlag ist der Bürgermeister gefolgt und hat seinen Eintritt erst nach der Machtübernahme vollzogen."

Auch 1939, zu Beginn des zweiten Weltkrieges, war Gräfer als Anpasser wiederum frühzeitig bemüht, sich auf die neue Situation einzustellen, um dem NS-Staat treuer Diener und wirksame Stütze zu sein: Am 19. September, als die polnische Armee praktisch besiegt war und Hitler triumphalen Einzug in Danzig hielt, erbat Gräfer bei Gauamtsleiter Steinecke die Unterstützung des Gauleiters Dr. Meyer für seinen Wunsch, bei der "Kolonisation" und der Eingliederung dieser (polnischen) Gebiete ins Reich tätig zu sein.[18] Seine Bewerbung hatte er an den Reichsinnenminister abgeschickt, "um auf diese Weise...die jetzige große Zeit tätig mitzuerleben."[19]

Dieser Gräfer war es also, der 1933 als erster lippischer Bürgermeister die Verordnung der Landesregierung vom 8. Februar für Lemgo umgehend in die Tat umsetzte und alle KP-Kundgebungen unter freiem Himmel wegen angeblicher Gefährdung der öffentlichen Sicherheit und Ordnung verbot. Mit dieser und anderen Maßnahmen leistete er aktiv Beihilfe zur Errichtung und zur Durchsetzung des unmenschlichen Systems. Diesen unbestreitbaren Tatbestand kann auch seine ehrenwerte Rettung Lemgos vor militärischer Zerstörung im Jahre 1945 nicht vergessen machen.

Noch aber stand Lippe erst am Anfang dieses verhängnisvollen Weges zu einer terroristischen Diktatur. Noch gab es den Landtag mit seinen Oppositionsparteien SPD und KPD. Gemeinsam kritisierten sie öffentlich die Aktion der Landesregierung gegen die Kommunisten. Als die beiden KPD-Abgeordneten Scholz und Vehmeier die Aufhebung des Demonstrationsverbots forderten,[20] fanden sie die Unterstützung der SPD-Fraktion, die die Verordnung formal-rechtlich für bedenklich, in der Sache für überflüssig und "etwas voreilig" (Drake!) hielt.[21]

Wie im Reich so zeigte sich jetzt auch in Lippe die Bereitschaft der bürgerlichen Rechtsparteien, im Bündnis mit der NSDAP die Kommunisten auszuschalten. Es war der Vertreter des Evangelischen Volksdienstes, der in diesem Zusammenhang noch einmal auf den breiten und tiefen Graben hinwies, "der die Rechte und die Linke trennt."[22] Auch hier findet sich also wieder ein Beleg gegen Hennes These, die SPD habe leichtfertig versäumt, die Möglichkeit einer nicht-nationalsozialistischen Landes-

regierung zu prüfen.
 Bereitschaft zu gemeinsamer Unterdrückung ihrer politischen Gegner auf der Linken bei gleichzeitiger Solidarität mit den Nazis – das war die Haltung der bürgerlichen Rechtsparteien in diesen Tagen. Diese Solidarität endete erst dort, wo Maßnahmen der Landesregierung politische und materielle Interessen dieser Parteien berührten. Dann setzten sie alle Mittel, einschließlich ihrer machtvollen Presseorgane, für den Versuch ein, die Regierung in die Schranken zu weisen. Hierzu gab es bald reichlich Anlaß, so daß in der Öffentlichkeit der Eindruck entstand, die Landesregierung befinde sich in den ersten zwei Wochen nach Amtsübernahme eindeutig in der Defensive.
 Zwei Maßnahmen waren es, die die bürgerliche Rechte in Empörung versetzten: die Ernennung des Landesbankrats Dr.Spelge zum Oberregierungsrat und eine Verwarnung der *Lippischen Landes-Zeitung*.
 Unmittelbar nach Regierungsantritt hatten die Nationalsozialisten, die früher immer gegen eine angebliche Parteibuchwirtschaft gewettert hatten, die bis dahin nicht besetzte Stelle eines 1. Oberregierungsrates an ihren Parteigenosssen Dr. Spelge vergeben. Was dabei ihre bürgerlichen Koalitionspartner so erboste, war die Tatsache, daß Dr. Spelge nicht die geringsten fachlichen Voraussetzungen für dieses Amt mitbrachte. Die gesamte lippische Presse (außer dem *Lipp. Kurier* selbstverständlich) protestierte lautstark, der Landesverband des Reichsbundes der höheren Beamten erhob Einspruch gegen die Ernennung eines Beamten, "der seine Eignung weder durch Ablegung der sonst vorgeschriebenen Prüfungen noch durch seinen Dienst in der Verwaltung dargetan hat",[23] während sich gleichzeitig die Abgeordneten Kesting (DVP), Schlinkmeier (DNVP) und Willer (Ev. Volksdienst) im Landtag von der Regierungsmaßnahme distanzierten.[24] Doch als es zum Schwur kam, da stimmten dieselben Abgeordneten mit der NSDAP und gegen SPD und KPD, die die Rücknahme der Stellenbesetzung beantragt hatten.
 Mehr Mut und Konsequenz bewiesen die Bürgerlichen dagegen, die Unabhängigkeit ihres wichtigsten Presseorgans, der *Lippischen Landes-Zeitung*, gegen Übergriffe der Nationalsozialisten zu verteidigen.
 Am 10. Februar veröffentlichte die *LZ* mit Hinweis auf Vorgänge in Oldenburg einen Artikel unter der Überschrift "Die Sparkassen vor der Verstaatlichung?" Angeblich um die Sparer vor Verunsicherung zu schützen, erteilte die Landesregierung der Zeitung am folgenden Tag mit Bezug auf die Notverordnung vom 4.2. eine offizielle Verwarnung und drohte im Wiederholungsfall ein Verbot der Zeitung an.[25]
 Die genannte Begründung für dieses gezielte Vorgehen war zweifellos nur ein Vorwand. Die Landesregierung hatte offensichtlich einen Anlaß gesucht, um die Zeitung einzuschüchtern, die wegen ihres nicht zu unterschätzenden Einflusses auf die öffentliche Meinung und ihrer Kritik an der NSDAP in der Vergangenheit den Nazis außerordentlich mißliebig war. "Gewinnung der *Landes-Zeitung*" hieß Steineckes Lieblingsplan. Er hatte dazu bereits im Oktober 1932 einen Detmolder Rechtsanwalt mit entsprechenden Sondierungen bei dem Herausgeber der *LZ* beauftragt.[26] Da diese Kontakte offensichtlich noch zu keinem Erfolg geführt hatten, mußte sich die Landesregierung einen anderen Weg überlegen, die Zeitung auf NS-Kurs zu trimmen. Schließlich hatte man noch nicht die Macht, eine bürgerliche Zeitung wie die *LZ*

einfach zu verbieten wie sozialdemokratische und kommunistische Blätter. Noch brauchte man die bürgerlichen Koalitionspartner.

Alle lippischen Zeitungen – wiederum außer dem *Lipp. Kurier* – kritisierten die Verwarnung, wenn auch äußerst behutsam.

Der Verleger der *LZ* nannte selbst den Grund für solche Zurückhaltung: die "Atmosphäre geistig-politischer Unfreiheit" in Lippe und im Reich.[27] Das "Ende der Pressefreiheit" – wie von der *Volkszeitung* am 6.2. gemeldet – war nun also auch für Lippe schneller gekommen, als es bürgerliche Wähler erwartet hatten.

Als am 16. Februar der Landtag über die Verwarnung debattierte, stimmten die bürgerlichen Abgeordneten diesmal für ihr einflußreichstes Sprachrohr und gegen die Regierung. Da selbstverständlich auch SPD und KPD gegen den Maulkorberlaß stimmten, hatte die NS-Regierung in dieser Frage keine Mehrheit im Landtag.[28]

Noch ein zweites Mal geriet die Landesregierung auf dieser Sitzung in die Minderheit, als auf Antrag der SPD eine weitere Verlautbarung mißbilligt wurde.[29] Am 13. Februar hatte die Krappe-Regierung nämlich einen offiziellen Aufruf zur Denunziation veröffentlicht:[30]

"Die Landesregierung empfindet es als ihre selbstverständliche Pflicht, den Herrn Reichspräsidenten und den Herrn Reichskanzler gegen Beleidigung jeder Art mit allen zu Gebote stehenden Mitteln zu schützen. Sie hat deswegen die zuständigen Behörden des Landes, insbesondere die Polizeibehörden angewiesen, ihr besonderes Augenmerk auf derartige Vorgänge, insbesondere auf öffentlichen Straßen, Plätzen und Wegen zu richten. Die Landesregierung ruft aber auch alle deutsch empfindenden Landesbewohner auf, sie hierin zu unterstützen. Außer zur Anzeige solcher strafbarer Handlungen ist nach der Strafprozeßordnung jedermann befugt, den Täter, der auf frischer Tat betroffen (sic!) oder verfolgt wird, auch ohne richterlichen Befehl vorläufig festzunehmen, wenn er der Flucht verdächtig ist oder seine Persönlichkeit nicht sofort festgestellt werden kann...."

Auch dieses "Schreiben an die lippische Presse" (so Dr. Krappe im Landtag)[31] fand ein einhellig negatives Echo. Alle Zeitungen – natürlich ohne den *Kurier* – kritisierten, daß ein solcher Erlaß ein Denunziantentum nicht nur begünstige, sondern geradezu herausfordere, zumal in einer Zeit mit einem "stark emporschießenden Spitzeltum".[32] Die *Landes-Zeitung* erinnerte gar an die "entsetzliche Zeit der 'Demagogenverfolgungen' unter dem Schreckensregiment Metternichs", als "mit ähnlichen Mitteln" gearbeitet worden sei.[33] Bei dieser Reaktion der veröffentlichten und sicherlich auch der öffentlichen Meinung war es dann keine Überraschung mehr, als der Landtag am 16. Februar die Regierungsverlautbarung mit 12 Stimmen gegen die 9 Stimmen der Nationalsozialisten verurteilte.

Nach neun Tagen Regierungstätigkeit hatte die neue Landesregierung also ein überwiegend negatives Echo bei ihren Bündnispartnern, so daß selbst das Hugenberg-Blatt *Lippische Tageszeitung*, die immer ein autoritäres Regime gefordert hatte, resignierend Bilanz zog: "Die neue Landesregierung scheint es darauf abgesehen zu haben, die beträchtliche Menge an Sympathie und Vertrauen, das ihr bürgerliche Parteien entgegenbrachten, so rasch als möglich zu verwirtschaften."[34]

Die *Landes-Zeitung* dagegen stellte befriedigt fest, der Landtag habe der Regierung ein Warnzeichen gegeben, "das Füllhorn der Macht weise zu handhaben".[35] Am Ende der Woche tadelte dieselbe Zeitung dann aber auch die bürgerlichen Parteien, die aus angeblichem Parteiegoismus allein der NSDAP die totale Macht in der lippischen Regierung überlassen hätten – getreu der Devise: "Man muß die Nationalsozialisten einmal herankommen, man muß sie sich abnutzen lassen; die Nationalsozialisten müssen sich erst einmal selber *ad absurdum* führen." Das Ergebnis seien die zahlreichen Mißgriffe der Regierung in der vorausgehenden Woche gewesen: "In normalen Zeiten genug, um die Regierung zum Abtreten zu zwingen. Aber man hat das Gefühl, als ob die Abnutzungstheorie weiter angewendet werden soll, als ob darauf Wert gelegt würde, der Bevölkerung einen noch gründlicheren Anschauungsunterricht zu vermitteln...Aber man soll darüber hinaus das ideenmäßig Gute und Wertvolle im Nationalsozialismus (!) nicht verschütten, sondern soll es sich auswirken lassen."[36] Welch beachtenswerte Zeilen! Machen sie doch beispielhaft deutlich, warum so wenige Bürgerliche zum Widerstand gegen den Nationalsozialismus fähig waren.

Wenn nicht bald grundsätzlich neue Bedingungen für das Fortbestehen dieser Regierung geschaffen würden oder wenn sich diese Regierung nicht selbst taktisch geschickter verhielte – so mag mancher lippische Bürger in jenen Tagen gehofft oder befürchtet haben –, dann würde ihr sicherlich keine allzu lange Zukunft beschieden sein. Sollten wirklich jene NS-Gegner recht behalten, die meinten, man möge die Nazis nur gewähren lassen; über kurz oder lang hätten sie dann doch abgewirtschaftet? Würde der ganze "Spuk" möglicherweise noch schneller als erwartet vorüber sein?

Vielleicht erklärt diese Entwicklung, weshalb die kommenden zehn Tage bis zum 28. Februar in Lippe relativ ruhig gewesen zu sein scheinen, soweit sich dies überhaupt aus Zeitungsberichten und Akten erschließen läßt. Nur schwer können solche Quellen die tatsächliche Stimmung der Bevölkerung, ihr Denken, ihre Gefühle, ihre Hoffnungen und Ängste wiedergeben. Andere Quellen stehen aber nach 50 Jahren für die Beantwortung einer solchen Frage kaum zur Verfügung. Zu allgemein und zeitlich kaum genau fixierbar sind naturgemäß die Erinnerungen der Zeitgenossen an das, was sie in diesen Monaten bewegte. Man wird aber sicherlich nicht fehlgehen in der Annahme, daß die ersten Maßnahmen der Landesregierung, das aggressive Verhalten der SA auf den Straßen, die rücksichtslose Machtergreifung des Innenministers Göring in Preußen und die rüden, verleumderischen und verlogenen Attacken des *Lippischen Kuriers* sowie dessen Forderung nach einem *Volksblatt*-Verbot[37] ihre einschüchternden Wirkungen auf die kommunistischen, sozialdemokratischen und jene bürgerlichen Teile der lippischen Bevölkerung, die dem Nationalsozialismus bis dahin fernstanden, nicht verfehlten.

Die demagogische Hetze im *Kurier* unter seinem Hauptschriftleiter August Prüßner, der zugleich auch Landtagsabgeordneter und Kreisleiter war, richtete sich in jenen Tagen nach der Regierungsübernahme vornehmlich gegen Angehörige des öffentlichen Dienstes.[38] In einer systematischen Kampagne griff das Hetzblatt Beschäftigte des Arbeitsamtes unter Nennung ihres Namens öffentlich an, Beschäftige, deren einziges "Verbrechen" es war, Mitglieder von Gewerkschaften oder SPD zu sein, wie die *Landes-Zeitung* notierte.[39] Und selbst das war in manchen Fällen reine Erfindung.[40] Aber auf den Wahrheitsgehalt solcher Meldungen hatte der *Kurier* noch nie großen Wert gelegt. In dieser Situation zählte allein die beabsichtigte Wirkung: Verunsicherung und Gefügigmachen aller Beschäftigten im öffentlichen Dienst.

Einschüchterung und Verängstigung der sozialdemokratischen und kommunistischen Bürger in Lippe bewirkten ebenso die zahlreichen Zeitungsmeldungen aus dem Reich, insbesondere aus Preußen, über Entlassungen aus politischen Gründen, über Haussuchungen und Verhaftungen, über Zeitungsverbote und Verbote von Kundgebungen der Arbeiterparteien und vor allen Dingen über den Schießerlaß Görings vom 17.2., der von der *Lippischen Volkszeitung* in seinen wichtigsten Bestimmungen abgedruckt wurde:[41]

"Gegen kommunistische Terrorakte und Überfälle ist mit aller Strenge vorzugehen und, wenn nötig, rücksichtslos von der Waffe Gebrauch zu machen. Polizeibeamte, die in Ausübung dieser Pflichten von der Schußwaffe Gebrauch machen, werden ohne Rücksicht auf die Folgen des Schußwaffengebrauchs von mir gedeckt."

"Kommunistische Terrorakte und Überfälle", so wußte man, waren für Göring und die NS-Propaganda jegliche Art von antifaschistischen, demokratischen Aktionen.

Aber selbst in diesem Klima geistiger Unfreiheit, Gesinnungsschnüffelei und Einschüchterung der politischen Gegner auf der Linken hielten die lippischen bürgerlichen Koalitionspartner noch treu zur NSDAP. Als nämlich die Nazis im Kreistag Lemgo einen Mißtrauensantrag gegen den Kreisausschuß einbrachten, der bis dahin aus je drei Mitgliedern der Bürgerlichen Liste und der SPD gebildet wurde, paßten sich die Bürgerlichen nunmehr schnell der neuen Zeit an: Gemeinsam mit DNVP und NSDAP wählten sie einen neuen Kreisausschuß. Drei Mitglieder stellte jetzt die NSDAP, zwei die Bürgerliche Fraktion und ein Mitglied die DNVP.[42]

Es bedeutet keinen Widerspruch, wenn trotz der vorstehenden Schilderungen die politische Szene in Lippe äußerlich betrachtet einen verhältnismäßig ruhigen Eindruck vermittelte. Das war eigentlich umso überraschender, als sich die Parteien bereits erneut in einer Wahlkampfauseinandersetzung befanden.

Mit Tricks und Intrigen hatte Hitler nämlich bereits am 30. und 31. Januar seine Koalitionspartner, den Reichspräsidenten und das Zentrum überlistet und die Auflösung des Reichstags mit Neuwahlen am 5.3.33 erreicht. Voller Jubel notierte Goebbels am 3. Februar: "Nun ist es leicht, den Kampf zu führen. Denn wir können alle Mittel des Staates für uns in Anspruch nehmen. Rundfunk und Presse stehen uns zur Verfügung. Wir werden ein Meisterstück an Agitation liefern. Auch an Geld fehlt es natürlich diesmal nicht."[43]

Ziel des NS-Kampfes war nicht ein bloßer Stimmengewinn. Vielmehr wollte die Führung der NSDAP mit Hilfe der rechtlichen Möglichkeiten des Weimarer Staates diesen selbst bekämpfen und beseitigen. Hitler hatte erkannt, daß "heutzutage wirksame Revolutionen *mit* der Staatsmacht, nicht *gegen* sie durchgeführt werden... Daß es psychologisch von ungeheurem Wert war, das Gesetz auf seiner Seite zu haben. Statt das Gesetz zu brechen, verdrehte er es und machte die Illegalität legal."[44]

Dabei teilte die NS-Führung jenen, von denen sie Zustimmung erwartete, offen ihre reaktionären Staatspläne mit: Als sich am 20. Februar auf Görings Einladung zwei Dutzend der führenden deutschen Unternehmer im Reichstagspräsidentenpalais versammelten, informierte Hitler sie unverhohlen über den Zweck der kommenden Wahl: Beseitigung der Demokratie zum Nutzen der kapitalistischen Privatwirtschaft. "Privatwirtschaft im Zeitalter der Demokratie ist nicht aufrechtzuerhalten". Deshalb

43

stand am Ende seiner Rede die Ankündigung: "Wir stehen jetzt vor der letzten Wahl. Sie mag ausfallen wie sie will, einen Rückfall gibt es nicht mehr... So oder so, wenn die Wahl nicht entscheidet, muß die Entscheidung eben auf einem anderen Wege fallen." Und Göring fügte verdeutlichend hinzu, "daß die Wahl am 5. März die letzte sicherlich innerhalb 10 Jahren, voraussichtlich aber in 100 Jahren sei."[45] Derlei Versprechungen fanden das Wohlwollen der anwesenden Herren: Spontan wurde als Dank ein Wahlbeitrag von 3 Mio RM gesammelt, der an NSDAP, DNVP und DVP entsprechend ihrer relativen Stärke ausgezahlt werden sollte.[46]

In mehrfacher Weise war die NSDAP nunmehr den anderen Parteien überlegen: Erstens standen ihr der Staat und seine Institutionen – wenn auch noch nicht uneingeschränkt – zur Verfügung. Sie machte davon konsequenten Gebrauch zur terroristischen Einschüchterung und propagandistischen Überflutung der Bevölkerung. "Jetzt zeigen wir ihnen, was man mit dem Staatsapparat machen kann, wenn man ihn zu gebrauchen versteht", notierte Goebbels.[47]

Zweitens hatte die Partei direkten Zugang zur Presse und zum Rundfunk.[48] Insbesondere letzterer wurde planmäßig in die NS-Propaganda eingebaut: "Wir verlegen die Rundfunkübertragungen mitten ins Volk und geben so dem Hörer ein plastisches Bild von dem, was sich in unseren Versammlungen abspielt."[49] Nach der Wahl am 5.3. konnte daher die *Lippische Post* mit Recht folgende Bilanz ziehen: "Hinzu kam eine bisher in diesem Ausmaß noch nicht gekannte Wahlpropaganda durch den Rundfunk, die ihre Wirkung nicht verfehlt hat."[50]

Drittens konnten SA und SS in Preußen und anderen Ländern – wie z.B. Lippe – unter staatlichem Schutz ungehindert ihren Terror gegenüber Andersdenkenden ausüben.

Viertens hatte der Großteil der deutschen Industrieunternehmer alle Finanzierungsprobleme des Wahlkampfs der NSDAP gelöst.

Aus diesen Gründen und vor allem wegen des Terrors nach dem Reichstagsbrand kann die Wahl vom 5. März – wenn überhaupt – nur noch mit sehr großen Einschränkungen als freie Wahl bezeichnet werden. Zu wirksam waren bereits die vielfachen Unterdrückungsmaßnahmen des Staates, als daß die Bürger noch wirklich frei hätten entscheiden können. Im ganzen Reich wurden während des Wahlkampfes 51 Gegner der NSDAP ermordet; die Nazis ihrerseits behaupteten, 18 ihrer Leute seien getötet worden.[51]

Da in erster Linie Großstädte und industrielle Ballungsräume Schauplätze dieser Gefechte waren, verlief der Wahlkampf in Lippe bis zum 28. Februar relativ ruhig. Selbstverständlich war es auch hier die NSDAP, die den aufwendigsten Wahlkampf führte.[52] Neben den Regierungsmitgliedern sprachen alle führenden NS-Funktionäre auf einer Vielzahl von Kundgebungen. "Die letzte Entscheidung" oder "Unser die Zukunft" waren dabei die propagandistischen Losungen.[53] SA und SS veranstalteten tagsüber und abends Propagandamärsche,[54] Hitlerreden wie z.B. zur Wahlkampferöffnung am 10.2. und am Vortage der Wahl, im NS-Jargon dem "Tag der erwachenden Nation", wurden auf öffentlichen Plätzen, in und vor Gaststätten und vor Radiogeschäften übertragen.[55]

Die Wahlkampfaktivitäten der bürgerlichen Koalitionspartner nahmen sich demgegenüber äußerst zurückhaltend aus. Dabei war die Anzeigenpropaganda der DVP mit ihrem lippischen Vorsitzenden Kesting von Anbiederung an die NS-Reichsregierung bestimmt. Zwar warnten die DVP in ihren Anzeigen und Kesting in eigenen Beiträgen vor einer Parteidiktatur, forderten aber gleichzeitig: "Aufbauarbeit am deutschen Volke kann nur geleistet werden, wenn zu ihr *alle nationalen und aufbauwilligen Kräfte* Deutschlands herangezogen werden. Noch hat die Reichsregierung nicht alle diese Kräfte erfaßt. Aber ohne ihre Berücksichtigung werden die bis jetzt hinter ihr stehenden Parteien keine Mehrheit bei der Wahl erringen."[56]

Die DNVP, die bei dieser Wahl gemeinsam mit dem Stahlhelm als Kampffront Schwarz-Weiß-Rot antrat, erklärte auf Kundgebungen in Detmold und Bad Salzuflen den 5. März zum Tag der "Abrechnung mit 14jähriger Mißwirtschaft": Es werde sich zeigen, ob die "Mauer gegen Bolschewismus und Gottlosigkeit" hoch genug sei.[57] Es gelte "zu wählen zwischen national und international, zwischen Freiheit und Knechtschaft".[58]

Die Wahlkampfaussagen der so Angegriffenen, der SPD und der KPD, waren noch teilweise von den oben dargestellten Fehleinschätzungen bestimmt. So verteilten kommunistische Werber noch am Vortag der Wahl die schon zitierten Flugblätter, die zum Sturz der vermeintlichen "Papen-Hitler-Hugenberg-Diktatur" aufriefen.[59] Außer auf einigen öffentlichen Kundgebungen mit ihren lippischen Spitzenfunktionären Scholz und Vehmeier – mit dem neutralen Thema "Die politische Lage und die Reichstagswahl"[60] – warb die KPD nach einem Polizeibericht

"nicht so sehr in öffentlichen Versammlungen pp., als vielmehr in einer regen und eindringlichen Bearbeitung der Bevölkerung von Mund zu Mund auf öffentlichen Straßen pp., gelegentlich der Auszahlungen von Arbeitslosen- und Wohlfahrtsunterstützungen und sonstigen ähnlichen und anderen Gelegenheiten. Ebenso wurde durch die vermehrte Verbreitung von teils am Orte hergestellter, teils von auswärts stammender Flugblätter und Druckschriften aller Art eine rührige Propagandatätigkeit seitens der KPD entfaltet."[61]

Schon vor dem Terror nach dem Reichstagsbrand litt freilich die Resonanz der KPD-Wahlkampfaktivitäten unter den nicht verstummenden Gerüchten über ein möglicherweise bevorstehendes KPD-Verbot.

Nachdem das *Volksblatt* schon Anfang Februar meinte, ein Verbot der Partei bei gleichzeitiger Streichung der Parlamentsmandate sei erst nach der Reichstagswahl im Sinne der NSDAP, weil diese die KPD vorher noch als "Sturmblock" gegen die SPD brauche,[62] versuchte die gleiche Zeitung am 28.2., für die SPD aus den umlaufenden Gerüchten Kapital zu schlagen: Selbst Teile der KPD, so wurde gemeldet, meinten, es sei angesichts eines nach der Wahl zu erwartenden Parteiverbotes besser, diesmal gleich SPD zu wählen.

Die Wahlkampfaussagen der SPD machten im Verlauf des Februars einen bemerkenswerten Wandel durch. Entsprechend ihrem Legalitätskurs hatte die Partei bekanntlich auf aktive Widerstandsmaßnahmen verzichtet und voll und ganz auf die Entscheidung der Wähler am 5. März gesetzt: "Am 5. März wird abgerechnet...Der Tag des Volksgerichts gehört uns!"[63] In Verkennung der wahren Prioritäten und Notwendigkeiten stellte die lippische SPD ihre Versammlungen unter das Thema "Für Arbeit und Freiheit".[64] Beseitigung der Arbeitslosigkeit war also weiterhin das Hauptziel in der SPD-Propaganda. Ihre Gegner sahen sie dabei in den Kapitalisten, die Hitler jetzt zu ihrem Gefangenen gemacht hätten.[65] Attackiert wurde die "schädliche Politik der Reaktion"[66], gefordert wurde folglich eine "Volksfront gegen die Herrensippe".[67]

Erst in der letzten Februar-Woche rückte die Forderung nach Freiheit in den Mittelpunkt des SPD-Wahlkampfes. Auf Kundgebungen wurde jetzt der "Freiheitskämpfer und Freiheitssinger" Freiligrath zitiert: "So kommt denn an, trotz alledem! Ihr hemmt uns, doch Ihr zwingt uns nicht. Unser die Welt, trotz alledem."[68]

Daß es für eine solche Einsicht höchste Zeit war – auch wenn noch Siegeszuversicht zur Schau getragen wurde –, machte die Landesregierung der SPD schon wenige Tage später klar. Noch wagte sie zwar nicht, die Partei als Ganzes anzugreifen; stattdessen konzentrierte sie sich auf das am meisten gehaßte und auch in der SPD nicht unumstrittene Mitglied Felix Fechenbach. Als er am 27. Februar im Scherenkrug in Asemissen auf einer Versammlung sprechen wollte, ordnete der Landespolizeidirektor kurzerhand an, Fechenbach dürfe "in den Orten, in denen überwiegend nationalsozialistische Bevölkerung ist, nicht reden..., da die Nationalsozialisten ihn nicht zum Sprechen kommen lassen wollen."[69] Dieses Verbot wurde dann am folgenden Tage auf Anweisung der Landesregierung vom Landrat in Brake zu einem faktischen Redeverbot für Fechenbach im gesamten Kreis Lemgo erweitert, da die "Person des Redakteurs Fechenbach...auf weite Personenkreise aufreizend" wirke.[70]

Ähnlich wie bei dem Verbot von kommunistischen Aufzügen hatte die Landesregierung auch jetzt nur die Ortspolizeien zur Überprüfung der jeweiligen Situation verpflichtet. Angesichts der tatsächlichen Machtverhältnisse und der Beherrschung der Straße durch SA und SS stand das Ergebnis einer solchen Verfügung von vornherein fest, zumal sich ohnehin an diesem Tage, dem 28. Februar, die Lage im ganzen Reich total veränderte. Daß der so attackierte Fechenbach von der Pressekonferenz der Landesregierung am gleichen Tag ausgeschlossen wurde,[71] kann keinen überraschen.

Über die Stimmung unter der SPD-Wählerschaft liegen aus diesen Tagen unterschiedliche Wertungen vor: Während das *Volksblatt* von verstärktem Zulauf zu den Versammlungen der SPD und der Eisernen Front, der gemeinsamen Organisation von SPD, Gewerkschaften, Reichsbanner und Arbeitersportvereinen zur Verteidigung der Republik, sprach – als Beispiel sei nur die überfüllte Großkundgebung am 17.2. im Scherenkrug genannt[72] – höhnte die *Lippische Tageszeitung* über eine Demonstration der Eisernen Front in Bad Salzuflen: "Die ganze Kundgebung war eine recht dünne Angelegenheit. Von Begeisterung und Hingabe keine Spur. Ein alter müder Greis humpelte durch die Straßen und wollte demonstrieren. Wenn man diesen Aufmarsch gesehen hat, dann weiß man, weshalb zwei Reichswehrsoldaten genügten, Braun und Severing aus ihren Ministersesseln zu entfernen."[73]

Trotz der Tragweite der anstehenden Entscheidung deuten verschiedene Hinweise auf eine gewisse Wahlmüdigkeit der lippischen Bevölkerung. Die NS-freundlichen *Lippischen Nachrichten* faßten ihre Eindrücke vom Wahlkampf so zusammen: "Kleinere politische Versammlungen haben diesmal auch nicht die Beachtung gefunden wie in früheren Wahlkämpfen."[74]

Schlagartig änderte sich die gesamte politische Szenerie und folglich auch der Wahlkampf nach dem Reichstagsbrand am 27. Februar. Auch wenn bis heute nicht unumstritten ist, daß die Nazis den Brand selbst gelegt haben,[75] die klassische Frage aller kriminalistischen Aufklärung (Wem nützte die Tat?) läßt sich in diesem Fall leicht beantworten: Hitler, Göring und Goebbels nutzten die Situation blitzschnell, rücksichtslos und konsequent brutal für ihre kurzfristigen Ziele bis zum Wahltag und ihre langfristigen zur systematischen Ausschaltung aller politischen Gegner und Errichtung ihrer geplanten Diktatur.

Entscheidend ist, daß der Reichstagsbrand ihnen die Möglichkeit bescherte, alle Terrormaßnahmen auf scheinbar legalem Wege zu ergreifen: mit der Notverordnung zum Schutz von Volk und Staat vom 28.2.33. Diese Notverordnung kann in ihrer Bedeutung für die gewaltsame, aber eben pseudo-legale Errichtung der NS-Diktatur nicht überschätzt werden. Durch sie wurden die wichtigsten Grund- und Menschenrechte der Weimarer Reichsverfassung kurzerhand außer Kraft gesetzt: die persönliche Freiheit, Pressefreiheit, Versammlungsfreiheit und andere Freiheitsrechte wurden praktisch aufgehoben. Hierdurch wurden die nötigen Voraussetzungen und Möglichkeiten geschaffen zur Unterdrückung und Ausschaltung aller Gegner; bis 1945 war diese Verordnung die eigentliche "rechtliche" Grundlage des Terrorstaates und nicht erst das Ermächtigungsgesetz vom 23. März 1933.

Hierin liegt also die politische Bedeutung des Reichstagsbrandes. Denn dadurch, daß die NS-Führer sofort die Kommunisten für diesen Anschlag verantwortlich machten und die Öffentlichkeit mit einem angeblich bevorstehenden kommunistischen Aufstand schockten, erhielten sie umgehend die Unterschrift des Reichspräsidenten unter die gewünschte Notverordnung.[76]

Damit hatte die NS-Führung – vermutlich durch Eigeninszenierung – erreicht, was Goebbels unter dem 31.1.33 in sein Tagebuch eingetragen hatte: "Der bolschewistische Revolutionsversuch muß erst einmal aufflammen. Im geeigneten Moment werden wir dann zuschlagen."[77]

In Lippe schlug die NS-Regierung in den frühen Morgenstunden des 1. März zu.[78] Unter Führung des Landespolizeidirektors Pforr erfolgte die Aktion schlagartig und gleichzeitig in Detmold und Umgebung, Lage, Lemgo, Brake, Schötmar, Bad Salzuflen, Blomberg, Barntrup, Bösingfeld, Meinberg, Pivitsheide, Schwelentrup, Dörentrup, Schlangen und im Extertal. Sie richtete sich allein gegen Funktionäre und Mitglieder der KPD. Während die *Landes-Zeitung* in ihrem Bericht ausdrücklich betonte, es seien dabei nur ordentliche Polizeikräfte eingesetzt worden, meldete der *Kurier*, in Bösingfeld habe die SA die Polizei unterstützt.

Trotz des zentralen Einsatzbefehls und obwohl sich Landespräsident Dr. Krappe am Nachmittag des 1.3. persönlich an den einzelnen Orten über den Verlauf der Maßnahmen informierte, scheinen die örtlichen Polizeibehörden dennoch Zweck und Ziel der Aktion unterschiedlich verstanden zu haben. In den allermeisten Fällen beschränkten sich die Polizisten nämlich auf bloße Hausdurchsuchungen, um vermeintliche landesverräterische Pläne und nunmehr illegale Druckschriften sowie Waffen zu beschlagnahmen. Für den Detmolder Bereich bezeichnete die *Landes-Zeitung* das Ergebnis des Polizeieinsatzes schon am folgenden Tag als "nicht bedeutend". Schärfer ging die Polizei offenbar in Lemgo und Bad Salzuflen vor: In Lemgo, wo – wie bereits dargestellt – die NSDAP einen starken Einfluß auf die Stadtverwaltung hatte, wurden 7 Personen verhaftet,[79] in Bad Salzuflen 4 Personen,[80] letzteres vielleicht ein Ergebnis der Aktivitäten des dortigen SA-Sturmführers Werder.

Durch diese Uneinheitlichkeit in der Durchführung der Polizeimaßnahmen begünstigt, gelang es den beiden lippischen KP-Führern Scholz und Vehmeier wie auch einigen Detmolder Funktionären, sich vorerst dem Zugriff der Polizei zu entziehen.[81] Sie gingen in den Untergrund.

Am folgenden Tage griff die Polizei dann konzentrierter zu. An diesem 2. März wurden in Detmold 10 Kommunisten verhaftet, in Lage vier, in Schötmar drei, in Oerlinghausen "einige", in Bösingfeld eine Person. Wenn die *Lippische Post* richtig berichtete, dann wurden an jenem Tage in Lemgo aber auch drei am Vortag Verhaftete wieder freigelassen.[82]

Am Nachmittag des gleichen Tages erweiterte die Landesregierung ihre Verordnung vom 10. Februar: Durch telefonische Anweisungen an die Polizei verbot sie jetzt im Einklang mit einer Verfügung des Reichsministers des Inneren jegliche kommunistische Betätigung. Auch geschlossene Parteiversammlungen durften fortan nicht mehr stattfinden.[83]

Aber schon jetzt wurde auch klar, daß die Maßnahmen aufgrund der Reichstagsbrand-Verordnung nicht allein gegen die KPD gerichtet sein würden: So verbot beispielsweise die Stadt Bad Salzuflen jegliches Zusammenstehen mehrerer Personen in der Öffentlichkeit. Bei einem Verstoß drohte "Bekanntschaft mit dem Polizeigefängnis".[84] Auf "Veranlassung der NSDAP" beschlagnahmte die Polizei dort auch SPD-Flugblätter.[85] Selbst die Turnhalle der Sozialistischen Arbeiterjugend in Schötmar wurde durchsucht.[86]

Der erste wirklich gravierende Schlag gegen die SPD erfolgte am Morgen des 3. März: Das lippische *Volksblatt*, Organ der SPD-Lippe, wurde bis zum 11.3.33 verboten. Aber diese Befristung war bloße Kosmetik: Die Zeitung sollte nie wieder erscheinen. Außerdem wurde dem Verlag untersagt, jegliche Art von Flugblättern und Wahlwerbung zu drucken.[87] Zwar wurde dieses Verbot im Laufe des Tages dahingehend korrigiert, daß jegliche Art von Wahlwerbung vor dem Druck der Landesregierung zur Genehmigung vorgelegt werden mußte; aber das war nur eine theoretische Änderung, praktisch blieb es beim Publikationsverbot.

Zweimal wurde an jenem 3. März das *Volksblatt*-Gebäude durchsucht: vormittags von der Staatlichen Schutzmannschaft und der Kriminalpolizei Detmold bei gleichzeitiger Anwesenheit von SA und SS, die auch hinterher noch vor dem Gebäude patrouillierten. Am Nachmittag erfolgte dann eine weitere Durchsuchung, diesmal durch den SS-Mann Stroop I., Leiter der eine Stunde vorher nach preußischem Vorbild aufgestellten Hilfspolizei, und den SS-Mann Ulmke.[88]

Die Hilfspolizei war eine Erfindung des preußischen Innenministers Göring. Mit der Begründung, die regulären Polizeikräfte könnten ihre Aufgaben nicht mehr bewältigen,[89] waren in Preußen am 22.2.33 25000 SA-Männer und 10000 Stahlhelmer als Hilfspolizisten eingesetzt worden.[90] Auch dies war eine Maßnahme, durch die der Terror wiederum scheinbar legal wurde. Die Bestimmung, daß diese Hilfspolizei nur unter dem Kommando eines regulären Polizeibeamten tätig werden durfte, konnte angesichts der gegebenen politischen Machtsituation höchstens formalistisch denkende Juristen und Bürokraten beruhigen. Tatsächlich wurden durch diesen Erlaß NS-Schläger zu Vertretern der Staatsgewalt gemacht. Folglich wurde die Hilfspolizei zu einem besonders wirksamen Mittel zur Einschüchterung der Bevölkerung.

Obwohl in lippischen Zeitungen schon Ende Februar von der Einrichtung einer solchen Polizeitruppe auch für Lippe berichtet wurde, erfolgte ihr tatsächlicher Einsatz erst am Vortag der Wahl um 14 Uhr.[91] Durch diesen späten Einsatz hatte sie zunächst nicht die gleiche Unterdrückungsfunktion wie in Preußen. Wenn ihr von der Regierung die Aufgabe zugewiesen wurde, die Durchführung der Wahl zu sichern,[92] so war diese Beschränkung in ihrer Tätigkeit möglicherweise keine bloße leere Formel oder ein bloßer Vorwand. Es scheint, als ob die Landesregierung zu jenem Zeitpunkt noch kein zusätzliches Unterdrückungsinstrument in Lippe schaffen wollte, oder sie hatte noch keine entsprechende Anweisung hierfür von höherer Stelle. Belege für eine solche Interpretation sind Zeitungsmeldungen vom 8.3.33, nach denen die Landesregierung die Hilfspolizei aufgelöst habe, da ihr Auftrag beendet sei.[93]

Zunächst umfaßte die lippische Hilfspolizei 150 Mann,[94] von denen beispielsweise allein in Lemgo 35 vorwiegend SA- und SS-Männer unter dem SS-Mann A. Detering eingesetzt waren.[95] Sie trugen ihre jeweilige Uniform und waren mit weißer Armbinde und der Aufschrift "Hilfspolizei" gekennzeichnet. Als Bewaffnung hatten sie Gummiknüppel, teilweise auch Schußwaffen. Durch die Einsetzung dieser Hilfspolizei wurde die eigentliche lippische Polizei auf das Doppelte verstärkt. Sie unterstand – formal – dem jeweiligen örtlichen Polizeiführer. Die Formalitäten bei der Aufstellung lehnten sich an das preußische Vorbild an. Über die praktische Durchführung bei der Einrichtung hatte man sich zunächst bei der Bielefelder Hilfspolizei informiert.[96]

Oberster Leiter der lippischen Hilfspolizei wurde der Katasterinspektor und SS-Mann Jürgen Stroop I. . Es war jener Stroop, der später auf dem "Höhepunkt" seiner SS-Karriere den Oberbefehl bei der Liquidierung des Warschauer Juden-Gettos führen sollte.[97]

Am 4. und 5. März wurde die lippische Bevölkerung überraschenderweise nicht mehr über den Fortgang der antikommunistischen Verhaftungswelle informiert. Nur einmal noch berichtete eine Zeitung über die Verhaftung von zwei weiteren Kommunisten in Bad Salzuflen.[98] Spätere Zahlenangaben in den Zeitungen legen jedoch die Vermutung nahe, daß weit mehr als die bisher genannten 30-35 Verhaftungen vorgenommen wurden. Ohnehin waren die Meldungen über die "Sonderaktion" (so die *Lippische Post*) gegen die KPD von den meisten lippischen Zeitungen ohne jeden begleitenden Kommentar veröffentlicht worden. Nur gegen das *Volksblatt*-Verbot wagte die *Landes-Zeitung* am 5.3. eine kritische Bemerkung – vermutlich eingedenk der eigenen Erfahrungen vom Februar: Zeitungsverbote seien der falsche Weg, da sie nur dazu führten, daß umso wildere Gerüchte in Umlauf gesetzt würden.

Und davon gab es in jenen Tagen tatsächlich reichlich.[99] Verängstigung und Hysterisierung der Bevölkerung wurden noch dadurch gesteigert, daß nach dem Reichstagsbrand SA, SS und der Stahlhelm öffentliche Einrichtungen, lebenswichtige Betriebe und das Gelände der Reichsbahn wegen vermeintlicher Sabotageaktionen bewachten.[100] Waren hierdurch Angst und Hysterie erst einmal geschürt, konnte man den noch widerstrebenden Teil der Bevölkerung umso leichter unter Kontrolle halten und den eigenen Zielen gefügig machen.

Aufschlußreich für das damalige geistig-politische Klima ist folgende kritische Wertung, die die *Landes-Zeitung* am Tage der Wahl so formulierte: "Es ist heute den

Zeitungen so gut wie unmöglich gemacht, ein kritisches Wort über die politische Situation unserer Tage laut werden zu lassen. Wir leben unter dem Ausnahmezustand, der die persönliche Freiheit sowohl wie das verfassungsmäßige Recht der freien Meinungsäußerung aufgehoben hat." Selbst das *Volksblatt* hatte vor seinem Verbot dem Tribut zollen müssen, indem es sich gegenüber den Nazis zu rechtfertigen suchte. Als Hitler Kanzler wurde, habe "sich das *Volksblatt* die dem *Kanzler* gebotene *Zurückhaltung* auferlegt".[101]

Daß für Nicht-Marxisten alles nur halb so schlimm sei, versuchte dagegen die DVP, eine angeblich liberale Partei, der Bevölkerung einzureden. Die Reichstagsbrand-Notverordnung sei nichts Außergewöhnliches, so führte sie in Wahlanzeigen die Bevölkerung irre:[102] Bereits am 26. 9. 1923 habe eine Reichsregierung unter Kanzler Stresemann (DVP) eine Notverordnung mit nahezu identischem Inhalt anläßlich des kommunistischen Aufstandes in Sachsen erlassen. Daran ist soviel richtig, daß die Notverordnung vom 28.2.33 in ihren entscheidenden Bestimmungen mit der genannten Notverordnung vom 26.9.23 im Wortlaut übereinstimmt.[103] Aber wie verblendet müssen die "Liberalen" in der DVP gewesen sein, wenn sie nicht die grundsätzliche Andersartigkeit der politischen Situation des Jahres 1933 erkennen konnten! Wie groß müssen die politischen Scheuklappen gewesen sein, die die DVP-Verantwortlichen daran hinderten, die Unterschiede zwischen der politischen Führung des Jahres 1923 (Reichspräsident Ebert, SPD, und Kanzler Streseman, DVP) und jener des Jahres 1933 zu sehen! Oder waren es einfach die wirtschaftlichen Interessen, die Interessen deutscher Unternehmer, deren Sprachrohr die DVP lange Zeit gewesen war, die eine solche Haltung erklärlich machen? Schließlich meldete die *Landes-Zeitung* am 3.3.33: "Die Börse reagiert günstig...Die durchgreifenden Maßnahmen der Regierung haben beim Publikum Kaufneigung ausgelöst."

Eindeutige Zustimmung zum "Kampf gegen den Bolschewismus" (so die zitierte DVP-Anzeige) kam erwartungsgemäß von der *Tageszeitung* und dem *Kurier*. Zynisch und zugleich versteckt drohend formulierte die *Tageszeitung* am Vortag der Wahl: "Sie (die Landesregierung) ist gehalten, die Reichsregierung in ihrer Arbeit nach besten Kräften zu unterstützen. Deshalb wäre es eine Pflichtverletzung, wollte sie in Lippe Milde walten lassen." Noch radikaler und sich unmenschlicher Sprache bedienend hetzte der *Kurier*: "Hitler macht ganze Arbeit", und meinte die Notverordnung. Und über die Jagd auf Kommunisten jubelte man am folgenden Tag: "Kampf dem Untermenschentum – Die Polizei in Lippe greift durch!"

Von solcher Demagogie ließ dann selbst der *Kurier* in den beiden Tagen vor der Wahl ab; nunmehr überwogen das Pathos und die "positive" Einstimmung der Bevölkerung auf den Wahltag, den "Tag der erwachenden Nation".

Wie im ganzen Reich, so sollte auch in Lippe der Abend des 4. März "zum Aufbruch der Nation gestempelt werden. Die (NS-) Landesleitung habe sich daher dazu entschlossen, in Lippe, ebenso wie im Reich, in allen Städten und Dörfern Fackelzüge zu veranstalten. Das Hakenkreuz, das heilige Symbol des Kampfes und des Sieges, müsse die Straße beherrschen, die Bevölkerung in seinen Bann ziehen. Im Mittelpunkt des ganzen Geschehens müsse die Übertragung der Rede Adolf Hitlers stehen. Die Massen müssen gezwungen werden, sich in unsere Gedankenwelt hineinzuversetzen. Auf den Bergen werden Freiheitsfeuer lodern und den Aufbruch einer neuen Zeit verkünden." Mit solch markigen Worten verlangte nach einem Zeitungsbericht der Pg. Herrich, Kreisleiter von Detmold, den Einsatz aller Funktionäre für die Mobilisierung der Bevölkerung am 4.3.33.[104] Wie zahlreich die Bundesgenossen der NSDAP bei diesem Propagandafeldzug waren, veranschaulicht ein gemeinsamer Aufruf verschiedener Organisationen in Lage: NSDAP Lage, Landwehrverein, Turngemeinde, Stahlhelm, SuS Lage, Corp. Studentenschaft, Artillerie- und Kavallerieverein.[105]

Dementsprechend beherrschten dann auch "Freiheitsfeuer", Fackelzüge, Kundgebungen und die Hitler-Rede bei zeitweise strömendem Regen den Abend vor der Wahl in Lippe.[106] Öffentliche Radioübertragungen waren angesetzt in Gaststätten, auf den Marktplätzen, ja sogar im Rathaus des "roten" Oerlinghausen waren Radios und Lautsprecheranlagen aufgestellt worden[107], um Hitlers flammenden Appell an das deutsche Volk zu übermitteln:

"Trage Dein Haupt jetzt wieder hoch und stolz! Nun bist Du nicht mehr versklavt und unfrei. Du bist nun wieder frei, Du kannst nun wieder mit Recht sagen: Wir alle sind stolz, daß wir durch Gottes gnädige Hilfe wieder zu wahrhaften Deutschen geworden sind."

Es erklang dann das Niederländische Dankgebet[108], dessen letzte Strophe vom einsetzenden Glockengeläut des Königsberger Doms langsam übertönt wurde.[109]

Während die Nazis so ihre Anhänger hemmungslos motivierten und aufputschten, brachte dieser 4. März für Sozialdemokraten eine herbe, kaum für möglich gehaltene Enttäuschung, zumindest aber völlige Verwirrung, weil man die stündlich wiederholte Rundfunkmeldung einfach nicht glauben mochte: Otto Braun, abgesetzter sozialdemokratischer Ministerpräsident Preußens, war in die Schweiz geflohen. Die Betroffenheit unter Sozialdemokraten war riesengroß.[110]

SA-Willkür nach der Wahl vom 5.3.33

Der Wahltag selbst verlief ruhig, sofern ein solches Wort angesichts der organisierten staatlichen Verfolgungen überhaupt angemessen und erlaubt ist. Vorsorglich hatte die Landesregierung ein Ausschank- und Verkaufsverbot für Alkohol erlassen. Das Straßenbild am 5. März wurde nahezu ausschließlich von Hakenkreuzfahnen und Schwarz-Weiß-Rot bestimmt. Wahlplakate der SPD sah man kaum. Vor den Wahllokalen patrouillierten SA, SS und einige Stahlhelmer mit der weißen Hilfspolizeibinde.

Nur in Detmold kam es an diesem Tage zu einem öffentlichen Zwischenfall als drei Nazis kurz vor Ende der Wahl vor dem *Volksblatt*-Gebäude eine Schlägerei provozierten: Die Parteigenossen folgten Felix Fechenbach, der auf dem Wege zum Verlagsgebäude war, und forderten ihn auf: "Du Lump, geh uns aus dem Weg!" Während des anschließenden Wortwechsels ergriff einer der drei Fechenbachs Spazierstock und schlug den verhaßten Redakteur nieder. Auch Fechenbachs Begleiter, der Maschinensetzer Rehbein, wurde ein Opfer der Schläger. Das Ergebnis: Fechenbach erlitt eine Platzwunde am Kopf und blieb bewußtlos liegen, Rehbein erlitt eine Gehirnerschütterung.[1]

Als das Wahlergebnis dann feststand, muß es für die NSDAP trotz eines Stimmenzuwachses doch eine Enttäuschung gewesen sein: Zwar hatte die Partei gegenüber ihrem Höchststand vom Juli 1932 in Lippe wie im Reich rund 6% dazugewonnen – gegenüber ihrem Tief vom November 1932 12% bzw. 13% –, die absolute Mehrheit hatte sie aber immer noch deutlich verfehlt.

Im einzelnen erzielten die Parteien in Lippe folgende Ergebnisse:[2]

	5.3.33		15.1.33		6.11.32		31.7.32
SPD	29085	28,0%	29827	30,2%	25782	27,1%	19,6%
KPD	8564	8,2%	11047	11,2%	14601	15,3%	9,8%
NSDAP	48921	47,1%	39064	39,5%	33038	34,7%	41,1%
DNVP	7146	6,9%	6009	6,1%	9377	9,9%	8,4%
DVP	3244	3,1%	4380	4,4%	3613	3,8%	2,2%
Ev. Volksd.	3829	3,7%	4525	4,6%	4064	4,3%	3,6%
Zentrum	2501	2,4%	2556	2,6%	2479	2,6%	3,3%
Wahlbeteiligung		90,8%		83,7%		83,3%	91,5% mit Kurgästen

Für das Reich lauteten die Ergebnisse:[3]

	5.3.33	6.11.32	31.7.32
SPD	18,3%	20,4%	21,6%
KPD	12,3%	16,9%	14,3%
NSDAP	43,9%	33,1%	37,3%
DNVP	8,0%	8,3%	5,9%
DVP	1,1%	1,9%	1,2%
Zentrum/BVP	13,9%	15,0%	15,7%

Auch die überschwengliche NS-Propaganda konnte nicht überdecken, daß sich die Mehrheit des Volkes gegen die Nationalsozialisten ausgesprochen hatte. Allerdings hatten die beiden Regierungsparteien NSDAP und DNVP eine parlamentarische Mehrheit von 51,9% im Reich und 54,0% in Lippe. Aber diese Ergebnisse waren offensichtlich nur zu erreichen gewesen in einer Wahl, die – wie oben geschildert – nicht mehr als freie Entscheidung der Wähler verstanden werden darf, denn: "Die Öffentlichkeit war einem Druck, einer Einschüchterung ausgesetzt, die System hatten."[4]

Angesichts des Terrors war es umso überraschender, daß die Hauptgegner der NSDAP, die Arbeiterparteien SPD und KPD, gegenüber dem 6.11.32 in Lippe nur 2800 Stimmen verloren. Dieser Verlust ging allein zu Lasten der KPD, die zwei Fünftel ihre Wählerschaft (=6000 Stimmen) einbüßte. Hiervon profitierte selbstverständlich in erster Linie die SPD. Ihr Gewinn von insgesamt 3300 Stimmen drückte zweifellos die Befürchtung mancher KPD-Wähler aus, eine Stimmabgabe für die Kommunisten sei vergeblich, da diese Partei möglicherweise bald verboten würde. Furcht mag es auch gewesen sein, die manchen KPD-Wähler diesmal ganz von einer Stimmabgabe abgehalten haben mag.

Aus all dem wird deutlich, daß selbst in dieser Situation nur ein sehr geringer Teil der Wähler von SPD und KPD zur NSDAP übergeschwenkt war. All der Terror der vergangenen Wochen hatte Kommunisten und Sozialdemokraten zwar in hohem Maße verängstigt und auf schlimme Entwicklungen gefaßt gemacht: Noch aber war der große Teil der Arbeiterschaft kein Opfer der NS-Propaganda geworden. Noch gab es 36 lippische Gemeinden, in denen die SPD stärkste Partei blieb, in Holzhausen/Externsteine, Kohlstädt, Selbeck und Farmbeck sogar mit der absoluten Mehrheit. Beide Arbeiterparteien zusammen behielten die Stimmenmehrheit in Oerlinghausen, Berlebeck/Schling, Schlangen, Billinghausen, Ehrentrup, Jerxen-Orbke, Müssen, Pivitsheide V.L., Pottenhausen, Wissentrup, Lüerdissen, Matorf, Silixen, Stemmen, Talle/Osterhagen, Varenholz, Asemissen, Bechterdissen, Lipperreihe, Mackenbruch/Währentrup und im Wahlbezirk Werl-Aspe/Knetterheide.

Auch eine andere Bevölkerungsgruppe hatte – jedenfalls bis zu diesem Zeitpunkt – den Nationalsozialisten weitgehend widerstanden: die Katholiken, deren Bevölkerungsanteil in Lippe allerdings mit unter 5% sehr gering war. Wie in den vorausgehenden Wahlen lag der Anteil der katholischen Zentrumspartei auch jetzt bei rund 2500 Stimmen.

Bei dieser Sachlage stellt sich zwangsläufig die Frage, wie der Zuwachs für die

NSDAP von 16000 Stimmen gegenüber dem 6.11.32 und 10000 Stimmen gegenüber dem 15.1.33 zu erklären war. Da die übrigen bürgerlichen Parteien nur noch wenig abgaben, ist die Anwort eindeutig und klar: Der bis dahin nicht gekannte Terror- und Propagandafeldzug hatte zu der Rekordwahlbeteiligung von über 90% geführt. Es waren daher ehemalige Nichtwähler, die die NSDAP jetzt erfolgreich an die Wahlurnen gebracht hatte.

Was das Wahlergebnis vom 5. März für die lippische Landespolitik bedeuten sollte, darüber waren sich die führenden Funktionäre der lippischen NSDAP offensichtlich höchst uneins. Einerseits waren die folgenden Wochen von der kontinuierlichen Machtergreifung und erfolgreichen Ausschaltung aller möglichen Gegner geprägt. Gleichzeitig prallten aber auch – von der Öffentlichkeit weitgehend unbemerkt – zwei grundsätzlich verschiedene Konzepte zur Ausgestaltung eines NS-Staates aufeinander.

Wie noch weiter auszuführen sein wird, stand auf der einen Seite dieser Auseinanderstzung der NS-Landespräsident Dr. Krappe, der sich möglicherweise mit der Errichtung eines "nur" autoritär-diktatorischen, nicht aber unbedingt terroristischen Staates zufriedengeben wollte, der aber auf jeden Fall bei der Eroberung der totalen Macht auf die bestimmende und wegweisende Führungsrolle seiner Landesregierung als ordnender Kraft pochte. Auf der anderen Seite standen die Ansprüche der Parteiorganisation, vertreten durch Landeschef Steinecke, der diese Funktion freilich bald verlieren sollte, und Gauleiter Dr. Meyer.

Beide wurden in diesem Konflikt aktiv von der lippischen SA unterstützt. Deren Frontstellung gegen die Landesregierung als Repräsentant der Staatsgewalt geschah freilich nicht aus unbedingter persönlicher Sympathie für Dr. Meyer ud Steinecke. Vielmehr drängte sie unter ihrem Sturmführer Werder auf eine rasche und rücksichtslose Verwirklichung der "wahrhaft nationalsozialistischen" Ziele. Nunmehr, nach den Stimmengewinnen des 5.3., nahm sie für sich das Recht in Anspruch, den natürlichen und daher gerechtfertigten Volkszorn zu verkörpern, der 14 Jahre lang unterdrückt gewesen sei. Ob die geltenden Gesetze ihre Aktionen legitimierten, war daher eine überflüssige und geradezu naive Fragestellung.

Die von außerordentlicher Schärfe geprägten Auseinandersetzungen zwischen den genannten Personen und Institutionen bestimmten vielfach die Entscheidungen der nächsten Monate. Sie wurden erst beendet durch die Ernennung Dr. Meyers zum Reichsstatthalter für die beiden Lippe am 16.5.33 und die anschließende Entlassung der Regierung Dr. Krappe am 22.5.33.

In der Woche nach dem Wahltag wurde der genannte Konflikt zwischen Landesregierung und SA, die sich nun als der eigentliche Motor der "Revolution" verstand, noch in der Öffentlichkeit ausgetragen. Erster Anlaß hierfür war eine im ganzen Reich durchgeführte Aktion mit vorwiegend demonstrativ-propagandistischem Wert: die Beflaggung öffentlicher Gebäude mit der Hakenkreuz-Fahne und den Farben schwarz-weiß-rot. Das Ende des verhaßten Weimarer "Systems" und die endgültige Herrschaft der Nationalsozialisten sollten so nachdrücklich markiert werden. Selbstverständlich handelte es sich hierbei nicht um spontane Aktionen besonders engagierter und fanatischer Nazis. All dies geschah auf Weisung höherer SA-Stellen.[5]

Daß auch sozialdemokratische oder bürgerliche Stadt- und Gemeindeverwaltungen diese Aktionen nicht verhindern konnten, bedeutete zwangsläufig "eine Art Kapitulation oder zumindest das Eingeständnis der Schwäche".[6] Repräsentativ für Lippe mögen daher die Vorgänge in Blomberg sein. Nachdem dort bereits in der Nacht zum 5.3. die NS-Fahne auf dem Rathaus gehißt worden war, wurde sie am Sonntag vormittag von der Polizei entfernt. Das gleiche Spiel wiederholte sich in der Nacht zum Montag und am Montag vormittag. Am Nachmittag hatte der Blomberger Stadtrat, in dem kein Nationalsozialist saß, klein beigeben müssen. In einem offiziellen Festakt wurden dann die Hakenkreuz- und die schwarz-weiß-rote Fahne gehißt.[7]

Auch in Detmold ergaben sich ähnliche Auseinandersetzungen. So mußte die Beflaggung des Rathauses durch die SA von dem Oberbürgermeister nachträglich genehmigt werden, wie in der Presse ausdrücklich notiert wurde.[8] Um die Beflaggung des Landtagsgebäudes ergab sich sogar ein Konflikt unter Nationalsozialisten. Zunächst hatte der NS-Landtagspräsident Helms die Hakenkreuzfahne auf dem Gebäude abgelehnt und Anweisung für die Beflaggung Schwarz-weiß-rot und das lippische Gelb-rot gegeben. Dieser Auftrag wurde aber nicht ausgeführt. Gegen Mittag schließlich konnte sich der Präsident mit seiner Anordnung gegen seine widerstrebenden Parteigenossen durchsetzen.[9]

Auch über diese Streitigkeiten unter Nationalsozialisten drangen Nachrichten in die Öffentlichkeit. Allerdings behauptete die *Landes-Zeitung*: "Das Publikum nahm an dieser Flaggendemonstration wenig Anteil."[10] Auch in anderen lippischen Städten und Dörfern lief der Flaggenwechsel häufig nicht ohne Konflikte und nicht selten unter Androhung massiver Gewalt ab.[11] Bürgermeister, Behördenvorsteher und Schulleiter widersetzten sich diesem gewaltsamen Flaggenwechsel vielfach, da sie hierin einen Eingriff in ihren Kompetenzbereich sahen.[12] Ihnen drohte der *Kurier* am 7.3. offen: "Unsere Freiheitsarmee läßt sich heute nicht mehr von bürokratischen Beamten provozieren. Wir werden zu handeln wissen, wenn es erforderlich erscheint!"

Besonders aktiv waren bei diesen Aktionen wieder einmal die Lemgoer SA und SS. Nachdem sie zunächst in der Lokalpresse die Falschmeldung verbreiten ließen, auf Veranlassung der Landesregierung solle der Flaggenwechsel am Mittag des 7.3. erfolgen,[13] drangen verschiedene SS-Männer am Vormittag in öffentliche Gebäude und Schulen ein und holten die alten schwarz-rot-goldenen Reichsfahnen ab. Mittags formierte sich dann ein Demonstrationszug aus SA, SS und Stahlhelm, der, begleitet von der Bauleschen Kapelle, zum Marktplatz zog. Dort wurden zunächst die neuen Flaggen auf dem Rathaus gehißt. Die alten Weimarer Fahnen wurden anschließend mit Petroleum übergossen und unter dem Beifall der 600-700 Anwesenden verbrannt, während die Kapelle intonierte: "Stolz weht die Flagge Schwarz-weiß-rot".[14]

Im Verlauf der Kundgebung hielt der NSDAP-Ortsgruppenvorsitzende A. Detering folgende Ansprache:[15]

"Als sichtbares Zeichen der deutschen Revolution hissen wir die Sturmfahne des neuen jungen Deutschlands, die Fahne, die uns und besonders Euch, liebe Kameraden im Braunhemd, so oft im Kampfe voran wehte, unter der im Kampfe um die innere Befreiung des Vaterlandes fast 400 Kameraden den Heldentod starben.
Die Fahne ist uns ein heiliges Zeichen treuer Pflichterfüllung. Unter diesem Zeichen wird

hinfort Deutschland regiert, zum Wohle des Volkes, zum Wohle des ärmsten, aber treuesten Volksgenossen. Der Hakenkreuzfahne haben wir die Treue geschworen. Ein Hundsfott, wer die Fahne verläßt.
In diesem Sinne begrüßen wir auch die Fahne schwarz-weiß-rot, unter der wir alten Soldaten einst dienten, unter der wir vier Jahre gegen eine Welt von Feinden kämpften und unter der zwei Millionen unserer besten Kameraden fielen für des Reiches Herrlichkeit und Ehre.
In dieser feierlich ernsten Stunde erhebt mit mir die Hand und schwört: "Wir wollen das Wort nicht brechen und Buben werden gleich, wir wollen predigen und sprechen vom heil'gen Deutschen Reich!"
In diesem Sinne begrüßen wir die Fahne mit einem dreifachen Siegheil!
Nationalsozialisten! Volksgenossen! Hinter uns liegt die Welt der Schmach und Schande. Vor uns liegt ein neues Hoffen. Vergessen sei, was verführte Volksgenossen uns angetan; unsere Rache gilt den Lumpen, die uns gequält bis aufs Blut. Das Symbol der Feigheit und Lüge verbrennt zu Asche. Aufsteigt die Flagge der Feiheit!"

Daß solche Zeitungsberichte für die Leser nicht bloße Information waren, sondern gleichzeitig Parteigenossen auch in den kleinsten Dörfern zur Nachahmung animierten, konnte in den folgenden Wochen immer wieder beobachtet werden. "Spontane" Aktion der "Volksgenossen" war dann in der Presse die entsprechende Bezeichnung für Ausschreitungen der Nationalsozialisten.

In der Flaggenauseinandersetzung wurden die Willkürmaßnahmen am 12.3. rückwirkend für das ganze Reich für rechtens erklärt: An jenem Tage bestimmte ein Flaggenerlaß des Reichspräsidenten, daß die Hakenkreuzfahne und die schwarzweiß-rote Fahne bis zu einer endgültigen Regelung gemeinsam zu hissen seien.[16]

Auch wenn die geschilderten Konflikte im ganzen Reich für beträchtliche Unruhe sorgten und der unaufhörlichen Demoralisierung der NS-Gegner eine weitere Demütigung hinzufügten, so war dies doch kein machtpolitisch entscheidender Vorgang. Von weitaus größerer Konsequenz war die Absetzung all jener Landesregierungen, die noch nicht nationalsozialistisch waren. Der Ablauf der Ereignisse war im Prinzip dabei immer der gleiche:[17]

"In der Hauptstadt des Landes marschierten bewaffnete SA-Kolonnen auf und rückten vor die öffentlichen Gebäude. Die rechtmäßige Landesregierung alarmierte die Polizei, ein blutiger Zusammenstoß drohte. Darauf übertrug der nationalsozialistische Reichsinnenminister Dr. Frick auf Grund der Verordnung vom 28. Februar 1933 einem Funktionär der nationalsozialistischen Partei telegraphisch die Ausübung der höchsten Polizeigewalt. Der nationalsozialistische Reichskommissär schickte sofort die Polizei nach Hause, zwang die Landesregierung zum Rücktritt und setzte "provisorisch" eine neue nationalsozialistische Regierung ein. Widerstand gegen die Anordnungen des Nazibeauftragten war strafbar als Aufruhr gegen die Staatsgewalt."

All dies war aber in Lippe bekanntlich überflüssig. Insofern konnten jene lippischen Zeitgenossen, die nicht unmittelbare Beteiligte oder Zeugen des Flaggenstreits waren und das Geschehen aus der Distanz beurteilten, den Eindruck haben, das Land Lippe werde weiterhin von solch gewaltsamen Auseinandersetzungen verschont bleiben und die vermeintliche Besonnenheit der Lipper werde sich auch diesmal wieder positiv zum Nutzen des Landes und seiner ganzen Bevölkerung auswirken. Mochten auch sonstwo die Wellen politischer Erregung hochschlagen – das lippische Staatsschiff würde auch zukünftig in ruhigeren Wassern dahinsegeln.

Zwar kontrollierten Nationalsozialisten mit Hilfspolizei-Binden auch nachts schon einmal den Autoverkehr,[18] zwar schritt die Hilfspolizei sofort ein, wenn sich eine Ansammlung von Menschen oder gar eine Demonstration zu bilden schien,[19] zwar kursierten Gerüchte über geplante Anschläge und schwarze Listen der KPD,[20] die freilich höchstens eine adlige Dame in Schrecken versetzten,[21] insgesamt aber gab es doch keinen Vergleich mit jenen Nachrichten, die die lippischen Zeitungen aus dem Reich meldeten: "(Politische) Schießereien in Altona",[22] "Schwere (politische) Brandstiftungen",[23] "Blutige Zwischenfälle in Düsseldorfer Bezirk",[24] "Kommunisten in Konzentrationslagern?"[25], "Schutzhaft für SPD-Führer".[26]

Hier in Lippe hatte die Landesregierung offensichtlich "edlere" Absichten. Zwar verbot sie am 6.3. alle Umzüge und Versammlungen politischer Parteien und Verbände,[27] doch ein solcher "Burgfrieden" war auch in früheren Jahren proklamiert worden. Außerdem meldeten fast alle lippischen Zeitungen übereinstimmend, daß bereits der erste Teil der "Schutzhäftlinge" wieder entlassen worden sei und alle übrigen wohl bis zum Wochenende in Freiheit sein würden. Auch das *Volksblatt* werde sicherlich bald wieder zugelassen. Und auch die Hilfspolizei, die nur einen ruhigen Wahlverlauf habe gewährleisten sollen, sei schon wieder aufgelöst worden.

Jedoch – all diese Hoffnungen wurden am folgenden Wochenende zu Illusionen. Es war Samstag, der 11. März, als die lippische SA ihren aufgestauten Aggressionen freien Lauf ließ und nicht nur ihren politischen Gegnern verdeutlichte, was sie unter dem angeblich revolutionären Wählerauftrag des 5.3. verstand: die Ausschaltung aller "Marxisten" und die Überrumpelung der zögernden und widerstrebenden Liberalen und Konservativen. Dieser Tag war auch eine Belastungsprobe für den Optimismus derjenigen, die glaubten, dem Terror der Nationalsozialisten nur mit den Mitteln des Parlamentarismus begegnen zu dürfen.

Viele Bürger in ganz Lippe wurden Zeugen einer ungehemmten SA-Brutalität: in Detmold, in Horn, in Lage, in Oerlinghausen, in Bad Salzuflen und in anderen Orten. Dieser Ausbruch von Gewalt war in manchen Fällen sicherlich elementar und spontan und setzte lange geschürte und aufgestaute Ressentiments frei. Ebenso richtig ist aber, daß führende Nazis planmäßig darauf hinarbeiteten, der SA und SS die Hemmungen zur Anwendung von Gewalt zu nehmen. So hetzte Göring am 3.3. vor SA-Mannschaften: "Hier habe ich keine Gerechtigkeit zu üben, hier habe ich nur zu vernichten und auszurotten, weiter nichts!"[28] Dadurch, daß Rundfunk und Zeitungen über lokale Terroraktionen von SA und SS berichteten, bewirkten sie zwangsläufig Nachahmungen an anderen Orten. Insofern ordnen sich auch die Ereignisse in Lippe am 11.3. in vergleichbare, konzentrierte Aktionen im ganzen Reich ein. Am Morgen erschien der *Kurier* mit der demagogischen Schlagzeile "Vollendet die deutsche Revolution! Stürmt die Rathäuser..." Auch wenn sie sich vordergründig auf die preußische Kommunalwahl vom 12.3. bezog, in Verbindung mit den Meldungen über entsprechende SA-Aktionen im Reich war so das Zeichen zum Losschlagen gegeben.

"SA und SS beherrschten die Stadt (Detmold) vollkommen. Motorräder und Autos mit uniformierten Nationalsozialisten sausten durch die Straßen, starke Patrouillen waren unterwegs, und das Publikum diskutierte sehr lebhaft die mannigfachen Ereignisse."[29] So faßte der Beobachter der *Landes-Zeitung* – mit der damals gebotenen Zurückhaltung – seine Eindrücke zusammen.

Folgende Übergriffe von SA und SS waren es, die Lippe an jenem Tage erschütterten:
- Jüdische Geschäfte und Konsumfilialen wurden durchsucht und blockiert.
- Die Volkshäuser, Sitz der Gewerkschaften, in Detmold und Bad Salzuflen wurden durchsucht.
- Die Turnhalle des Arbeitersportvereins Deutsche Eiche Schötmar wurde besetzt.
- Das *Volksblatt*-Gebäude in Detmold wurde durchsucht und beschädigt.
- Felix Fechenbach wurde verhaftet.
- Die Rathäuser in Oerlinghausen und Horn wurden besetzt, die Bürgermeister für abgesetzt erklärt.

Wie auch in andern Regionen des Reiches war nicht der 1. April der erste Tag gezielter antijüdischer Aktionen der Nazis. Diese waren bereits jetzt an der Tagesordnung: nicht spontan, sondern zweifellos von SA-Führern angeregt. Sie liefen nämlich immer nach dem gleichen Schema ab. So wurden am frühen Samstagmorgen die Eingänge jüdischer Kaufhäuser, z.B. Alsberg und Teutonia in Detmold, und Einzelhandelsgeschäfte von SA und SS besetzt – "Zu deren Schutz", wie die *Tageszeitung* ihren Lesern einzureden suchte.[30] Verlangt wurde dann von den Geschäftsinhabern, Schilder anzubringen mit dem Text "Deutsche, kauft bei Deutschen! Nicht bei Juden!" Außerdem sollten Hakenkreuzplakate im Schaufenster ausgehängt werden. Als sich die Inhaber weigerten – offenbar hatte man sich in Kenntnis dieser Aktionen in anderen Städten abgesprochen, wurden die Geschäfte von SA und SS geschlossen. Gegen 10.30 Uhr überbrachte dann die Hilfspolizei, vermutlich von der Landesregierung, die Meldung, daß die Geschäfte wieder öffnen dürften – eine Anweisung, der sich SA und SS teilweise widersetzten, indem sie weiterhin auf Posten blieben. Die meisten jüdischen Geschäfte blieben daher den ganzen Samstag geschlossen.[31]

Ein ähnlicher Vorfall ereignete sich in Lage.[32] Hier wurde neben der jüdischen Schlachterei Hammerschlag auch der Konsumladen von 30-40 SA-Männern besetzt. Auch hier zeigte sich, wie machtlos die staatlichen Organe solchen Situationen gegenüberstanden: Der Inhaber eines benachbarten und daher mitbetroffenen Geschäftes protestierte vergeblich bei der Polizei gegen die Übergriffe der SA.[33]

Die lippischen Zeitungen berichteten am folgenden Tage überwiegend kommentarlos über solche Besetzungen. Die einzige kritische Stimme fand sich in der *Landes-Zeitung*:[34] "Es lag auch gewiß nicht im Sinne der Reichs- und Landesregierung, was sich am Sonnabend in unserem Lande an Störungen des geschäftlichen Lebens ereignet hat." Recht hatte sie. Schon zwei Tage später dekretierte nämlich der Reichsinnenminister:[35]

"Durch die Schließung und Bedrohung von Einzelhandelsgeschäften "werden nicht nur die Inhaber der Geschäfte, sondern auch die Arbeiter und Angestellten der Geschäfte sowie das kaufende Publikum und der allgemeine Wirtschaftsverkehr schwer getroffen. Auch die Staatsautorität und die für den Wiederaufstieg Deutschlands unentbehrliche Vertrauensbelebung leiden unter solchen Willkürhandlungen Schaden. Im Interesse der

öffentlichen Sicherheit und Ordnung bitte ich, diesen Übergriffen nachdrücklich entgegenzutreten und die dazu erforderlichen Anordnungen zu treffen."

Waren die sonstigen Aktionen der SA von den obersten Partei- und SA-Stellen angeregt oder zumindest geduldet worden, so war die SA in diesem Falle offenbar in ihren "mittelständischen Ressentiments" und ihrem Radauantisemitismus zu diesem Zeitpunkt zu weit vorgeprellt. Folglich wurde sie schnell "zurückgepfiffen".[36]

Wie gewöhnlich hatte jedoch der *Lippische Kurier* erneut eine hämische Rechtfertigung für den SA-Terror parat. Er verfuhr dabei nach dem bekannten Propagandamuster der Nazis: Die eigene Gewaltanwendung wurde in angebliche Schutzmaßnahmen zugunsten der Angegriffenen verfälscht. "Die Schließung der Geschäfte war erforderlich, weil sonst mit Beschädigungen der Geschäftsräume zu rechnen gewesen wäre. Es handelte sich also um eine reine Vorsichtsmaßnahme."[37] Auch die *Tageszeitung* nahm genüßlich die Wahlentscheidung des 5.3. als Legitimation für den Terror: "Die Demokratie wurde mit ihren eigenen Thesen (d.h. Wahlen) geschlagen."[38]

Bisher war der von den Nazis proklamierte "Kampf gegen den Marxismus" in erster Linie gegen die KPD und nur in abgeschwächter Form gegen die SPD gerichtet gewesen. Eine andere Organisation der Arbeiterschaft war – jedenfalls in Lippe – bisher noch verschont worden: die Gewerkschaften. Auch das änderte sich jetzt. Auch sie wurden nunmehr vom SA-Terror erfaßt. Dabei verliefen auch diese Übergriffe in ähnlicher Form: SA-Kolonnen drangen in die Volkshäuser und Gewerkschaftsbüros ein, durchsuchten alle Räume und zerstörten das Mobiliar, um dann wieder abzuziehen. In Lippe wurden am 11.3. die Volkshäuser in Detmold und Bad Salzuflen Ziel derartiger Aggressionen. Nach der Durchsuchung des Detmolder Volkshauses – Waffen waren nicht gefunden worden – wurden die Gewerkschaftsräume von den Eindringlingen verschlossen. Auf dem Hause wurde als Demonstration der Stärke die Hakenkreuzfahne gehißt.[39]

Ein ausführlicher Bericht ist uns über die Durchsuchung des Salzufler Volkshauses erhalten geblieben, da sein Geschäftsführer, der SPD-Landtagsabgeordnete Heinrich Diestelmeier, bei der Polizei Anzeige erstattete. Diese hatte sich zunächst geweigert, die Anzeige überhaupt entgegenzunehmen, obwohl das Volkshaus zum Zeitpunkt der Anzeige noch besetzt war. Offenbar waren sich die Polizisten über die neuen Machtverhältnisse im klaren und reagierten daher nur auf "ausdrückliches Verlangen" von Diestelmeier. Danach nahmen sie den folgenden Bericht des Volkshausverwalters K. zu Protokoll:[40]

"Heute nachmittag gegen 18 Uhr kamen etwa 12 bis 15 S.A. und S.S.Leute in das von mir verwaltete Volkshaus und erklärten, eine Durchsuchung des Gebäudes und der einzelnen Räume vornehmen zu müssen. Auf meine Frage, ob eine polizeiliche Genehmigung bezw. Anordnung zu diesem Vorgehen erlassen sei, wurde mir geantwortet, ob wir es 1918 nicht ebenso gemacht hätten. Sie hätten eben den Auftrag zur Durchsuchung und führten diesen Auftrag auch durch. Sie begannen dann damit, die im Hause befindlichen Gäste aus dem Hause zu weisen. Als ich in den Telefonraum ging, um die Polizeiwache anzurufen, wurde ich von dem Leiter der hiesigen Ortsgruppe der N.S.D.A.P., Zimmermeister Hillebrenner, angefaßt und wörtlich beleidigt. Als ich Hillebrenner wegen seines Verhaltens mir gegenüber Vorhaltungen machte, ließ er mich wieder los. Die S.A.Leute durch-

suchten nun sämtliche Räume und die darin befindlichen Behältnisse. Unter anderem wurde ich aufgefordert, die Schlüssel zu den Vereinsschränken herauszugeben. Auf meine Erklärung, daß ich keine Schlüssel zu den Schränken hätte, ließen sie einen Schlosser kommen, welcher die Schränke öffnen mußte. Aus einem dieser Schränke nahmen sie die Fahne des im Vokshaus tagenden Buchdruckervereins heraus und nahmen sie beim Abmarsch mit.

Nachdem die Durchsuchung beendet war, begab ich mich zur Polizeiwache und erkundigte mich bei dem Polizeikommissar S., ob die Durchsuchung zu Recht bestehe. Eine klare Antwort wurde mir nicht gegeben. Es wurde mir von dem Kommissar S. gesagt, daß ich mich, bezw. der Geschäftsführer des Volkshauses wegen dieser Angelegenheit an die Landesregierung wenden solle. Ich begab mich darauf wieder zum Volkshaus, wo ich auch meine Wohnung habe. Hier angekommen, wurde ich von dem hiesigen S.A.Mann, Schüler B. aufgefordert, die mir auf Waffenschein genehmigte Waffe herauszugeben. Um allen Streit bezw. eine Auseinandersetzung zu vermeiden und weil mir versprochen wurde, daß ich die Waffe am nächsten Tage wieder ausgehändigt bekommen sollte, habe ich die Waffe herausgegeben."

Bemerkenswert an dieser Aussage ist folgendes:
1. Die Eindringlinge gaben an, sie hätten einen Auftrag gehabt. Sie erhoben also nicht den Anspruch, Vollstrecker eines angeblichen Volkszornes zu sein, wie das die NS-Presse in diesen Wochen so oft glauben machen wollte.
2. Auch der politische Leiter der NSDAP-Ortsgruppe beteiligte sich an der Aktion.
3. Die Polizei wußte offenbar, daß sie in diesem Falle nicht zuständig oder überfordert war, und verwies den Beschwerdeführer direkt an die Landesregierung.

Natürlich hatte Diestelmeiers Anzeige keinen Erfolg. Am 1.4.33 wurde ihm auf Weisung des Oberstaatsanwaltes mitgeteilt: "Das Verfahren wird auf Grund der ... Verordnung des Reichspräsidenten über Straffreiheit vom 21.3.33 eingestellt, da die Beschuldigten die Straftaten im Kampf für die Erhebung des deutschen Volkes begangen haben."[41]

Dieser Samstag zeigte aber auch, daß nicht nur politische Einrichtungen der Arbeiterschaft Ziel der SA-Willkür waren. Als erster bekam das der Arbeitersportverein Deutsche Eiche Schötmar zu spüren, als am Abend des 11.3. 60 SA-Männer seine Turnhalle besetzten.[42] Neid und Konkurrenzdenken der örtlichen bürgerlichen Sportvereine vereinigten sich hier mit impulsiver Aggression der SA. Die Turnhalle war Privateigentum des Arbeitersportvereins; Mitglieder hatten sie eigenhändig gebaut. Auch wenn die SA am folgenden Morgen wieder abzog, so wurde doch bald klar, daß hier nicht nur Machtdemonstration und Einschüchterung stattgefunden hatten, sondern eine erste Teilenteignung. Vielsagend meldete nämlich die *Lippische Post*: "Die Benutzung wird jetzt wahrscheinlich sämtlichen hiesigen Sportvereinen zugute kommen."

Neben den Volkshäusern war für die Nationalsozialisten vor allem das *Volksblatt*-Gebäude in Detmold ein Symbol "marxistischer" Herrschaft und Volksverführung. Auch befand sich dort die Geschäftsstelle des SPD-Unterbezirks. Kein Wunder also, daß gleich nach dem Wahltag einzelne SA-Gruppen ihren Aggressionen dort freien Lauf ließen. Nachdem zunächst in zwei nächtlichen Aktionen alle Fensterscheiben zerstört worden waren,[43] drangen am Dienstag nachmittag SA-Männer in das Gebäu-

de selbst ein, durchsuchten verschiedene Räume und beschlagnahmten schließlich aus eigenem Machtanspruch heraus einige Exemplare des republikanischen Witzblattes "Der wahre Jakob" wegen "Verächtlichmachung der NSDAP".[44]

Den vorläufigen Höhepunkt brachte auch hier der 11.3., als morgens ein größerer SA-Trupp erneut in das Gebäude eindrang. Nach der Durchsuchung wurden zwölf schwarz-rot-goldene Fahnen beschlagnahmt und auf der Straße verbrannt. Auf dem Dach wurde die Hakenkreuz-Fahne gehißt. Einmal mehr hatte die SA einen neuen Markierungspunkt bei ihrer Machtausweitung gesetzt.

All diese Gewalttaten machten nun auch jenen Bürgern, die sich in "ihrer Verfassungstreue...von niemandem übertreffen" lassen wollten (so Felix Fechenbach in seinem letzten Kommentar[45]), eindringlich klar, daß nicht nur Kommunisten ausgeschaltet werden sollten, sondern auch Sozialdemokraten und Gewerkschaftler. Die selbsttrügerische Hoffnung von Carl Schreck, Geschäftsführer des SPD-Bezirks Ostwestfalen-Lippe, und anderen Genossen, "Laß gut sein! In sechs Wochen ist der Spuk vorbei",[46] verlor immer stärker den Bezug zur Wirklichkeit. "Ausrottung des Marxismus mit Stumpf und Stiel" war keine bloße propagandistische Übertreibung, sondern sollte bald blutige Realität sein.

Felix Fechenbach sollte dies als erster lippischer Sozialdemokrat am eigenen Leibe spüren. Noch am Tage der letzten Reichstagswahl hatte er seiner Frau beruhigend geschrieben: "In Lippe wird sich nichts Entscheidendes ereignen. Höchstens, daß ich eines Tages in Schutzhaft genommen werde. Aber das wird mich kaum zu beunruhi-

gen brauchen, das wäre ja auch ein Schutz für Dich."[47] Tröstliche Worte in der Tat. Waren sie nur für die besorgte Ehefrau bestimmt? Oder hatte Fechenbach auch zu diesem Zeitpunkt das wirkliche Ausmaß der Gefahr noch nicht geahnt?
Am Mittag des 11.3. wurde er in einem Restaurant in der Langen Straße in Detmold von drei Nazis verhaftet und als "Schutzhäftling" in das Detmolder Gerichtsgefängnis gebracht.[48] Voller Häme und Niedertracht rechtfertigten daraufhin seine Erzfeinde bei der *Tageszeitung* und dem *Kurier* diese Schutzhaft. Sie sei erforderlich gewesen, "da sonst für ihn keine Sicherheit gewährleistet werden konnte."[49] Und: "Es wäre auch zu schade gewesen, wenn das wertvolle Leben dieses Sozialdemokraten...aufs Spiel gesetzt worden wäre." Gleichzeitig drohte der *Kurier* noch vielsagend: "Wer die Stimmung im Lande kennt..., der weiß auch, daß der Fall Fechenbach in Lippe noch nicht erledigt ist."[50]

Einen besonders dramatischen Verlauf nahmen die SA-Übergriffe an jenem Samstag in Oerlinghausen. Hier, in der "roten" Stadt am Teutoburger Wald, war eine der Hochburgen der lippischen Arbeiterschaft. Hier hatte die NSDAP selbst am 5.3.33 nur 33% der Stimmen erzielt, während andererseits SPD und KPD es auf zusammen 56% gebracht hatten. Es war daher erklärlich, daß sich der aufgeputschte Zorn der SA auf diese Bastion der Gegner richtete.[51]

Schon in den Vortagen waren von der Hilfspolizei zahlreiche Haussuchungen durchgeführt worden. Sie hatten aber für die Nazis keine befriedigenden und propagandistisch verwertbaren Ergebnisse gebracht. Am 11.3. nun wurden 60 SA-Männer aus Bad Salzuflen und Lage vom SA-Sturmführer Werder nach Oerlinghausen beordert. Der parteilose Bürgermeister Reuter war vorher durch den SA-Scharführer und Adjudanten Filges angewiesen worden, sich der SA zur Verfügung zu halten.

Um 9.30 Uhr marschierte die SA vor dem Rathaus auf. Werder befahl dem Bürgermeister, sich ab sofort jeder Amtshandlung zu enthalten. Faktisch bedeutete das seine Absetzung. So wurde es auch später von der Landesregierung verstanden. Auf die Frage Reuters nach dem Auftraggeber, wurde ihm bedeutet, "daß die deutsche Revolution marschiere und der rote Terror in Oerlinghausen ein Ende gefunden habe." Angesichts der Übermacht der SA blieb dem Bürgermeister nichts anderes übrig, als der Gewalt zu weichen, zumal das Vorgehen der SA durch anwesende Vertreter der Partei gebilligt wurde. Außer dem Führer der Hilfspolizei, einem SS-Mann, waren bei der Aktion nämlich der Ortsgruppenleiter von Bad Salzuflen, Hillebrenner, und der Kreisleiter Prüßner anwesend.

Nach einem anschließenden Verhör des Oerlinghauser Reichsbannerführers unternahm die SA noch einen "Demonstrationsmarsch" durch die Stadt. Damit war die Aktion beendet. Die SA verließ Oerlinghausen. Zurück blieben Ortsgruppenleiter Hillebrenner, ein SA-Führer und eine SA-Wache von 25 Mann, die das Rathaus besetzt hielten.

Als Regierungschef Dr. Krappe von dem SA-Übergriff erfuhr, rief er voller Empörung in Oerlinghausen an und mißbilligte gegenüber Hillebrenner in scharfem Ton die gewaltsame Absetzung des Bürgermeisters: Er habe Wichtigeres zu tun, "als sich dauernd mit SA-Aktionen zu befassen." Ein bemerkenswertes Zitat, das beispielhaft Krappes distanziertes Verhältnis zu den Auffassungen und Taten der SA verdeutlicht. Krappe ging sogar so weit, der SA alle weiteren Übergriffe zu verbieten.

In diesem Falle schien sich der lippische Regierungschef (zumindest vorerst) durchgesetzt zu haben. Die lippischen Zeitungen dementierten jedenfalls, der Oerlinghauser Bürgermeister sei abgesetzt worden.

Wie gezielt schon jetzt lippische Zeitungen neben dem *Kurier* ihre Leser falsch informierten, veranschaulicht der Bericht in den *Lippischen Nachrichten*. Sie stellten den Ablauf der Ereignisse in Oerlinghausen wie folgt dar:[52]

"Sonnabend abend erschien vor dem hiesigen Rathaus eine auswärtige SA-Formation. Der Führer derselben hatte mit Herrn Bürgermeister Reuter eine Unterredung. Wie wir hören, soll der Zweck der Aktion in der Umgestaltung der hiesigen Verwaltung liegen...Die endgültige Regelung, die wohl im Sinne der aufgestellten Forderung erfolgen wird, liegt bei der Landesregierung und dürfte aller Wahrscheinlichkeit nach in Kürze erfolgen. Entgegen anderslautenden Meldungen und Gerüchten ist eine Amtsenthebung des Bürgermeisters nicht erfolgt. Lediglich hat man dahingehend auf den Bürgermeister eingewirkt, sich mit einer Neuregelung (die im Sinne der sich aus den Ergebnissen der letzten Wahlen zu Land- und Reichstag geschaffenen Lage Rechnung trägt,) einverstanden zu erklären."

Auch wenn Regierungschef Dr. Krappe in diesem Falle die SA korrigiert hatte, so ohne weiteres ließ sich diese nicht von der Staatsgewalt bevormunden. Am 16.3. beschwerte sich Sturmführer Werder bei der Partei über den Parteigenossen Dr. Krappe: In seinem Schreiben an den Detmolder Kreisleiter Herrich – der Lemgoer

Kreisleiter Prüßner hatte die Aktion bekanntlich an Ort und Stelle gebilligt – forderte er ein Machtwort der Partei gegenüber der Landesregierung: "Wir verlangen, daß in Lippe mit gleicher Schärfe durchgegriffen wird, wie von unserem Pg. Göring in Preußen."[53]

Wie dieser Konflikt zwischen Staatsmacht und SA im einzelnen in den folgenden Tagen ausgetragen wurde, insbesondere welche übergeordneten Parteiinstanzen eingeschaltet wurden, läßt sich aus den vorhandenen Akten im Einzelnen nicht rekonstruieren. Wer der Sieger in dieser Auseinandersetzung war, das erfuhr die Öffentlichkeit wenige Tage später: Am 20.3. wurde Bürgermeister Reuter von der Landesregierung "beurlaubt" und einige Monate später zwangspensioniert.[54]

Regierungschef Dr. Krappe hatte also gegenüber der SA und der Parteiführung, vertreten durch Regierungsmitglied Wedderwille[55] und sicherlich auch den agitatorischen Parteichef Steinecke, den kürzeren gezogen. Ein parteiloser Bürgermeister, der jahrelang nach eigener Aussage mit der sozialdemokratischen Mehrheit gut zusammengearbeitet hatte,[56] der nach Meinung der Nazis sich aber zu spät umgestellt hatte,[57] mußte gehen, weil er für die SA "untragbar" war.[58]

Er selbst hatte das offenbar nicht begriffen. Verbittert beschwerte er sich in den folgenden Monaten beim Reichsstatthalter Dr. Meyer und beim "Fachberater für Kommunalpolitik im Gau Westfalen-Nord": "Was habe ich getan, daß man mich endgültig aus meinem Amt entfernt? Was habe ich getan im Vergleich zu anderen lippischen Kollegen?"[59]

Ein ähnlicher SA-Willkürakt wurde am gleichen Tag aus Horn gemeldet.[60] Auch hier war die NSDAP bisher nicht im Stadtrat vertreten gewesen, obwohl sie doch aus der Gemeindewahl 1932 als stärkste Partei hervorgegangen war. Aber ihren fünf Stadtverordneten stand eine Koalition aus vier Bürgerlichen und drei Sozialdemokraten gegenüber. Nach dem 30.1.33 hatte es allerdings intensive Verhandlungen zwischen Nationalsozialisten und Bürgerlichen zwecks einer Korrektur dieser Koalition gegeben. Im Prinzip waren sich beide auch einig geworden. Nur scheiterte eine endgültige Vereinbarung daran, daß die Bürgerlichen nicht bereit waren, den Leiter der Amtssparkasse als NSDAP-Stadtrat zu akzeptieren. In seiner neuen Funktion hätte er nämlich Einblick in die Geschäfte seines Konkurrenzinstitutes, der Städtischen Sparkasse, nehmen können.

Im Verlauf der Machtergreifungsphase lösten SA und SS dieses Problem dann auf ihre Weise: Am 11.3. gegen 12.30 Uhr marschierten 20 SA- und SS-Männer vor dem Rathaus auf und besetzten die Eingänge. NS-Ortsgruppenleiter und SA-Sturmführer drangen in das Dienstzimmer des Bürgermeisters ein und verlangten ultimativ die Ernennung eines NS-Stadtrats. Gleichzeitig erklärten sie Bürgermeister Ullrich für abgesetzt und setzten den Nationalsozialisten Köller als kommissarischen Bürgermeister ein. Zum Zeichen des Sieges wurde auf dem Rathaus die Hakenkreuzfahne gehißt. Zur Sicherung der eroberten Machtposition blieb das Rathaus auch weiterhin besetzt.

Als am Nachmittag des gleichen Tages Adolf Wedderwille, Mitglied der Landesregierung, in Horn erschien, um die Neubildung des Stadtrats zu "besprechen", stand am Ende der Gespräche vorläufig die Bestätigung der von der SA aus eigener Macht geschaffenen Tatsachen. Als weitere wichtige personelle Entscheidung wurde festgelegt, daß die Polizeigewalt in Horn zukünftig bei dem späteren NSDAP-Ortsgruppenleiter, Gendarmerie-Oberwachtmeister Jürgens, liegen sollte.[61] In den weiteren Verhandlungen, die sich noch bis Montag vormittag hinzogen, wurde schließlich vereinbart, daß Bürgerliche und Nationalsozialisten in Zukunft je zwei Vertreter im Stadtrat stellen sollten – einschließlich des bisher abgelehnten Köller. Diese Neuwahl wurde am Montag nachmittag umgehend durchgeführt. Die Landesregierung hatte sich bei den Verhandlungen insoweit durchsetzen können, als Bürgermeister Ullrich weiter im Amt blieb, die Absetzung durch die SA also aufgehoben wurde.[62]

Die vorstehenden Schilderungen über die vielfachen Terror- und Einschüchterungsmaßnahmen gegen Sozialdemokraten und Gewerkschaftler sowie auch bereits gegen Bürgerliche machen dem heutigen Betrachter eins klar: Dieser 11. März 1933 war ein Markstein auf dem Weg Lippes in den totalen NS-Staat. Hatten bis dahin noch die unverbesserlichen Optimisten unter Kommunisten, Sozialdemokraten und Bürgerlichen gemeint, die Herrschaft der NSDAP werde nur eine kurze Übergangsphase sein oder gar ein Alptraum, aus dem man bald erwachen werde, um dann in den gewohnten Bahnen weiterzumachen – SA und SS straften sie und ihre Illusionen an diesem Samstag vor dem Volkstrauertag 1933 Lügen. Die Eigendynamik, die beide Organisationen dabei entwickelten, widersprach in manchen Zielen und Methoden und in ihrer Intensität, wie beschrieben, sogar den Auffassungen einzelner in führenden Positionen tätiger Parteigenossen.

Offensichtlich war die Partei doch nicht in der Weise auf eine Machtübernahme vorbereitet gewesen, wie sie es vorher immer behauptet hatte. Diese Beobachtungen wie auch Untersuchungen zur Kompetenzvielfalt und -rivalität verschiedenster Organisationen und Behörden im NS-Staat der folgenden Jahre haben ihre Auswirkungen auf die heutige historische Deutung nicht verfehlt. War das 3. Reich nach dem Kriege zunächst als ein "rational durchorganisiertes, perfektes System terroristischer Herrschaft" verstanden und dargestellt worden, so weisen heute einige Forscher – nicht ohne mit ihren Schlußfolgerungen auch Widerspruch zu ernten – auf "polykratische Herrschaftsstrukturen", einen "anarchischen Kompetenzwirrwarr", ein "gelenktes Chaos" im NS-Staat hin.[63]

In Lippe gipfelten solche Kompetenzrivalitäten – wie dargestellt – in den Auseinandersetzungen zwischen SA und dem Landespräsidenten Dr. Krappe. Die geschilderte Machteroberung durch SA-Männer und ihre nur in Ausnahmefällen[64] belegbaren Einzelaktionen gegen Privatleute – Bedrohungen, Verfolgungen, Haussuchungen, Folterungen und brutale Überfälle – widersprachen weitgehend den Vorstellungen der Landesregierung. Zwei ihrer Mitglieder, Dr. Krappe und Klöpper, – Wedderwille als 3. Mitglied mißbilligte deren Politik nachdrücklich, weil sie "jeden revolutionären Schwung vermissen ließ"[65] – dachten bei der Errichtung eines autoritären Staates offenbar nicht an die physische Ausrottung seiner Gegner. So brachte beispielsweise die *Tageszeitung* die überraschende Meldung, daß die kommunistischen Schutzhäftlinge in Schötmar am 5.3. unter Polizeischutz zu den Wahlurnen geleitet worden seien.[66] Mag dies auch eine individuelle Entscheidung der örtlichen Polizei gewesen sein, zwei andere Hinweise bestätigen die obige Feststellung: Zum einen ging die Landesregierung davon aus, daß die am 4.3. für die Reichstagswahl aufgestellte Hilfspolizei nunmehr wieder aufgelöst würde – so berichtete zur Wochenmitte jedenfalls fast die gesamte lippische Presse; und außerdem wurden nach dem 5.3. zahlreiche, wenn nicht gar die meisten kommunistischen Schutzhäftlinge wieder freigelassen. So wurden beispielsweise in Schötmar und in Bad Salzuflen am 6.3. alle Verhafteten entlassen.[67]

Ähnlich wie andere Zeitungen kündigte die *Tageszeitung* am 9.3.33 ihren Lesern an: "Die in der vergangenen Woche verhafteten Funktionäre der Kommunistischen Partei werden wahrscheinlich zum Teil schon heute, der Rest bis Ende dieser Woche aus dem Untersuchungsgefängnis wieder entlassen werden."

Daß dies aber nicht der angemessene Weg in den NS-Staat war, wurde der lippischen Regierung dann offensichtlich am Montag, den 13.3. von höherer Stelle in Preußen oder im NSDAP-Gau Westfalen-Nord nachdrücklich klargemacht. Die Konsequenz war dramatisch: Der Herr Landespolizeidirektor Pforr persönlich mußte den zuständigen Polizeistationen im Lande telefonisch den Befehl geben, daß alle entlassenen Kommunisten schnellstens wieder zu verhaften seien. Zusätzlich sollten auch all jene in "Schutzhaft" genommen werden, die in besonderer Weise in der Öffentlichkeit als Kommunisten hervorgetreten seien. "Bis heute abend um 7 Uhr muß alles erledigt sein!" lautete die kategorische Anweisung.[68]

Anpassung an das preußische "Vorbild" war also gefordert. Auch wenn Dr. Krappe ein eigener, weniger blutiger Weg zum Nationalsozialismus vorschwebte, dem vereinten Druck des Gauleiters und späteren Reichsstatthalters Dr. Meyer und preußischer Parteigliederungen konnte er nicht lange standhalten. Da half auch nicht, daß der Regierungschef vehement die uneingeschränkte Macht- und Entscheidungsbefugnis in seinem Kompetenzbereich zu verteidigen suchte. Wie Wedderwille sich später erinnerte, "schlug Pg. Krappe dem Gauleiter gegenüber einen Ton an, der geradezu als unerhört zu bezeichnen ist. Er brachte dabei zum Ausdruck, daß er, Krappe, die Verantwortung habe für die Regierungsgeschäfte, und ließ durchblicken, daß ihm hierin niemand hereinzureden hätte."[69]

Selbstverständlich wurde schnell klar, daß Dr. Krappe in diesem Konflikt in der schwächeren Position war. So wurde dann in den folgenden Wochen der "Kampf gegen den Marxismus" konsequent und nunmehr im Gleichschritt mit Preußen und den anderen Ländern fortgeführt.

Widerstand war nach dem bisherigen Kleinmut der SPD-Führung kaum noch zu erwarten. Zudem begleiteten Teile des Bürgertums und der Bauern die ersten Maßnahmen gegen Kommunisten und Sozialdemokraten, aber auch gegen die Juden mit nicht geringer Befriedigung und Billigung.[70] Nicht nur Angst und Einschüchterung waren nämlich Zweck der staatlichen Verfolgungen und des wohlüberlegten SA-Terrors gewesen. Die Partei hatte vielmehr zu Recht darauf gesetzt, daß Übergriffe gegen Minderheiten wie Juden und Kommunisten bei Teilen der Bevölkerung durchaus einen Popularitätszuwachs bewirken könnten.

Das neue Regime etabliert sich mit Terror und Propaganda

Erste Maßnahmen gegen Sozialdemokraten

"Der eiserne Besen kehrt in Lippe" – so triumphierte der *Kurier* am 18.3.. Zwar meinten diese Worte die ersten Entlassungen von Angehörigen des öffentlichen Dienstes, sie können aber generell auf die Politik der Landesregierung gegenüber allen Demokraten bezogen werden. Nach dem Wochenende des 11./12. März gingen die Nazis konsequent und rücksichtslos gegen all jene Personen und Organisationen in Lippe vor, die ihren alleinigen und totalen Machtanspruch beeinträchtigen und in Frage stellen konnten. In erster Linie waren dies – auch im Verständnis der Nazis selbst – die Arbeiterschaft und ihre Organisationen. Deren verbliebenen Einfluß in Staat und Gesellschaft ausnahmslos und radikal auszuschalten, war der Zweck der meisten Maßnahmen der Landesregierung in den folgenden Wochen, die sich dabei jetzt in völligem Einklang mit dem Vorgehen anderer Länderregierungen und der Reichsregierung befand.

Beherrschendes Thema in den kommenden Tagen war zunächst die erneute Verhaftungsaktion gegen die KPD. Dieser abrupte Kurswechsel muß der Landesregierung außerordentlich peinlich gewesen sein. Zu den vorhergehenden Entlassungen fast aller Kommunisten aus der "Schutzhaft" fiel ihr nichts Besseres ein, als dies mit "polizeitechnischen Gründen" zu erklären.[1] Wer aber jetzt bereits zwischen den Zeilen lesen konnte, der erfuhr aus der *Landes-Zeitung* die ganze Wahrheit. Dort wurde nämlich amtlicherseits dementiert, Zeitungen in benachbarten preußischen Gebieten hätten von einem "kommunistischen Eldorado in Lippe" gesprochen, da verhaftete Kommunisten hier schnell wieder auf freien Fuß gesetzt würden.[2]

Bei soviel Großmut gegenüber der KPD hatte die Landesregierung jetzt einiges "wiedergutzumachen". Das Ergebnis: Innerhalb von zwei Tagen wurden über 100 Kommunisten verhaftet.[3] Im Gegensatz zu anderen Orten im Reich gab es in Lippe aber zu keiner Zeit wilde SA-Gefängnisse oder Konzentrationslager. Alle Gefangenen wurden in regulären Gerichts- oder Polizeigefängnissen untergebracht. Kein Wunder also, daß die zur Verfügung stehenden Zellen hoffnungslos überfüllt waren.[4] Ein Schwerpunkt der Verhaftungen war wieder Lemgo, wo allein 50 Kommunisten im Gefängnis saßen.[5]

Auch wenn in wenigen Fällen (so z.B. in Hohenhausen) einzelne Kommunisten wiederum schnell freigelassen wurden,[6] eine Bemerkung im *Kurier* markierte jetzt den neuen Kurs: Es bestehe die Absicht, "die Söldlinge Moskaus erst einmal in Konzentrationslagern an positive Arbeit zu gewöhnen."[7] Und noch ein weiterer Hinweis verdeutlichte den Unterschied zu den vorausgehenden Verhaftungen: Immer häufiger tauchten in Zeitungen Mitteilungen auf, daß außer Kommunisten auch Mitglieder des

Reichsbanners Schwarz-Rot-Gold, also überwiegend Sozialdemokraten, in "Schutzhaft" genommen würden.[8]

Als die Verhaftungen in den nächsten Tagen weitergingen und die lippischen Behörden keine Unterbringungsmöglichkeiten für zusätzliche Gefangenen hatten, setzte sich die Landesregierung mit preußischen Stellen in Verbindung und erreichte, daß ihre "Schutzhäftlinge" im Herforder Gefängnis untergebracht werden konnten.[9] Da diese Haftanstalt ebenfalls nur eine sehr begrenzte Unterbringungsmöglichkeit bot, telegraphierte die Landesregierung an das Reichsministerium des Innern und bat, eine zentrale Unterbringungsmöglichkeit für die lippischen politischen Gefangenen zu besorgen. Ergebnis dieser Intervention war, daß in den folgenden Wochen und Monaten auch die Gefängnisse in Bielefeld, Minden und Hameln lippische "Schutzhäftlinge" aufnahmen.[10]

Schon bald meldeten die Zeitungen nicht mehr nur Verhaftungen von Kommunisten und Reichsbannermännern: In der Nacht zum 19.3. wurden in Detmold mehrere "linksstehende Funktionäre" verhaftet. Fünf Tage später machte eine weitere Verhaftung deutlich, daß in Zukunft Kommunisten und Sozialdemokraten, die sich noch immer unversöhnlich bekämpften, gemeinsam ihre Gefängniszellen teilen würden: In der Nacht zum 24.3. wurde der zweite prominente lippische Sozialdemokrat von der Hilfspolizei verhaftet und ins Gerichtsgefängnis Lemgo transportiert: der Landtagsabgeordnete Fritz Winter aus Silixen.[11]

Bei den vielfältigen Mitteln offener Gewalt, die der neue Staat jetzt einsetzte, um seine Gegner gefügig zu machen, ist eine Tatsache unübersehbar: Die wirksamste und verheerendste Maßnahme zur Durchsetzung der nationalsozialistischen Machtansprüche war der pseudolegale Terror, entwickelt und durchgeführt von staatlichen Organen selbst. Auch die SA war zumindest in ihrer Funktion als Hilfspolizei zu einem staatlichen Terrorinstrument geworden. Als formal legale Polizeitruppe konnte sie an der langen Leine der Partei umso bedenkenloser gegen ihre Gegner vorgehen. Gesetzen und Verordnungen kam in dieser Phase vielfach nur flankierende und nachträglich scheinbar legalisierende Bedeutung zu.[12]

Es war vor allem die "Schutzhaft", die sich als das wirksamste Mittel gegen alle Gegenkräfte erwies. Wer in diesen Tagen auf der langen Liste der SA-Gegner stand, der wurde verhaftet. Gründe hierfür waren nicht erforderlich, ließen sich zudem immer leicht finden. Da hatten sich einige in gleicher Kleidung gezeigt; ein anderer konnte das Verschwinden einer angeblich vorhanden gewesenen Waffe nicht erklären; da hatte ein dritter einen "Schlagring" (das konnte auch ein Stück von einem Gummischlauch sein) öffentlich getragen; oder jemand wurde kurzerhand "zur eigenen Sicherheit" verhaftet, weil er angeblich bedroht sei.[13]

Solch willkürliche Verhaftungen ohne tatsächlichen Grund, ohne Verhör, ohne Beschwerderecht, ohne richterliche Überprüfung und ohne zeitliche Begrenzung, wie sie durch die "Reichstagsbrandverordnung" vom 28.2.33 ermöglicht worden waren, versetzten alle möglichen Gegner von vornherein in den Stand absoluter Rechtlosigkeit. Gegen die "Schutzhaft" gab es keinerlei rechtliche und verfassungsmäßige Handhabe mehr. Sie bedeutete schrankenlose Willkür und "ausgebeutete Angst"[14], lähmte Gegner, trieb sie in die Emigration oder schaltete sie unmittelbar aus.

Diese so außerordentlich wirksame Waffe wurde in den folgenden Tagen noch einmal geschärft. In der letzten Märzwoche brachten alle lippischen Zeitungen mehrere Hinweise und Berichte – teilweise mit Photos – über neu eingerichtete Konzentrationslager. Von dem KZ Dachau veröffentlichte die *Tageszeitung* beispielsweise am 24.3. zwei Photos mit folgenden Erläuterungen: "Auf dem Gelände der ehemaligen Pulver- und Munitionsfabrik in Dachau bei München wird ... ein Konzentrationslager für verdächtige Linksradikale errichtet. Für die Unterbringung stehen zahlreiche Baracken zur Verfügung." Die *Lippische Post*, die die gleichen Photos veröffentlichte, ergänzte: "In diesem Lager, das ein Fassungsvermögen von 5000 Personen besitzt, sollen Kommunisten und Reichsbannerführer sowie andere Personen, die die Sicherheit des Staates gefährden, untergebracht werden."[15] Am 27.3. meldete die gleiche Zeitung über das KZ Heuberg (Württemberg), daß dort bis zu 1500 Gefangene "zu geeigneten Arbeiten herangezogen werden." Nach der Errichtung des KZ Oranienburg bei Berlin hieß es dagegen beruhigend, das Photo zeige die Häftlinge "bei ihrem Morgenspaziergang... Man sieht, daß es ihnen wohlgeht, und daß von schlechter Behandlung nicht die Rede sein kann."[16]

Selbstverständlich hatten diese KZs noch wenig mit den späteren Vernichtungslagern gemein. Aber auch in ihnen waren Mißhandlungen und Folterungen an der Tagesordnung. Wenn es in der Zeitung auch hieß, sie seien für "Linksradikale", so war doch allen klar, daß hiermit nicht nur Kommunisten, sondern auch Sozialdemokraten gemeint waren. Zwar blieb die SPD als Organisation in Lippe vorerst noch weitgehend unbehelligt. Umso gezieltere Maßnahmen ergriff die Landesregierung nach preußischem Vorbild gegen ihre Mitglieder in wichtigen öffentlichen Positionen und gegen befreundete Organisationen. Die ersten von ihnen, die der Bannstrahl traf, waren das Reichsbanner und die Eiserne Front, die beide am 17.3. verboten wurden. Symptomatisch für die Einstellung mancher Regierungsbeamter zum neuen Regime war dabei die Art und Weise, wie die entsprechende Verordnung auf Weisung Wedderwilles von dem Regierungsrat Dr. Bartelsmeier ausgearbeitet wurde. In bürokratisch-perfektionistischer Weise ging er über seinen Auftrag hinaus und begnügte sich nicht mit einem bloßen Verbot der beiden Organisationen, sondern fand es darüberhinaus auch noch "zweckmäßig", der Regierung die Aufnahme der folgenden Bestimmung aus der entsprechenden Verbotsverordnung in Braunschweig zu empfehlen:[17]

"Das Tragen von Abzeichen jeder Art, welche die Zugehörigkeit zum Reichsbanner Schwarz-Rot-Gold oder der Eisernen Front oder ihren Nebenorganisationen kennzeichnen, und das Zeigen von Fahnen mit den Abzeichen der Eisernen Front in der Öffentlichkeit, insbesondere auf Gebäuden und Grundstücken, ist verboten."

Dieser Dr. Bartelsmeier, der zu Zeiten der demokratischen Regierung Drakes "auf allen Seiten uneingeschränktes Vertrauen" genoß[18], diente in diesem Fall mit gleichem Einsatz dem neuen Terrorregime, ganz wie Heinrich Drake selbst es ihm bei der Regierungsübergabe aufgetragen hatte. Dieser Haltung des Regierungsrates, der allerdings bald von seiner Aufgabe entbunden und an das Landgericht versetzt wurde, entspricht die Maßnahme des Oberstaatsanwaltes Tornau, eines früheren SPD-Mitgliedes, der aufgrund einer Verordnung der Landesregierung vom 1.3.33 alle kommunistischen Druckschriften zu beschlagnahmen und einzuziehen hatte. Um ein Höchstmaß an Effektivität bei der Durchsetzung dieser Zensurmaßnahme bemüht, beklagte er sich nach wenigen Tagen gegenüber der NS-Regierung, es habe sich "als Mangel herausgestellt, daß die Herstellung und Verbreitung derartiger Flugblätter von der Landesregierung nicht ausdrücklich verboten ist...es dürfte sich daher empfehlen, die Herstellung und Verbreitung kommunistischer Flugblätter noch ausdrücklich zu verbieten."[19]

Was die Beamten in den genannten Fällen als ihre Pflicht gegenüber ihrem Dienstherrn ansahen und wie sie diese Pflicht treu und gehorsam erfüllten, offenbart gleichzeitig eine weitverbreitete Einstellung des deutschen Beamtentums. Orientiert an traditionellen Wert- und Ordnungsvorstellungen des Kaiserreiches, kritisch und distanziert gegenüber dem von Parteien getragenen parlamentarischen System, beschwor es den Idealtyp des angeblich absolut neutralen und nur sachkundigen Beamten. Politische Probleme sind diesem fremd, sie reduzieren sich auf bloße verwaltungstechnische Aufgaben.[20]

Der eigentliche Gegner, den die Nationalsozialisten mit dem Verbot von Reichsbanner und Eiserner Front treffen wollten, war selbstverständlich die SPD. Noch wagten sie es in Verkennung der wahren Schwäche dieser Partei nicht, sie direkt und frontal anzugreifen. Noch gab es die Gewerkschaften, noch war die Furcht der Nazis vor einem Generalstreik oder sonstigem kollektiven Widerstand nicht gänzlich abgebaut. Aber man fürchtete einen Gegner, den es in Wirklichkeit gar nicht mehr gab. Was den Sozialdemokraten bevorstand, wurde jetzt aber schon offen und ungeschminkt angekündigt. Auf einer "Amtswalter"-Tagung in Bielefeld am 26.3., an der auch die Funktionäre der lippischen NSDAP teilnahmen, wies Gauleiter Dr. Meyer ihnen den Weg: Das weitere Ziel sei, so notierte der *Kurier*, "die KPD und die SPD endgültig zu vernichten, und wenn diese Natter noch einmal ihr Haupt erheben wolle, so werde ihr dies ein- für allemal abgeschlagen."[21]

Eine zweite Stoßrichtung der gegen die SPD gerichteten Maßnahmen der Landesregierung zielte auf Sozialdemokraten in wichtigen kommunalpolitischen Funktionen und auf sozialdemokratische und sonstige mißliebige Angehörige des öffentlichen Dienstes. Unter der schon zitierten Parole "Der eiserne Besen kehrt in Lippe" wurden solche Personen kurzerhand entlassen oder in ihren politischen Aufgaben und Rechten beschnitten. Am 16. und 18.3. verfügte die Regierung die ersten Beurlaubungen.[22] Betroffen hiervon waren der schwer kriegsbeschädigte Steuererheber und frühere SPD-Landtagsabgeordnete Waldvogt (Lothe), die Polizisten Langefeld (Blomberg), Herbig (Barntrup) und Jeuschede (Detmold), der Verwaltungsbeamte Rothhaus (Detmold) sowie die acht Lehrer Lambracht (Schötmar), Bruns (Schötmar), Helmshausen und Capelle (beide Bad Salzuflen), Hagemann (Brake), Kuhlemeier (Brake), Sprenger (Jerxen) und Dr. Walter (Lemgo). Natürlich war diese Maßnahme reine Willkür, denn eine gesetzliche Grundlage gab es hierfür nicht. Es war eine simple Demonstration staatlicher Macht. Die beabsichtigten Wirkungen schilderten die NS-freundlichen *Lippischen Nachrichten* so: "Seit dem Bestehen der nationalen Regierung in Lippe ist in einem Teil der behördlichen Beamten- und Angestelltschaft eine nervöse Unruhe erkennbar. Man schaute auf Preußen, wo Minister Göring mit dem Großaufräumen begann und es auch heute noch weiter durchführt. Man hatte so seine Befürchtungen. Besonders die scharf marxistisch eingestellten Beamten und Angestellten sehen trübe in die Zukunft, denn ihre Stellung ist sehr wackelig geworden."[23]

Noch ein weiterer Gesichtspunkt ist beachtenswert: Wie schon früher versuchten die Nationalsozialisten auch jetzt, mit einer solchen Gewalt- und Willkürmaßnahme bei bestimmten Bevölkerungsgruppen Zustimmung und Sympathie zu gewinnen. Die acht Lehrer waren nämlich ausnahmslos als "Dissidenten", als Anhänger einer Gemeinschaftsschule und Gegner einer Konfessionsschule, im lippischen "Schulkampf" der vorausgehenden Jahre aufgetreten. Natürlich befürwortete die NSDAP keineswegs eine evangelische Bekenntnisschule in Lippe, doch mit den Entlassungen erweckte die Landesregierung den Anschein, die Interessen der evangelischen "Schulkämpfer" zu vertreten.[24] Nach diesen und weiteren Berufsverboten im April bedankte sich folglich der Reichsverband evangelischer Schulgemeinden Barmen, Gau Lippe, am 17.5.33 bei dem neuernannten Reichsstatthalter Dr. Meyer mit überschwenglichen Worten: "Es wurde freudig begrüßt, daß durch die Maßnahmen der nationalen Regierung Lippes unsere Schule gesäubert werden soll von den freidenkerischen marxistischen Elementen."[25]

Eine weitere Entscheidung, die die Landesregierung in diesen Tagen traf, richtete sich gegen die Macht- und Einflußbasis der Sozialdemokraten in der lippischen Kommunalpolitik. Schon am 14.3. hatte sie von den Landräten Übersichten erbeten, "welche sozialdemokratischen Gemeindevorsteher, Stadträte, Polizeiverwalter und Vertreter der Polizeiverwalter vorhanden sind und wie die betreffenden kommunalen Körperschaften zusammengesetzt sind. Es besteht die Absicht, die sozialdemokratischen Gemeindevorsteher ihrer Ämter zu entheben."[26]

Waren jene Gemeindebeamten erst einmal durch linientreue Nazis ersetzt, dann konnte die Regierung sicher sein, daß ihre Anordnungen überall im Lande konsequent und unverzüglich durchgeführt würden. Auch Aktionen der Partei sowie von SA und SS würden dann nicht mehr durch unbotmäßige Gemeindevorsteher oder Polizeibeamte, die sich noch ihrem demokratischen Gewissen verpflichtet fühlten, behindert werden. Um solche Konflikte schon jetzt gar nicht mehr aufkommen zu lassen, verbot die Landesregierung den genannten Personen bereits am gleichen Tage die Wahrnehmung jeglicher Polizeiangelegenheiten. Begründet wurde dieses Vorgehen – wie seit dem 28.2.33 inzwischen allgemein üblich – mit der Notwendigkeit der Aufrechterhaltung der öffentlichen Sicherheit, Ruhe und Ordnung.[27]

Sobald der Regierung die angeforderten Übersichten über die parteipolitische Zuordnung der lippischen Gemeindevorsteher vorlagen, wies sie die Landräte an, durch die Kreisausschüsse die Amtsenthebung der ihr mißliebigen Vorsteher beschließen zu lassen. Dieses Verfahren wurde offenkundig gewählt, um den offenen Rechtsbruch mit juristischen Ausweichmanövern zu kaschieren. In folgenden Gemeinden mußten danach die alten Vorsteher Nationalsozialisten Platz machen: Silixen, Ahmsen, Lüerdissen, Holzhausen, Nienhagen, Bechterdissen, Heidelbeck,[28] Lipperode, Ehrentrup, Heidenoldendorf, Pivitsheide V.L., Holzhausen-Externsteine, Kohlstädt, Belle, Wöbbel, Grevenhagen,[29] sowie der Bürgermeister in Schwalenberg.[30] In Heidenoldendorf hatte die Regierung den Vorsteher zuvor zum "freiwilligen" Rücktritt gezwungen.[31] In Varenholz, Stemmen und Talle legten die Vorsteher ihre Ämter nieder. Daß auch dies jeweils nicht aus freien Stücken geschah, veranschaulicht die Begründung des Stemmer Vorstehers: Dort waren zwei SA-Hilfspolizisten erschienen und hatten ihn unter Vorlage eines fingierten Schreibens vom Landrat zum Rücktritt aufgefordert. "Ich bin dieser Aufforderung nachgekommen.", meldete er anschließend dem Landrat in Brake.[32]

Wie schon bei früheren Gelegenheiten hatte auch diesmal der *Kurier* frühzeitig die Generallinie zur Ausschaltung des – vor allem – sozialdemokratischen Einflusses in den Gemeinden proklamiert, als er drohend und agitatorisch formulierte:[33]

"In so vielen lippischen Gemeinden amtieren heute noch rote und rosarote Vorsteher und Gemeindevorstände. Wir können diesen Herrschaften nur empfehlen, schon heute freiwillig ihre Ämter zur Verfügung zu stellen, damit sie nach Veröffentlichung des (Gleichschaltungs-)Gesetzes nicht mit Schimpf und Schande und unter Beteiligung des größten Teils der Bevölkerung und event. mit klingendem Spiel unserer SA u. SS aus ihren Amtsstuben herausgeholt werden brauchen."

Diese konzentrierten Zugriffe der Staatsmacht auf Stellungen der Vertreter der alten Weimarer Demokratie waren selbstverständlich auch weiterhin von den schon dargestellten Terrormaßnahmen begleitet. Nur eines hatte sich inzwischen geändert. Was noch vor kurzem wie Gewalttaten einer eigenmächtig handelnden und Rache suchenden SA ausgesehen hatte, das waren jetzt die scheinlegalen Rechtsbrüche der Staatsmacht selbst: all die öffentlichen Drohungen und Verdächtigungen gegen Organisationen und Einzelpersonen, die Demütigungen und Einschüchterungen, gegen die sich die Betroffenen nicht wehren konnten, und schließlich die zahlreichen Mißhandlungen und die "Schutzhaft". Täglich waren die Zeitungen voll von solchen Meldungen. Offen stellte hier die NSDAP ihre anscheinend unbegrenzte Macht zur Schau. Bereitschaft zum Widerstand wich, wo sie überhaupt vorhanden war, schnell Angst und Resignation, zumal es wenige Persönlichkeiten gab, die solchen Widerstand zu organisieren bereit oder willens waren.

Gegen Ende des Monats vollzog die Landesregierung freilich einen kleinen taktischen Kurswechsel: Sie wies die lippischen Zeitungen an, "bis auf weiteres über die in Lippe noch zu treffenden Schutzhaftmaßnahmen, insbesondere über die Namen der weiteren Schutzhäftlinge keine Mitteilungen in die Öffentlichkeit gelangen zu lassen."[34]

Um die Demoralisierung der SPD-Mitglieder weiter zu verstärken, wurden nun regelmäßig Meldungen über Austritte einzelner, namentlich genannter Mitglieder aus der SPD und über Mandatsniederlegungen sozialdemokratischer Gemeindevertreter genüßlich der Öffentlichkeit mitgeteilt. Über den SPD-Ortsverein Knetterheide wurde gar gemeldet, er habe sich aufgelöst.[35]

Diese Demoralisierungs- und Einschüchterungskampagne wurde unterstützt durch eine Reihe staatlicher Verordnungen. Allein am 18.3. ordnete die Regierung an: die dauerhafte Aufstellung der Hilfspolizei wegen angeblich zunehmender "Ausschreitungen von linksradikaler, insbesondere kommunistischer Seite"[36], ein Betätigungsverbot für kommunistische Betriebsräte[37] und die Anweisung an alle Mitglieder von KPD, SPD und ihnen angeschlossenen Verbänden, alle Waffen – auch die genehmigten – abzuliefern.[38]

Letztere Verordnung hatte in erster Linie propagandistischen Wert. Nicht daß die Landesregierung die wenigen Schußwaffen fürchtete; vielmehr schürte sie auf diese

Weise erneut die Angst mancher ihrer eigenen Gefolgsleute vor der angeblichen kommunistischen oder marxistischen Gefahr. Die wirkliche Lage spiegelte ein Bericht der Lemgoer Ortspolizei über ihre Tätigkeit im April 1933 wider: "Daß sich größere Mengen von Waffen in Händen der KPD oder anderer Linksparteien bzw. Formationen befinden, dafür haben die im Laufe der Aktion vorgenommenen zahlreichen Durchsuchungen bisher keine Beweise erbracht. Auch der Aufruf der Landesregierung zur Waffenabgabe seitens linksgerichteter Parteien pp. hat bisher keine nennenswerte Ablieferung von Waffen zur Folge gehabt."[39]

Die permanente Verfolgung der politischen Gegner illustriert nachhaltig der Tätigkeitsbericht der gleichen Polizeistation vom März 1933:[40]

"Die polizeilichen Maßnahmen in dieser Hinsicht setzten mit dem 1.3. ein und dauerten ununterbrochen bis zum Monatsende. Es wurden in Verfolg dieser Aktion insgesamt 63 Personen festgenommen, die sich zum großen Teil noch im hiesigen Polizeigefängnis befinden, zum anderen Teil nach den Strafgefängnissen Hameln und Herford überführt wurden.

Daneben wurden teils mit Unterstützung der Hilfspolizei in etwa 50 Fällen Durchsuchungen in den Wohnungen politisch verdächtiger Personen und in sonstigen Räumen vorgenommen und dabei umfangreiches schriftliches Material, einzelne Waffen und außerdem die Instrumente der kommunistischen Schalmeien-Kapelle beschlagnahmt und sichergestellt. Die Fahndung nach zunächst entkommenen kommunistischen Funktionären sowie eingehende Feststellungen in Bezug auf gewisse Vorkommnisse beim Reichsbanner Schwarz-Rot-Gold beschäftigten weitere Beamten zu allen Tag- und Nachtzeiten."

Die Tatsache, daß sich all diese Aktionen der neuen Machthaber gegen die "Marxisten" richteten, konnte nur die Kurzsichtigen unter ihren Konkurrenten auf der politischen Rechten mit uneingeschränkter Befriedigung erfüllen. Schon bald sollte sich zeigen, wie wenig sicher selbst die derzeitigen parteipolitischen Verbündeten vor dem Terror der Nazis waren. In Oerlinghausen und Horn hatte die SA den dortigen Bürgermeistern "nur" die Ausübung ihrer Amtsgeschäfte untersagt. Jetzt aber wurde der Detmolder Oberbürgermeister Dr. Peters, Mitglied der DNVP, ein Opfer brutaler physischer Gewalt. Auf dem Wege in sein Büro wurde er am Morgen des 31.3. von SA-Schergen überfallen und niedergeknüppelt. Als ob dies noch nicht genug Terror gewesen war: Die Hilfspolizei nahm ihn anschließend noch einige Stunden in "Schutzhaft". Am Nachmittag gab Dr. Peters erschreckt und gedemütigt auf und reichte zunächst ein Urlaubsgesuch ein. Als sein Nachfolger wurde postwendend der NS-Parteigenosse Keller ernannt.

Damit hatte Dr. Peters die Quittung erhalten für sein unbotmäßiges Verhalten gegenüber der SA während der Auseinandersetzungen um das Hissen der Hakenkreuzfahne auf dem Detmolder Rathaus drei Wochen zuvor. Nachdem damals sein Widerstand vergeblich gewesen war, erklärte er auf einer Stadtratssitzung, die Fahne sei "unter Druck der Gasse" gehißt worden.[41] Eine solche unglaubliche Verunglimpfung des ihnen "heiligen Symbols" – noch dazu von einem Koalitionspartner – mußte die Nazis in außerordentliche Wut versetzen, zumal eine unter Druck zugesagte Entschuldigung durch Dr. Peters doch unterblieb. Als sich der Oberbürgermeister später auch noch weigerte, der Forderung des Leiters der Betriebszellenorganisation

(NSBO) Heinz Rosteck nachzukommen, der die sofortige Entlassung der kommunistischen Arbeiter im Gaswerk verlangt hatte, und zur gleichen Zeit gegen das ungezügelte Ausstellen von Waffenscheinen an Nazis opponierte, waren die Spannungen unüberbrückbar geworden.[42] Mitglieder der SA erhielten den Auftrag, das Problem Dr. Peters auf ihre Weise zu lösen.

Selbstverständlich blieb die von Dr. Peters nach dem Überfall erstattete Strafanzeige ohne Konsequenzen für die Täter. Am 1.7. stellte der neue Staatsminister Riecke das Verfahren mit der bemerkenswerten Begründung ein: "Der Angriff gegen Dr. Peters ist ausgelöst worden durch seine abfälligen und die nationale Bewegung schwer kränkenden Bemerkungen über das Hissen der Hakenkreuzfahne am Rathaus."[43] Der abgesetzte Oberbürgermeister zog daher seine Anzeige zurück "sowohl im Interesse der nationalen Bewegung als auch im eigenen Interesse".[44] Zu dieser "Erkenntnis" hatte Riecke ihn gezwungen, da er (Riecke) sonst "nicht für seinen (Peters) Schutz garantieren könne".[45]

Zudem hatten die neuen Machthaber eine weitere Front gegen Dr. Peters eröffnet: Genauso wie vielen anderen Gegnern, die man durch Willkür und Terror von ihren Posten vertrieben hatte, warf man ihm in einer Pressekampagne erfundene finanzielle Verfehlungen und Verschwendungen vor.[46] Entnervt gab der DNVP-Mann bald auf und verübte Selbstmord.

Die Potsdamer Rührkomödie

Würde sich die Darstellung der nationalsozialistischen Machtergreifung auf die Schilderung des lokalen Terrors und der "rechtlichen" Absicherung der Macht beschränken, so wäre sie zwangsläufig unzulänglich und in ihren Ergebnissen letztlich auch nicht voll verständlich. Zwar hatten sich Gewalt und Einschüchterung bisher als außerordentlich wirksame Mittel zur Unterdrückung bestimmter Bevölkerungsgruppen und -schichten erwiesen, diese stellten aber nicht einmal die Hälfte der Gesamtbevölkerung dar – gemessen an dem Wahlergebnis des 5.3.. Ebenso wichtig war es daher für die neuen Machthaber, all jene Bürger, die diesmal aus Resignation oder einer letzten Hoffnung heraus NSDAP gewählt hatten, ohne selbst Nazis zu sein, langfristig zu gewinnen. Auch durfte die Partei die Massen ihrer eigenen Anhänger, die außer auf die Befriedigung ihrer vitalen Bedürfnisse auf die Erfüllung ihrer teils irrationalen, teils konfusen und unausgegorenen Hoffnungen warteten, nicht verlieren.

Für diesen Zweck waren offen terroristische Methoden das völlig ungeeignete Mittel. Terror war eben nur die eine Seite des deutschen Faschismus. Die andere – das neue System auf die Dauer stabilisierende – war eine nationalistische Gemeinschaftsideologie, die von vielen Bürgern auch außerhalb der traditionellen Rechten als attraktiv empfunden wurde.

Der verlorene erste Weltkrieg, der Untergang der deutschen Monarchie 1918, die ökonomischen Wirren der ersten Nachkriegsjahre und der späteren Weltwirtschaftskrise, unerfüllte Versprechungen demokratischer Parteien und die in vielen Menschen entstandene gesellschaftliche Orientierungslosigkeit hatten Bedürfnisse nach Ruhe und Ordnung geweckt, für deren Befriedigung mancher bereit war, auch einen autoritären Staat in Kauf zu nehmen. Diese Bedürfnisse zu befriedigen, bedeutete für die NSDAP die Chance, einen großen Teil des Volkes dauerhaft und ohne Anwendung roher Gewalt an den NS-Staat zu binden. "Es ist geradezu ein wesentliches Merkmal des Faschismus, daß er in einem Zeitalter, in dem in hochentwickelten Staaten die nackte Gewalt der Bajonette nicht mehr ausreicht, um Herrschaft aufrechtzuerhalten, mit neuen Methoden der alten sozialen Herrschaft eine Massenbasis liefert."[1]

Das wichtigste Mittel hierfür war eine konkurrenzlose staatliche Propaganda auf öffentlichen Großveranstaltungen, in einer gleichgeschalteten Presse, in Rundfunk und Film. Seit dem 13.3.33 war zu diesem Zweck ein eigenes Reichsministerium für Volksaufklärung und Propaganda geschaffen worden, dessen Leitung einem außerordentlichen Spezialisten für Volksverführung übertragen wurde: Dr. Joseph Goebbels. Dessen erstes Meisterstück als Minister war die "Potsdamer Rührkomödie" (so Friedrich Meinecke[2]) vom 21.3.33. Dort fand anläßlich der Eröffnungssitzung des neuen Reichstages ein von Symbolik triefendes Schauspiel statt, dessen einziger Sinn es war, die konservativen Bündnispartner und Anhänger über die wahren Ziele der Nationalsozialisten zu täuschen. Noch einmal sollte der nationalsozialistische Anspruch auf die alleinige Macht im Staate verschleiert werden. Die Fiktion von dem fruchtbaren Bündnis aller "nationalen" Kräfte an Stelle des nichtigen, egoistischen Parteiengezänkes wurde in kaum zu übertreffender Weise neu belebt.

Schon das Datum für dieses Spektakulum war bewußt gewählt worden. Es war der Tag, an dem im Jahre 1871 Reichskanzler Bismarck den ersten Reichstag des Kaiserreiches eröffnet hatte. Über dem Sarg Friedrichs des Großen versammelten sich jetzt in der Potsdamer Garnisonskirche, die im Auftrag Friedrich Wilhelms I. erbaut worden war, zahlreiche Würdenträger und ideologische Vertreter des untergegangenen Kaiserreiches und des "neuen" Deutschlands. Hindenburg, der frühere Kronprinz (der Stuhl für den abgedankten Kaiser blieb leer), Generäle und Admiräle, Veteranen aus den Kriegen von 1864, 1866 und 1871 vereinten sich mit den Mitgliedern der Hitler-Regierung, mit SA-Kolonnen sowie NSDAP- und DNVP-Abgeordneten.

Außer durch die wenigen parlamentarischen Vertreter der Mittelparteien war die Weimarer Republik an diesem "Tag der nationalen Erhebung" nicht vertreten: Den Kommunisten waren die Reichstagsmandate aberkannt worden, die Sozialdemokraten (soweit sie nicht verhaftet waren) blieben der Feier zur Beerdigung der Weimarer Republik fern. Versammelt waren damit all jene Totengräber der Demokratie, die zwei Tage später das Ermächtigungsgesetz verabschiedeten.

Propagandistischer Höhepunkt an diesem Tage war der Händedruck zwischen dem in seiner alten Marschalluniform erschienenen Reichspräsidenten und Generalfeldmarschall Hindenburg und dem einstigen Gefreiten des 1. Weltkrieges und jetzigen Reichskanzler Hitler, der sich im schwarzen Cutaway tief vor dem Reichspräsidenten verneigte. Millionenfach wurde das Bild von diesem Händedruck, der Versöhnung des "alten" mit dem "neuen" Deutschland, auf Plakaten und Postkarten in den folgenden Wochen in ganz Deutschland verbreitet. Zudem wurden Millionen Deutsche während der Rundfunkübertragung unmittelbare Zeugen dieses Staatsaktes. Als Sprecher fungierte dabei Baldur von Schirach, Führer der Hitlerjugend und pathetischer Dichter der Partei.³

Die propagandistische Ausgestaltung dieses "Tages der erwachten Nation" – um eine andere Propagandaformel zu zitieren – erlebte auch die lippische Bevölkerung hautnah. "Jeder Volksgenosse muß entweder am Radio oder an den Aufmärschen teilnehmen."⁴ So lautete die Forderung der Landesregierung an alle Bürger. "Die 14jährige Schmach, die hinter uns liegt, ist mit dem morgigen Tage endgültig vorbei." Um die Bevölkerung umfassend zu mobilisieren, verordnete sie den Kindern schulfrei und den Beschäftigten des öffentlichen Dienstes einen arbeitsfreien Tag. Entsprechend einer Forderung der Landesregierung an die lippischen Geschäftsleute und Handwerker blieben an jenem 21.3. alle Geschäfte, Fabriken und Betriebe ab 11 Uhr oder zumindest während der Radioübertragung aus der Garnisonskirche geschlossen. Ein Detmolder Berichterstatter erlebte den Tag in folgender Weise:⁵

"Kein Geschäft hat mehr geöffnet, und wo sich der Geschäftsschluß verzögert, erinnert die Polizei daran, daß während des feierlichen Staatsaktes in Potsdam alle Geschäfte ruhen müssen, daß auch der letzte deutsche Volksgenosse Gelegenheit haben soll, an der erhebenden Feier im Rundfunk teilzunehmen, um jedem Deutschen einige Stunden der Überlegung, des Nachdenkens über die welthistorische Bedeutung dieses Tages zu geben. Auf dem Marktplatz verbreitet eine Großlautsprecheranlage der Radiohandelsgesellschaft die Feierlichkeiten des Deutschen Rundfunks. Die Menschen kommen, stehen eine Augenblick still und gehen weiter. Es ist, als liege auf allen Gesichtern ein feierlicher Ernst, als spiegele sich in jedem Auge die Größe, die Würde dieses Tages wieder...In sämtlichen Detmolder Schulen fanden zur gleichen Zeit Feiern statt, bei denen durch Lautsprecher die Feierlichkeiten aus Berlin, vor allem die Reden des Reichspräsidenten von Hindenburg und des Reichskanzlers Adolf Hitler übertragen wurden."

Für den Nachmittag und Abend waren anschließend große Kundgebungen und Aufmärsche organisiert. Stellvertretend für andere sei diesmal ein Lemgoer Berichterstatter zitiert:⁶

*"Eine nach Tausenden zählende Menschenmenge bewegte sich gegen 6 Uhr auf den Straßen...Man hat in der alten Hansestadt selten ein so imposantes Bild gesehen: Fast 2000 Personen marschierten im Festzug durch die Straßen der Stadt. Allen voran der Reiterverein... Die Baulesche Kapelle...Die SA und eine große Anzahl Zivilisten, unter ihnen die Spitzen der städtischen Behörden, führten die ersten langen Reihen an, die von der Sanitätskolonne, der Feuerwehr, sämtlichen militärischen Vereinen und dem Stahlhelm gebildet wurden. Den zweiten Teil des Zuges, dem ebenfalls ein Musikkorps⁷ voranschritt, eröffnete der Lemgoer Turnverein. Der Marineverein, eine Korporation der Malerschule, die Vereine der Eisenbahner und der Postbeamten und der Bund deutscher Mädel folgten.
Und dann kam Lemgos Schuljugend...Sämtliche Schüler des Gymnasiums und der Bürgerschule, die Schülerinnen des Lyzeums mit ihren Lehrpersonen marschierten im Zuge. Zahlreiche Fahnen winkten aus den Reihen. Unermüdlich schallten die Kampfrufe aus den Reihen der Jungen, während die Mädel vaterländische Gesänge anstimmten. Hinter der SS und der Lemgoer Hilfspolizei, die den Schluß der großen Marschgruppen bildeten, wanderten viele Lemgoer im Marschschritt mit und gaben dem Zug das Geleit... Auf dem Städtischen Sportplatz hatte Herr Wrenger einen großen Holzstoß errichtet,*

der hell aufloderte, als die Vereine zum Schützenhaus marschierten. Feierliche Stille herrschte in der großen Runde, als es durch den Abend erklang: Flamme empor!"

Ein Volk erwacht, ein Volk steht auf, nach langem Krankenlager, erfrischt und von neuem Geiste beseelt, bereit, die eigenen, wahren Interessen nunmehr energischer denn je zu verwirklichen. Innere Geschlossenheit ist dabei selbstverständlich, unterschiedliche Stimmen und Stimmungen darf es bei einer solch hehren Aufgabe nicht geben. Und sie gibt es angeblich auch nicht! All diese Eindrücke sollen die lippischen Presseberichte über den 21.3. vermitteln. Nur vereinzelte Bemerkungen deuten darauf hin, daß bei weitem nicht alle "Volksgenossen" in gleicher Weise empfanden: Da mußte die Polizei offenbar einige Geschäfte zwangsweise schließen. Passanten interessierten sich nur kurz für die Radioübertragung. Nur einmal wird in diesen Tagen offene Kritik am Verhalten von Kundgebungsteilnehmern geübt: Als in Schwalenberg die Redner verschiedener Vereine nur den Reichspräsidenten hochleben lassen, nicht aber den Reichskanzler Adolf Hitler, werden sie vom *Kurier* getadelt.[8]

Trotz solcher Einschränkungen muß man aber weiterhin anerkennen: All dies war ein raffiniert geplantes und grandios inszeniertes Theaterstück, das seine Wirkung auf viele bisher vielleicht gleichgültig abseits Stehende nicht verfehlte. Als jedoch am Abend die Kulissen beiseite geschoben wurden, kam die brutale und blutige Wirklichkeit des Regimes barsch und ungeschönt wieder zum Vorschein. Und die bedeutete einen weiteren Verlust an Freiheit.

Am gleichen Tage – so erfuhren die lippischen Bürger aus ihren Zeitungen – hatte die Reichsregierung drei weitere Notverordnungen auf Grund von Art. 48 der Verfassung beim Reichspräsidenten durchgesetzt, die einerseits neue Möglichkeiten zur Terrorisierung der Gegner und zur Knebelung der öffentlichen Meinung bedeuteten, andererseits aber nationalsozialistische Gewalttaten für Rechtens erklärten. Es waren eine Verordnung "zur Abwehr heimtückischer Angriffe gegen die Regierung der nationalen Erhebung" ("Heimtückegesetz"), eine Verordnung zur Bildung neuer Sondergerichte sowie eine Amnestieverordnung[9]. Das "Heimtückegesetz" stellte den Mißbrauch von NS-Symbolen und NS-Uniformen sowie die Verbreitung von "unwahre(n) oder gröblich entstellte(n)" Behauptungen über die Nazis unter Strafe. Es war insofern eine Ergänzung der "Reichstagsbrandverordnung" und gab zusätzlichen Verfolgungsaktionen den legalen Anschein. Um Verstöße gegen beide Verordnungen gezielter und wirkungsvoller aburteilen zu können, wurden allein zu diesem Zweck Sondergerichte in allen Oberlandesgerichtsbezirken eingerichtet. Die dritte Verordnung vom 21.3. verfügte eine Amnestie für alle Straftaten, die die Täter "im Kampf für die Erhebung des deutschen Volkes" begangen hatten. Im Land Lippe wurden danach 72 Verfahren eingestellt, in vier Fällen wurden mildere Urteile gesprochen.[10] Wieder einmal war nationalsozialistische Willkür zu "Recht" geworden.

Das endgültige Ende des demokratischen Rechtsstaates, von dem in der Praxis ohnehin nur noch unbedeutende Reste vorhanden waren, brachte zwei Tage später am 23.3. das Ermächtigungsgesetz, dem im Reichstag alle Parteien außer der durch Verhaftungen und Exil geschrumpften SPD-Fraktion zustimmten. Nunmehr konnte die Hitler-Regierung selbst alle Gesetze erlassen, sogar solche, die von der Verfassung abwichen. Diese war jetzt nur noch Makulatur; die parlamentarische Demokratie mit Gewaltenteilung hatte in Deutschland aufgehört zu existieren. Das Parlament hatte sich selbst exekutiert. Die endgültige Ausgestaltung einer nationalsozialistischen Diktatur war durch keine verfassungsmäßigen Barrieren mehr behindert. Just am folgenden Tage versprach die deutsche Industrie der Regierung zusätzliche Unterstützung: Im Auftrage ihres Reichsverbandes sicherte Krupp Adolf Hitler zu, sie werde alles tun "um der Reichsregierung bei ihrem schweren Werke zu helfen."[11]

Die Boykotthetze gegen die Juden

Wie wenig die Rührkomödie des 21.3. mit der Wirklichkeit zu tun hatte und wieviel kriminelle Energie in dem neuen Regime steckte, das mußte wenige Tage später eine 0,8%-Minderheit im deutschen Volk erfahren.

Am 26. und 27.3. setzte nämlich abrupt auch in lippischen Zeitungen eine neue Pressekampagne ein, diesmal auf den ersten Blick scheinbar gegen die angebliche Greuelhetze des Auslandes gegen die neue Reichsregierung, in Wahrheit jedoch gegen die jüdische Minderheit in Deutschland. Was die Nazis jetzt als "Selbstschutz gegen jüdische Greuelhetze" und als bloße Abwehrmaßnahme[1] bezeichneten, war der erste Schritt zur Verwirklichung der NS-Rassenideologie, deren grausamstes und sadistisches Ziel die umfassende physische Ausrottung der Juden werden sollte.

Wie die Kommunisten so wurden auch die Juden in die Rolle eines Sündenbockes gedrängt, ohne den kein diktatorisches System auskommt. Zwar war der Antisemitismus bekanntlich keine Erfindung der deutschen Faschisten; eine Fanatisierung erfolgte aber dadurch, daß die "jüdische Rasse" nunmehr zum Weltfeind Nr. 1, zum unmittelbaren "Rassenfeind" einer angeblich existierenden arischen Rasse deklariert wurde, der im Kampf ums Dasein die Weltherrschaft erstrebe. Der wissenschaftliche Humbug dieses Ideologienbreis zeigt sich allein daran, daß kurzerhand all jene, die jüdischen Glaubens waren oder die jüdisch-gläubige Vorfahren hatten, zu Angehörigen einer angeblichen jüdischen Rasse erklärt wurden.

Lange Zeit wurde der Radau-Antisemitismus der Nationalsozialisten kaum ernster genommen als der traditionelle Antisemitismus des 19. und 20. Jahrhunderts, der zwar eine "häßliche geistige Krankheit" war, nicht aber eine eigentliche Bedrohung für die betroffenen Menschen.[2] Vielen galt die NS-Parole "Juda verrecke" denn auch als bloßes propagandistisches Beiwerk, dessen einziger Zweck sei, zusätzliche Wähler für die Partei zu gewinnen. Bald nach der Machtübernahme machten die neuen Führer jedoch klar, daß ihre antisemitischen Demagogien keine leeren Phrasen waren, sondern ernstgemeinte, konkrete politische Ziele, um die Juden aus dem deutschen "Volkskörper" zu eliminieren.

Den Anfang dazu bildete der Boykott des 1. April 1933. Am 29.3. veröffentlichten die lippischen Zeitungen die von der NSDAP herausgegebene Anordnung: "In jeder Ortsgruppe und Organisationsgliederung der NSDAP sind sofort Aktionskomitees zu bilden zur praktischen, planmäßigen Durchführung des Boykotts jüdischer Geschäfte, jüdischer Waren, jüdischer Ärzte und jüdischer Rechtsanwälte...Die Aktionskomitees müssen bis in das kleinste Bauerndorf hinein vorgetrieben werden, um besonders auf

dem flachen Land die jüdischen Händler zu treffen...Der Boykott setzt schlagartig am Samstag, den 1. April, Punkt 10 Uhr vormittags, ein."[3]
Bis zum 1.4. mochten manche Nazis in Lippe wie auch im Reich[4] nicht warten. Sie ließen ihren antijüdischen Emotionen bereits seit dem 28.3. ihren freien Lauf. So wurden schon frühzeitig z.B. in Bad Salzuflen und Detmold jüdische Geschäftsleute gezwungen, Schilder mit der Aufschrift auszuhängen: "Deutsche, kauft nur bei Deutschen! Wir sind Juden."[5] In der Regel schlossen die Inhaber deshalb ihre Geschäfte. Einige von ihnen wurden daraufhin in "Schutzhaft" genommen. Am folgenden Tag wurden diese Boykottmaßnahmen vorzeitig auf ganz Lippe ausgedehnt.[6] Uniformierte Nazis überwachten die Eingänge jüdischer Geschäfte, erzwangen das Aushängen der genannten Plakate und hinderten kaufwillige Kunden am Betreten der Läden.[7]

Es war der Lippische Landbund, der als einzige nicht-nationalsozialistische Organisation diese Volksverhetzung in einer besonderen Presseerklärung befürwortete. In seinem Aufruf, der von allen lippischen Zeitungen am 31.3. veröffentlicht wurde, forderte er nachdrückliche Unterstützung der "Abwehrmaßnahmen gegen die jüdische Greuelpropaganda...Wie hat sich der einzelne Landwirt hierzu einzustellen? Er besinne sich auf seine deutsche Abstammung und handele deutsch! Das heißt er soll seinen wirtschaftlichen und häuslichen Bedarf nur bei christlichen Stammesgenossen kaufen."

Insgesamt betrachtet scheint diese Boykottaktion aber doch nicht den von der Partei gewünschten und erwarteten Erfolg gehabt zu haben, auch wenn bis zum 1. April sicherlich zahllose gewaltsame und erniedrigende Übergriffe gegen die jüdischen Mitbürger erfolgten. Nur in kurzen und versteckten Notizen berichteten die lippischen Zeitungen in diesen Tagen hierüber – möglicherweise ein Zeichen von Distanzierung gegenüber diesen organisierten Diskriminierungen. Manche nicht-jüdischen Geschäftsleute weigerten sich auch nach ausdrücklicher Aufforderung, Plakate mit dem Aufruf "Kauft nicht bei Juden" auszuhängen.[8]

Ganz im Gegensatz zu seinem üblichen Geschrei blieb der *Kurier* bei der Berichterstattung über die Boykottbewegung in Lippe außerordentlich kleinlaut. Zwar wurde pflichtgemäß gemeldet, daß die "Bekämpfung der Greuelhetze" mit besonderer Schlagkraft erfolgt sei; genaueren Aufschluß über den wahren Verlauf der Aktion vermittelte dagegen der Klagebrief des Bösingfelder Parteigenossen W. Amelung, der sich im *Kurier* öffentlich über die angebliche Laschheit und Halbherzigkeit seiner Mitbürger beklagte:[9]

"Bei der Boykottaktion gegen das Judentum konnte man so recht einmal wieder die wahre Gesinnung einiger Bösingfelder Spießbürger sehen. Man soll es nicht für möglich halten, daß es noch jetzt, nachdem wir Nationalsozialisten auch in Bösingfeld für Aufklärung gesorgt haben, noch Menschen gibt, die sich am liebsten für die Juden in Stücke reißen lassen."

Sechs Bösingfelder Geschäftsleute werden dann namentlich an den Pranger gestellt, weil sie ihre geschäftlichen Beziehungen zu Juden nicht abgebrochen haben.

Die *Landes-Zeitung* wagte es sogar, die Nazis zwischen den Zeilen verschlüsselt zu kritisieren. Natürlich war es für jede Zeitung jetzt außerordentlich gefährlich, nicht auf einer Linie mit dem neuen Staat zu liegen. Daher richtete sie *LZ* ihre Kritik scheinbar gegen das Ausland, als sie kaum mißverständlich formulierte, "daß jeder organisierte Boykott zu den sittlich verwerflichsten Handlungen gehört."[10] Am Ende der Aktion beklagte selbst der *Kurier* offiziell die "gefährliche Rücksicht" in der Bevölkerung auf die Juden. "Triefend von Menschlichkeitsgefühlen und von Biederheit weisen sie darauf hin, wie sehr den 'hiesigen, harmlosen kleinen Juden' Unrecht geschieht". Da die Argumente der Propaganda aber nicht in gewünschter Weise gewirkt hatten, blieb nur die Drohung: "Sollte eine Fortsetzung des Boykotts nötig werden, dann muß das Volk eine geschlossene Front bilden. Dummköpfe, die ihm dabei in den Rücken fallen, sollten eingesperrt werden, um sie unschädlich zu machen."[11]

Solche "Dummköpfe" gab es selbst unter nationalsozialistischen Wählern, besonders in den Kleinstädten und auf dem Lande, wo viele persönliche Bekanntschaften und Beziehungen zu den Juden bestanden. Noch mußte die NSDAP feststellen, daß nur wenige bereit waren, einem staatlich verordneten und praktizierten Antisemitismus blindlings Folge zu leisten. Und noch meinten nicht wenige Parteigenossen, die erlebten antisemitischen Ausschreitungen hätten nichts gemein mit dem Nationalsozialismus und würden daher sicherlich auch von Hitler nicht gebilligt. Die "Judenbekämpfung" könne man "wirksamer auf anständige Weise erledigen, ohne das Parteiansehen zu untergraben."[12] Offenbar war doch ein langfristiger Umerziehungsprozeß der Bevölkerung mit verfeinerten Techniken der Massenpropaganda notwendig, damit das schlechte Gewissen einiger Volksgenossen betäubt werden konnte.

Freilich waren da andererseits auch jene Parteigenossen und SA-Männer, denen die befohlenen Maßnahmen noch nicht weit genug gingen. So teilte der Vorsitzende des Bösingfelder Boykott-Ausschusses dem NSDAP-Kreisleiter Prüßner mit, er habe die Krankenkassen aufgefordert, ihre Mitglieder nicht mehr jüdischen Ärzten zuzuweisen, und verband damit die Aufforderung: "Veranlassen Sie dieses doch bitte bei den anderen Ortsgruppen."[13]

Ebenfalls in Bösingfeld wollten einige Nazis nicht-jüdische Geschäftsleute verpflichten, Schilder auszuhängen mit der Aufschrift "Hier wird an Juden Ware nicht verabfolgt". Das ging den betroffenen Kaufleuten dann doch zu weit. Mochten ihre jüdischen Konkurrenten ruhig ausgeschaltet werden; sie selbst wollten aber weiter an ihren jüdischen Kunden verdienen. Empört verfaßten sieben von ihnen einen Protestbrief an die lippische NSDAP, die Landesregierung und das "Zentralkomitee zur Abwehr der jüdischen Greuel- und Boykotthetze" in München:[14]

"Wir erklären ausdrücklich, daß wir mit allen Maßnahmen des Boykotts jüdischer Geschäfte und Warenhäuser mehr als einverstanden sind, da diese doch nur zum Schutze unseres Standes unternommen werden.
Dagegen protestieren wir aber hierdurch, daß sich die Anwendung Ihrer befohlenen Maßnahmen gegen uns, als christlich, schwerringende Geschäftswelt richtet, wie es hier der Fall war, und ebenso protestieren wir weiterhin dagegen, daß Ihre Maßnahmen durch Personen getätigt werden, die Übergriffe nicht scheuen und willkürlich und persönlich handeln.
Wir, die wir ausnahmslos im hiesigen Ort durch Abgabe unserer Wahlstimmen der N.S.D.A.P. mit zum Siege über das bisherige System verholfen haben, können unmöglich annehmen, daß es in der Absicht der Partei liegt, daß durch Personen, welche nicht in der Lage sind, Ihre Anordnungen sinngemäß auszuführen, die christliche Geschäftswelt

Kreis Lippe
N S Beamtenabteilung.
=====

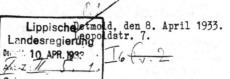

Lippische Detmold, den 8. April 1933.
Landesregierung Leopoldstr. 7.

Seitens der Nationalsozialistischen Deutschen Arbeiterpartei, Reichsleitung ist unter dem 30. März 1933 folgende Verfügung ergangen:

„Im Verfolg des Aufrufes der Parteileitung zur planmäßigen Durchführung des Boykotts gegen jüdische Geschäfte usw. ordne ich hiermit an, daß alle zuständigen Amtswalter der Beamtenabteilung der NSDAP bei den zuständigen Behördendienstleitern vorstellig werden, um die Durchführung folgender Richtlinien sicherzustellen:

1. Sämtlich in den Reichs-, Staats- und Kommunalverwaltungen sowie bei den Körperschaften des öffentlichen Rechts beschäftigten jüdischen Arbeiter und Angestellten sind zu entlassen.
2. den in den gleichen Verwaltungen beschäftigten jüdischen Beamten ist sofort die weitere Ausübung ihrer Tätigkeit zu untersagen.
3. Alle vorbereitenden Maßnahmen zur Entfernung aller jüdischen Beamten aus den Ämtern, die durch eine demnächst erscheinende Verordnung der Reichsregierung auf Grund des Ermächtigungsgesetzes ermöglicht wird, sind bereits jetzt zu treffen.
4. Beamte, die nachweisbar gegen die Boykottanordnung verstoßen, sind umgehend hierher zu melden.

Ich erwarte, daß diese Anordnung mit der nötigen Energie durchgeführt wird."

Ich bitte die Landesregierung, die Durchführung dieser Richtlinien bei den unterstellten Dienststellen erforderlichenfalls anzuordnen.

Heil Hitler

An
die Lipp. Landesregierung
h i e r .
===============

geschädigt anstatt gestützt wird, wie es hier der Fall war. Wir müssen uns beleidigt halten, wenn man uns in unsere Geschäftsräume Schilder bringt mit der Aufschrift 'H i e r w i r d a n J u d e n W a r e n i c h t v e r a b f o l g t' – mit dem Befehl, dieses Schild auszuhängen... Wer ist hier der Geschädigte, der J u d e oder der C h r i s t? welch letzterer doch auf Absatz angewiesen ist, gleichviel an wen, um die hohen Steuern aufbringen zu können. Für uns ist es doch richtiger, den Juden die Möglichkeit zu geben, ihr Geld in unseren Geschäften auszugeben anstatt nach außerhalb fahren zu lassen, um bei ihren Stammesgenossen zu kaufen."

Wie aber reagierten die Betroffenen, die lippischen Juden, auf diese von der NSDAP-Führung ersonnene Terroraktion? Bei den ersten Übergriffen drei Wochen zuvor hatte es sich scheinbar um private Rachefeldzüge radikalisierter SA-Schläger gehandelt. Jetzt aber hatte die Partei, die inzwischen praktisch Staatspartei war, den Terror offiziell und offen befohlen und organisiert. Waren dies immer noch bloße "Auswüchse" während der Machtergreifungsphase? Bedeuteten die radikalen antisemitischen NS-Parolen der vergangenen Jahre doch ernstgemeintes politisches Programm?

Die Antworten der Juden auf diese Fragen waren keineswegs einheitlich. Während einige bereits ernsthaft ihre Emigration erwogen und vorbereiteten, beurteilten andere, vor allem "patriotisch" und nationalistisch eingestellte, ihre Lage optimistischer und wollten nicht an eine dauerhafte und systematische Verfolgung glauben. Für sie wie für viele andere Deutsche waren dies nur Exzesse einer "Revolution", die bald durchgestanden sein würden. "Deutsche Tugenden" wie Ordnung und Seriosität würden sich letztlich gewiß wieder durchsetzen. Ein großes Reich wie das deutsche würde auf Dauer nicht mit Rowdies zu regieren sein.

In diesem Moment setzten daher viele dieser Mitbürger auf den alten Reichspräsidenten. Plakate, auf denen der Reichsbund jüdischer Frontsoldaten sich auf Hindenburg berief und an den Beitrag von 12.000 für Deutschland gefallenen Juden erinnerte, wurden von der Landesregierung jedoch verboten.[15] Andere Juden wandten sich an die Landesregierung oder an die Führung der lippischen NSDAP – in Verkennung der Tatsache, daß es gerade diese Partei war, die die Verfolgungsaktion ersonnen hatte. So suchte beispielsweise ein jüdischer Arzt bei Steinecke Unterstützung:[16]

"Im Vertrauen auf Ihren Gerechtigkeitssinn entschließe ich mich endlich, Sie in dem schweren Kampfe, den wir seit Wochen zu führen haben, um Beistand zu bitten. Fast jeder Tag erneuert und verstärkt die Leiden und Quälereien, denen wir bisher schon ausgesetzt waren. – In der letzten Nacht erschienen SA.-Leute vor unserer Haustür und beschmierten – ungeachtet meiner Proteste – die Glasfüllungen der Haustür, den Fußboden des Vorflurs und die Fliesen vor der Haustreppe mit blutroter Ölfarbe; auf den Fliesen liest man: Weg mit Juda. – Wenn ich recht berichtet bin, sollten bei dem Boykott gegen die Juden Personen und Sachen keinen Schaden nehmen. Trotzdem behandelte man mich so; einen Mann, der sich freiwillig in's Feld gemeldet hat, schwer verwundet wurde und das EK II und EK I erhielt; einen Mann, der stets mit Liebe an seinem Deutschtum hing, seine Kinder in diesem Geiste erzog und nie auch nur die geringste Beziehung zu kommunistischen Ideen gehabt, ja Zeit seines Lebens keiner Partei ange-

hört und seit etwa 10 Jahren auch jede politische Betätigung vermieden hatte...
Ich hoffe, daß Sie, sehr geehrter Herr, Verständnis für unsere Lage und den Wunsch und die Möglichkeit haben werden, sie etwas zu erleichtern."

Genauso falsch bewerteten die jüdischen Einwohner Horns die laufende Boykottaktion, als sie den Schutz der Landesregierung erbaten. Makaber klingen heute jene Worte, die sie zuvor an einen der Ihren nach New York telegraphiert hatten: "Sorge dringend für Unterbindung der lügenhaften Deutschenhetze. Die Deutsche Regierung schützt uns." An die Landesregierung schrieben sie:[17]

"Die jüdischen Einwohner der Stadt Horn protestieren energisch gegen die von unverantwortlichen Elementen in Szene gesetzte Hetze gegen Deutschland...Jeder von uns sieht es nach wie vor als seine Ehrenpflicht an, in vollstem Umfange seine Pflicht dem Staat und seiner verfassungsmäßigen Regierung zu tun. Als alteingesessene Bürger der Stadt Horn, deren vornehmste Aufgabe es stets gewesen ist, für das Wohl des Deutschen Reiches zu arbeiten, bitten wir höflichst, von den Boykottmaßnahmen in unserer kleinen Stadt, wo einer den anderen kennt, absehen zu wollen. Der Vorsteher unserer Gemeinde hat Gelegenheit genommen, mit dem Ortsgruppenleiter der hiesigen N.S.D.A.P., Herrn Nagel, Rücksprache zu nehmen und wird Herr Nagel die Richtigkeit obiger Ausführungen nur bestätigen...
Wir werden nach wie vor nichts als unsere selbstverständliche Pflicht tun, die darin besteht, nur dem Interesse des Deutschen Reiches und seiner Regierung zu dienen."

Aus nationaler Überzeugung oder gezwungen zur Anpassung aus ökonomischer Notwendigkeit schrieben in diesen Tagen etliche lippische Firmen an ihre ausländischen Geschäftspartner. Sie verurteilten dabei die angebliche Greuelhetze, wie es z.B. die Sinalco AG in einem Schreiben tat, das sie auszugsweise in der Presse veröffentlichen ließ: "Wenn auf Grund solcher Tendenzmeldungen deutsche Waren von unverantwortlicher Seite im Ausland boykottiert werden sollen, so liegen einer solchen Handlungsweise keine humanitären, sondern nur politische Gründe oder Konkurrenzmanöver zu Grunde."[18]

Eine Schötmarsche Bürstenfabrik stellte ihren ausländischen Partnern den "wahren Sachverhalt" wie folgt dar:[19]

"Hier in Deutschland hat sich die neue Umwälzung in aller Ruhe und bester Disziplin vollzogen und behandelt die Regierung, ohne Unterschied der Konfession, jeden loyal, der sich treu hinter ihr stellt.
Wir halten es für unsere Pflicht, Sie darauf aufmerksam zu machen und bitten Sie, in Anbetracht unserer alten und angenehmen Geschäftsverbindung, diesen Greuelnachrichten in aller Form entgegenzutreten und ihre Freunde davon zu verständigen, daß es sich nur um eine Hetzkampagne gegen die neue Regierung handelt, die gewissenlose Elemente in unverantwortlicher Weise entfachen."

Die trotz dieser Stimmen verhaltene bis kritische Resonanz, die der Boykott bei vielen Deutschen fand, zwang die NSDAP-Führung dazu, auf die ursprünglich geplante Wiederaufnahme zu verzichten und am 4. April das erfolgreiche Ende zu verkünden.[20] Die nachfolgenden antijüdischen Maßnahmen seitens des Staates wurde daher nicht dem SA- und SS-Pöbel auf der Straße überlassen, sondern erfolgten stiller und wirksamer durch Regierungsverordnungen, durch demagogische Pressemeldungen und auf zahlreichen "Schulungs"-Abenden. So wurde beispielsweise ein Detmolder Stadtrat der DNVP öffentlich vom *Kurier* gerügt, weil er sich in einem Hotel angeregt mit zwei Jüdinnen unterhielt: "Herr Staatsbürger, Sie sollten sich schämen, mit Vertretern einer Rasse zusammenzusitzen, die im Ausland Deutschland beschimpfen".[21] Oder der Aufsichtsrat der Edeka in Detmold wurde beschuldigt, in seinen Reihen immer noch einen Juden zu dulden.[22] Eine Falschmeldung, wie der *Kurier* nach einer Richtigstellung durch die Edeka allerdings zugeben mußte.

Willkommen war dem *Kurier* sicherlich auch der Vorschlag eines "deutschen Landwirts", die Namen von Unternehmern und Landwirten, die noch mit Juden handelten, in Zeitungen und an öffentlichen Plätzen bekanntzugeben.[23]

Auf Propaganda- und Schulungsabenden versuchten auf den Antisemitismus spezialisierte Redner, der Bevölkerung die neue Ideologie einzuimpfen: Das Judentum sei der "Urfeind des deutschen Volkes und damit der germanischen Rasse".[24] Deshalb: "Jede Frau sei ein Deserteur, die auch nur einen Groschen zum Juden trage."[25] An "gutgewachsene, blauäugige Frauen", die mit jüdischen Mitbürgern eine Beziehung aufnehmen wollten, erging die Warnung: "Nur rücksichtsloser Kampf gegen die Zersetzer und Schänder unserer Rasse kann auf die Dauer von Erfolg sein. Kampf aber auch und schärfstes Vorgehen gegen solche Frauen, die ein krankhafter Hang zum Juden führt."[26] Begleitet wurden diese fortwährenden Diskriminierungs- und Ideologisierungskampagnen von einer kontinuierlichen Verordnungspolitik der Reichs- und der Landesregierung, deren allgemeines Ziel in dieser ersten Phase der Judenverfolgung es war, "jüdischen Einfluß" in bestimmten Berufen auszuschalten: Bald durften jüdische Mediziner ihre Leistungen nicht mehr bei Krankenkassen abrechnen, wurden jüdische Beamte, Hochschullehrer, Richter und Schöffen entlassen, erhielten jüdische Redakteure Berufsverbot, war es Reichswehrangehörigen verboten, jüdische Frauen zu heiraten, wurden Juden Ehestandsdarlehn verweigert, wurde schließlich die Zahl der jüdischen Hochschüler beschränkt.[27]

Noch allerdings sahen sich die Nazis gezwungen, bei ihren Angriffen gegen die jüdische Minderheit gewisse Rücksichten auf Reichspräsident Hindenburg zu nehmen. Dieser hatte nach dem 1.4. bei Hitler dagegen protestiert, daß von dem Boykott auch Juden mit sogenannten nationalen Verdiensten, d.h. Kriegseinsätzen und Kriegsauszeichnungen, betroffen waren. Auch außenpolitische Rücksichtnahme und militärische Unterlegenheit sowie die noch nicht endgültig konsolidierte Macht in Innern mochten die NS-Führung zu einer vorerst noch gebremsten Gangart bei der Verwirklichung ihrer antijüdischen Ziele gezwungen haben.

Denunziation und Anpassung

So spektakulär die Boykottaktion des 1. April auch gewesen war, leicht kann man darüber vergessen, daß die nationalsozialistische Terrormaschinerie viel wirksamere Techniken hatte, um konsequent und kontinuierlich jeden tatsächlichen oder vermeintlichen Gegner und Widerstrebenden auszuschalten oder mundtot und gefügig zu machen. Neben den schon genannten permanenten Haussuchungen und Verhaftungen gab es noch ein weiteres Mittel, das rasch manchen potentiellen Widersacher verstummen ließ: Angst vor Denunziation, dem Terror auf leisen Sohlen.

Bedrückend ist das Bild, das die historischen Dokumente dieser Zeit in dieser Hinsicht vermitteln, wie bereitwillig Zeitgenossen auch einen letzten Rest von Menschlichkeit und Anstand verleugneten und ablegten. Die Mobilisierung von Emotionen und Instinkten zeigte beängstigend rasch Wirkung; der frühe Aufruf der Landesregierung wurde von vielen dankbar aufgegriffen. Auf diese Weise ließen sich mit Hilfe des Staates alte politische und private Rechnungen begleichen. Andere versuchten so, sich den neuen Herrschern anzubiedern und frühere Distanz oder gar Kritik vergessen zu lassen. Dabei wurde bald klar, daß solche Niedertracht nicht nur ein Symptom der Machtergreifungsphase war, eine leider unvermeidbare und ungewollte Begleiterscheinung während der "revolutionären" Umgestaltung von Staat und Gesellschaft. Der Aufbau der Geheimpolizei und der Ausbau des Überwachungssystems strafen solche verharmlosende Interpretation Lügen.

"Heimtückegesetz" und "Reichstagsbrandverordnung" veranschaulichen die Technik des Regimes, jegliche Kritik in Wort und Tat wirksam im Keim zu ersticken. Die Denunziationen durch allgegenwärtige Partei- und Staatsfunktionäre vom Blockwart bis zum Geheimpolizisten, aber auch durch einfache Partei- und Volksgenossen, die aus Übereifer, Wichtigtuerei, Verblendung und Hoffnung auf persönliche Vorteile sich dieses Terrorinstruments bedienten, schufen eine Atmosphäre permanenten Mißtrauens, in der persönliches Vertrauen bereits zum Risiko werden konnte.

Einige Beispiele für solches Denunziantentum seien hier vorgestellt:

"...es hat sich hir in der Schule folgender fall zugetragen, meine Tochter hat eine Haarspange mit Harkenkreutz, ist aber sehr nidlich, das ich es ohne Brill noch nicht mahl sehen kann, neben meiner Tochter hat ein Mädchen aus Kommunistischer Familie Ihren Platz, die hat sich nun über die Haarspange unserer Tochter so Geärgert, das Herr Lehrer D... das tragen der Spange verboten hat, damit ist für die K.P.D. doch wohl geholfen... es ist der Lehrer, der das Verbot erlassen, der letzten Sommer die Gungens bestraft hat, die mahl am Feiertage Heil-Hitler gerufen hatten was der Jude K... gehört hatte, der hat sich bein Lehrer D... Beschwert, der Lehrer hat den Juden beigestanden und hat die Kinder bestraft."[1]

"Ich arbeite mit B... zusammen in einer Werkstatt bei Wrenger. Gestern nachmittag entspann sich dann unter den Arbeitern ein Gespräch. Was gesprochen worden ist, weiß ich aber nicht, weil ich in der betr. Zeit nicht anwesend war, denn ich mußte Holz holen. Ich kam dann zufällig in der Nähe von B... vorbei und hörte dann, daß er sagte: "Die sind ja alle verrückt." Was er hiermit meinte, kann ich nicht sagen, weil ich das Vorgespräch nicht gehört habe. Ich habe aber zu B... gesagt, er solle die Schnauze halten. Ich habe nachher wohl gehört, daß die Rede von der Demonstration der N.E.B.O. (richtig: NSBO; d.V.) gewesen ist. Als ich B... sagte, er solle die Schnauze halten, sagte er, er habe ja die dahinten gemeint. Als ich ihn nachher fragte, welche dahinten er denn gemeint habe, sagte er, er habe die in Genf gemeint."[2]

Bei dem ersten Beispiel handelt es sich um einen namentlich unterzeichneten Beschwerdebrief an die Landesregierung, bei dem zweiten um eine persönlich erstattete Anzeige bei der Lemgoer Polizei. Als letztes nun eine anonyme Anzeige aus Bad Salzuflen:[3]

"Einer der allerübelsten Juden der Welt, ein richtiges Scheusal, ein Kerl, der schon als Soldat sich nicht gescheut hat, seine gemeine freche Kommunisten-Ansicht offen bekannt zu geben, ist der Jude M...S... in Salzuflen; dieser Jude hat schon 2 Male stramm pleite gemacht und ist nun Steuer-Berather für alle Menschen, welche keine reine Weste haben. Dieser S... ist ein so roher Patron, wie er wol nur sehr selten gefunden wird; dabei ein Schwein sonder Gleichen; seine Frau hat kürzlich in Holland geerbt (die Frau ist aus Bielefeld); schamlos, wie dieses Judenpack von Haus aus ist, wurden alle alten Gläubiger (darunter sehr bedürftige) ausgelacht. Ich bitte dringend, diesen Abschaum ein Mal zu betrachten und ganz gehörig auf den Schwung zu bringen. Die ganze anständige Welt wird ihnen dafür danken."

Einen Schub gezielter Denunziation provozierte das Gesetz zur "Wiederherstellung des Berufsbeamtentums" vom 7.4.33[4], das sich im nationalsozialistischen Sinne als besonders wirkungsvoll im Zuge der Machtergreifung erwies. Seine Mittel: Einschüchterung, Drohung, Anpassungszwang und Gleichschaltung. Wie bei manch anderen Rechtsvorschriften der Hitler-Regierung stellte auch der Name dieses Gesetzes den eigentlichen Sachverhalt in höhnischer Weise auf den Kopf; schließlich war es *das* Rechtsmittel, mit dem alle gegnerischen, andersdenkenden und unfügsamen sowie alle jüdischen Beamten, Angestellten und Arbeiter des öffentlichen Dienstes entlassen werden konnten. Was seit Mitte März noch schiere Willkür gewesen war, wurde hiermit legitimiert. Nunmehr konnten Entlassungen in großem Umfang vorgenommen werden, und mit den so frei werdenden Positionen hatten die Regierenden Möglichkeiten, eigene, im politischen Kampf der vorausgehenden Jahre bewährte Parteigenossen zu belohnen.

Im einzelnen bestimmte das Gesetz :[5]

1. Alle Beamten, die nach dem November 1918 angeblich "ohne die vorgeschriebene oder übliche Vorbildung oder sonstige Eignung" eingestellt waren, mußten entlassen werden.

2. Jüdische Beamte ohne "nationale" Verdienste mußten entlassen werden. Bald wurde festgelegt, wer als jüdisch zu gelten hatte: jeder, der mindestens ein Großelternteil jüdischen Glaubens hatte.

3. Beamte, die "nicht die Gewähr dafür bieten, daß sie jederzeit rückhaltlos für den nationalen Staat eintreten", konnten entlassen werden.

4. Schließlich konnten "zur Vereinfachung der Verwaltung" Beamte jederzeit und beliebig versetzt und pensioniert werden, mit den entsprechenden Gehaltskürzungen.

5. All diese Bestimmungen sollten sinngemäß auch für Angestellte und Arbeiter angewendet werden.

Diese bewußt vage gehaltenen Formulierungen illustrieren nachdrücklich, daß hier nicht die Effektivität der öffentlichen Verwaltung verbessert werden sollte, wie es der Titel des Gesetzes vermuten ließ, sondern daß hier mit dem Mittel der politischen und "rassischen" Säuberung die staatliche Verwaltung zu einer dauerhaften Machtstütze der neuen Herrscher werden sollte.

Welche materiellen Konsequenzen dieses Gesetz für den lippischen öffentlichen Dienst hatte, ist auf zwei Listen sorgsam zusammengestellt worden.[6] Durch Entlassungen und Gehaltskürzungen bei 212 Beschäftigten (ohne Lehrer) ergab sich eine jährliche Ersparnis von 98.230,18 RM. Betroffen hiervon waren vor allem 35 Beamte (von 400), die entlassen wurden. Hinzu kamen noch 37 Schulbedienstete, von denen acht bis 1945 überhaupt nicht mehr in den Schuldienst zurückkehrten.[7] Zusätzlich wurden noch bei 255 Lehrern (von 450) Gehaltskürzungen vorgenommen im Wert von 29.698,35 RM.

Die unmittelbare Reaktion auf das Gesetz war eine kräftige Belebung des Denunziantentums gewesen. Das hatte es zwar auch schon vorher gegeben, aber der Unterschied zu der damaligen Lage war, daß sich der Denunziant nunmehr geradezu als Vollstrecker des Willens des Gesetzgebers, als rechtmäßiger Mitgestalter des neuen Staates begreifen durfte. Erneut war ursprüngliche Willkür in scheinbare Legalität verkehrt worden. Abermals hatten die neuen Herrscher Terror, Unterdrückung und Anpassungszwang gezielt gegen eine weitere Bevölkerungsgruppe eingesetzt, um sie gefügig zu machen und die eigene Machtstellung dauerhaft zu stabilisieren. Schließlich war die Drohung mit Entlassung in der Zeit der Massenarbeitslosigkeit ein besonders perfides Mittel, um Menschen in Existenzangst zu versetzen.

Die nötigen Vorarbeiten hierfür waren von den führenden Parteifunktionären schon lange vor der Verabschiedung des Gesetzes eingeleitet worden. Um die schon Mitte März zahlreichen Denunziationen "auf dem richtigen Weg" (Steinecke) an die Regierung gelangen zu lassen,[8] war auf einer gemeinsamen Sitzung von NS-Landtagsfraktion und "Amtswaltern" am 23.3.33[9] vermutlich eine Kommission zur Begutachtung der "Eingaben" gebildet worden. Es steht weiterhin zu vermuten, daß diese Kommission und nicht die Regierungsbürokratie auch über die Maßnahmen nach dem Gesetz vom 7.4.33 entschieden hat.[10] Möglicherweise gehörten ihr neben den führenden lippischen Parteivertretern auch zwei Mitglieder der Gauleitung Westfalen-Nord an, denn im Juni übermittelte Steinecke dem Gauinspekteur Heidemann und dem Gaufachberater für Kommunalpolitik Irrgang eine Liste mit Namen lippischer Beamter, "die entfernt bzw. unbedingt gemaßregelt werden müssen".[11]

Die Kommission konnte bei ihren Entscheidungen auf eine Vielzahl von Vorschlägen und Forderungen zurückgreifen, mit denen Namen von "abbaureifen" Beamten, Arbeitern und Angestellten unterbreitet wurden. Die Autoren waren Einzelpersonen, NS-Organisationen wie die NS-Beamtenabteilung, SA-Formationen oder Steinecke selbst.[12] Mehrfach wurde die Landesregierung darin aufgefordert, mit größerer Energie und rücksichtsloser durchzugreifen und "aufzuräumen": "Im Interesse des neuen Deutschlands und zur Sicherung des Hitlerkurses ist es unbedingt erforderlich, daß ... kaltgestellt wird." "Das Volk erwartet nun von dieser Regierung, daß hier bei der Verwaltung und Justiz auch wie in Preußen aufgeräumt wird. Fort mit ...!"[13]

Mit welchen Begründungen in diesen Listen – außer angeblichem beruflichem Versagen und "Parteibuchbeamten" – Entlassungen gefordert wurden, mögen die folgenden Beispiele veranschaulichen: "...säuft und beschimpft den Führer", "hetzt gegen die NSDAP in gemeiner Weise, nimmt seinem Bruder, weil er SA-Mann ist, das

NSDAP Gaukommissar
Lippe   den 6.6.33

Streng Vertraulich! Abschriften haben erhalten:
                              Pg.Staatsminister Rieoke
                              Pg.Gauinspekteur Heidemann
                              Pg.Gaufachberater Irrgang

Lippische Beamte,die entfernt,bezw.unbedingt gemassregelt werden müssen!

1.) Regierungsrat Dr.Bartelsmeier,Drakes getreuester Ratgeber!Unbegreiflicherweise von Regierung Krappe als Landgerichtsrat in Detmold belassen!Muss unbedingt nach Blomberg-Tausch mit Dr.Potthoff!
2.) Dr.Nehlepp,Regierungsrat.Ohne Vollprüfung,zweifelhafter politischer Einstellung!Drake-Weise Günstling!Muss aus Hauptabteilungen verschwinden.
3.) Regierungsinspektor Brand,muss wegen seiner ekelhaften marxistischen Gesinnung unbedingt aus Detmold verschwinden.
4.) Rech.Revisor Bruns muss aus dem Regierungsgebäude verschwinden.
5.) Oberinspektor Altenbernd muss pensioniert werden.Stelle evtl.einsparen
6.) Inspektor Lindau muss aus Regierung verschwinden
7.) Inspektor Wolff Schulabteilung ,hat nichts zu tuen!Kann anderweitig beschäftigt werden.Demokrat!
8.) Inspektor Blome,Passabteilung hat ebenfalls nichts zu tuen! Kann versetzt werden.
   Gericht.
9.) Justizoberwachtmeister Deppe muss strafversetzt werden,war übelster Hetzer.
10.) Aktuar Vehmeier beim Amtsgericht in Lage,muss als übeler zersetzender Demokrat une nörgler sofort entlassen werden.
11.) Stroop I wieder zum Katasteramt.Hilfspolizeiführung stellt nunmehr SA.
12.) Stroop II muss auf jeden Fall entlassen werden.
13.) Böger ist überflüssig
14.) Inspektor Deppe,ohne Prüfung Inspektor,war dauernder Nörgler und Hetzer imm.Stadtparlament gegen NSDAP.
15.) Polizeidirektor Pforr verschwindet am besten nach Preussen,da als holfsbereites ausführendes Organ Drakes unmöglich!
16.) Landesfürsorgerin Krieger kann eingespart werden.
   Vom Landratsamt Brake,welches 50 Mann beschäftigt(?!!!!) können gut 15 eingespart werden!
17.) Der Amtmann Kuhlemann Schötmar muss sofort versetzt werden nach Brake, dafür Pg.Rabe nach Schötmar,der seit 1929 der einzige Beamtenparteigenosse in Lippe offen gewesen ist!
18.) Steuersekretär H_____ gänzlich unfähig
19.) Inspektor Teichmann muss versetzt werden.
   Die Verhältnisse beim Landratsamt Detmold liegen ähnlich!Übersetzung von Beamten!Nachprüfung durch Kommission ist erforderlich!
20) Kreisinspektor Pöler,Marxist,entlassen!!!!
21) Kreisinspektor Brand muss entlassen werden.

       Hier folgten weitere 20 Namen aus Detmold, Lemgo, Bad Salzuflen,
                             Lage.

                                          Heil Hitler!
                                          Gaukommissar

NB.Pension an Drake muss bis auf 100 Rmk monatlich gekürzt werden.
   Pension an Becker darf nicht mehr ausgezahlt werden.
   Dr.Spelge muss an Landesbank zurück,sonst Entlassung wegen Parteibuchbeamtengesetz!

Elternhaus", "Doppelverdiener", "Jude", "beschimpft die Fahnen der deutschen Freiheitsbewegung als roten Lappen".

Von besonderer Radikalität ist die Liste, die Steinecke – inzwischen "Gaukommissar" – im Juni zusammenstellte. Vielfach ohne jede Begründung forderte er darin: "muß verschwinden", "entlassen oder strafversetzen", "verschwindet am besten nach Preußen". Wo er Begründungen lieferte, lesen die sich so : "war übelster Hetzer", "übel zersetzender Demokrat", "Marxist", "war dauernder Nörgler und Hetzer im Stadtparlament gegen NSDAP". Auch die Ernennung des ihm offensichtlich mißliebigen Oberregierungsrates Dr. Spelge durch die Regierung Dr. Krappe fand bei ihm keine Billigung und veranlaßte ihn zu der Forderung, "muß an Landesbank zurück, sonst Entlassung wegen Parteibuchbeamtengesetz!" Zu der Person des ehemaligen Landespräsidenten Drake fiel ihm dies ein: "Pension an Drake muß bis auf 100 Rmk monatlich gekürzt werden."

Im Laufe des Jahres wurde die politische Durchleuchtung des öffentlichen Dienstes systematisch fortgeführt. Die höheren Beamten hatten zu diesem Zweck einen Fragebogen auszufüllen, in dem sie detailliert über ihre politische Vergangenheit und ihre Religionszugehörigkeit Auskunft geben mußten. Für die nachgeordneten Beamten, Angestellten und Arbeiter wurde ein vereinfachtes Verfahren gewählt, "zur Vermeidung unnötiger Erhebungen und des damit verbundenen Schreibwerks"[14]. Sie hatten folgende Erklärung zu unterzeichnen:[15]

"Ich versichere hiermit dienstlich:
1. *Mir sind trotz sorgfältiger Prüfung keine Umstände bekannt, welche die Annahme rechtfertigen könnten, daß ich nicht arischer Abstammung sei, insbesondere hat keiner meiner Eltern- oder Großelternteile zu irgendeiner Zeit der jüdischen Religion angehört.*
2. *Ich habe der Sozialdemokratischen oder kommunistischen Partei niemals angehört oder wenn ich einer dieser beiden Parteien jemals angehört habe, besteht diese Mitgliedschaft heute nicht mehr.*
3. *Ich unterhalte keinerlei Beziehungen zu der sozialdemokratischen oder kommunistischen Partei, zu ihren Hilfs- und Ersatzorganisationen und ihren Vertretern im Ausland.*
4. *Ich bin mir bewußt, daß ich mich dienststrafrechtlicher Verfolgung mit dem Ziele auf Dienstentlassung aussetze, wenn diese Erklärung nicht der Wahrheit entspricht."*

Der ungeheure Druck dieses Gesetzes auf den öffentlichen Dienst, verstärkt durch mittelbare und unmittelbare Zugriffsmöglichkeiten von Parteigliederungen, lastete schwer auf Hunderten von lippischen Familien. Erneut hatten die Nazis ein wirkungsvolles Mittel gefunden, um die Anpassungswilligkeit in der Bevölkerung zu beschleunigen. Die Furcht, die eigene Stellung zu verlieren, zwang manchen Betroffenen, Kompromisse mit dem neuen Staat zu schließen, vielfach um der Familie und der Kinder willen, die auch nur leben und durchkommen wollten. Ratlosigkeit und dumpfe Verbitterung, der Zwang, die alltägliche Existenz nicht leichtfertig aufs Spiel zu setzen, machten es schwer, gegenüber den Mächtigen Zivilcourage zu zeigen. Was diesen Menschen blieb, war die Hoffnung, all die Bedrängnisse möglichst glimpflich durchzustehen, ohne selbst schuldig zu werden.

Aber es gab auch andere Zeitgenossen. Sie begnügten sich nicht damit, die aufgezwungene Anpassung widerwillig zu akzeptieren, sondern versuchten, je weiter der Konsolidierungsprozeß des Regimes fortschritt, all jene versäumten Beweise nationalsozialistischer Überzeugung doppelt und dreifach nachzuliefern. Viele, die befürchten mußten, im neuen Staat zu kurz zu kommen, wollten gegenüber den neuen Herrschern darlegen, daß sie eigentlich schon immer nationalsozialistisch gedacht und gefühlt hätten, daß aber widrige Umstände oder Blindheit sie von einem Engagement für die NSDAP abgehalten hätten. Ein Musterbeispiel für solche Haltung findet sich im *Kurier* unter dem Titel "Mein Weg zu Adolf Hitler", verfaßt von dem Hohenhauser Lehrer Süvern. Es gereicht dem Verfasser sicherlich zur Ehre, daß er in seinen *Erinnerungen* weder diesen Artikel noch die Kritik unterschlägt, der er sich nach 1945 stellen mußte:[16]

"Lang ist er gewesen und hart, dieser mein Weg, voll von äußeren Widerständen und inneren Hemmungen. Durch Zweifel und Irrtum und Not lief er hindurch, Enttäuschung und Verzweiflung waren auf langen Strecken meine Begleiter. Doch heller und immer heller flammte vor mir die Fackel auf, die der Führer in den Händen hält, und fester und fester zwang sie mich in den Gleichschritt der Millionen, die dem Führer folgen durch Nacht zum Licht.

... (Nach 1918:) Einen Damm bauen gegen die rote Flut, wer dazu ausrief, dem wollte ich helfen! Viele riefen, aber jeder etwas anderes. Parteien kamen und warben und lockten mit Pöstchen und Programmen. Doch es war alles wie Schall und Rauch, mein Herz wollte nicht mit.

Im Jahre 1920 wars, vor der ersten Reichstagswahl, da las ich zum ersten Male den Namen Hitler, hörte zum ersten Male den Namen seiner Partei. Eine mächtige Werbekraft hat damals dieser Parteiname auf mich ausgeübt. Ein nationaler Sozialismus! War das nicht mein Suchen, mein Sehnen?...die Zeitungen, die überhaupt Notiz nahmen von dem kleinen Häuflein da unten in München, wußten die Sache so madig zu machen, daß ich den Weg zu Hitler nicht fand....

Wir müssen von unten auf wieder neu bauen! In stiller stetiger Arbeit muß jeder an der Wiederaufrichtung des Vaterlandes mithelfen! Die Volksgemeinschaft fängt bei Familie und Heimat an! So begann ich denn schon bald nach dem Kriege, mich tiefer und tiefer hineinzugraben in die Geschichte meiner Sippe, meiner Heimat, meines Vaterlandes....

Aber dann kam bald jener furchtbare 9. November 1923, wo noch einmal Verrat und Hinterlist triumphierten. Zum zweiten Male war mir der Weg zu Hitler verlegt.

Nun aber dürfte ich nicht mehr abseits stehen im Freiheitskampfe, wenige Tage später trat ich in den Jungdeutschen Orden ein...Es ist stets Frontsoldatenart gewesen, dem Führer zu folgen durch dick und dünn, und wenn die Wege auch manchmal krumm schienen und verkehrt, ich bin dem Führer gefolgt und habe ihm meine Truppe brav zusammengehalten....

Heller und heller leuchtete die Fackel des Nationalsozialismus über Deutschland auf; ich vermochte ihr nicht zu folgen, zu heiß brannte in mir die Wunde vergeblich geführter Kämpfe. ...Im Geist und mit dem Stimmzettel war ich von nun an eingegliedert in jenes Millionenheer, das wachsend und immer mehr wachsend durch Deutschland schreitet...Nun ist die große nationale Einigung vollzogen...Nun bin auch ich wieder in Stellung gegangen, nicht als Pöstchenjäger, nicht als Konjunkturritter. Still und ohne viel Aufhe-

bens möchte ich meine Pflicht tun. Denn ich glaube, es gibt noch mancherlei zu tun in der Bewegung. Im rasenden Feuer die feindliche Hauptstellung zu erobern, war nicht leicht, und Sieg Heil all den Tapferen, die da stürmten. Aber der Graben will gehalten und ausgebaut sein in zäher nie erlahmender Kleinarbeit. Wohlan denn, ans Werk, ich bin dabei."

Bei den "alten Kämpfern" der NSDAP rief solche Anpassungssucht verständlicherweise Hohn und Spott, aber auch immense Verärgerung hervor. Schließlich waren diese Konjunkturritter oder "Märzgefallenen" ernsthafte Konkurrenten bei der Jagd nach Arbeit und den neu zu vergebenden Posten. Als die Neuaufnahmeanträge außerordentlich anstiegen und die Reichsleitung der Partei eine Aufnahmesperre ab 1.5.33 verfügte, höhnte der *Kurier*: "Was sich in Detmold wie an anderen Orten an Versuchen von gewissen Persönlichkeiten, in die Partei zu kommen, 'den Anschluß nicht zu verpassen und das alte Schäfchen ins Trockene zu bringen', zutrug, spottet fast jeder Beschreibung."[17]

Grundsätzlicher und umfassender setze sich der Gaupressewart Dr. Schröder mit den Motiven all jener auseinander, die nach dem 5. März über Nacht ihr nationalsozialistisches Herz entdeckt hatten. Von seinen Feststellungen und Wertungen war selbst Heinrich Drake so begeistert, daß er den Verfasser spontan anrief und ihm sein "volles Einverständnis" bekundete.[18] "Konjunkturwitterer" hatte Dr. Schröder seinen Artikel betitelt und darin vier Arten von "Konjunkturhyänen" unterschieden:[19]

"In den Parteibüros der NSDAP, in den Wohnräumen führender nationalsozialistischer Persönlichkeiten, in Verkehrslokalen der Nazis, ja selbst in Amtsstuben, in denen Nationalsozialisten ihrer Berufspflicht nachgehen, spielen sich seit einigen Wochen Szenen ab, die ergötzend sind und beschämend zugleich.
Aus allen Lagern kommen sie heute zu uns. Beamte, Angestellte, Kaufleute, Handwerker und die Vertreter freier Berufe. Rührend ist das, was sie zu erzählen wissen. Und über allem steht die bange Frage: Wie ergattere ich einen Posten?
Da kommt zunächst eine Kategorie, die, ein wenig spießbürgerlich angehaucht, nun im Tone des Biedermannes, uns freundlich auf die Schulter klopfend, betont, daß sie schon seit Jahren nationalsozialistisch sei....
Dann gibt es eine andere Kategorie. Sie zu durchschauen, ist schon schwerer. Sie hat es geschickt verstanden, sich mit dem Glorienschein einer nationalsozialistischen Weltanschauung zu umhüllen, spielt seit Monaten den überzeugten Nationalsozialisten und prahlt nach außen hin mit ihrem "bewährten prophetischen Blick"...Sie hatten sich immer eine Hintertür aufgelassen, um im Bedarfsfalle in ein anderes Fahrwasser einzubiegen. Heute lecken sie sich alle zehn Finger danach, wenn sie einen Aufnahmeschein in die NSDAP unterschreiben dürfen. Wenn ihnen ihr Wunsch nicht erfüllt wird, warten sie mit guten Ratschlägen auf. Vor allem die Beamtenschaft hat es ihnen angetan. Da möchten sie alle gern den eisernen Besen spielen. Sie tun sehr wichtig, wenn sie, die Stirn weise in Falten gezogen, uns vorposaunen: "D e r muß weg, und der und der und der!"....
Eine dritte Kategorie ist ganz offen in ihrer Meinung. Sie bittet um schnellste Aufnahme in die Bewegung. Der "Lippische Kurier" wird bestellt. Sie will jetzt mitkämpfen und als Verdienstkreuz – versteht sich – den Posten eines höheren Regierungsbeamten erwerben. Zwar bekennt man das nicht frank und frei. Aber Worte reden eine deutliche Sprache.

Und dann erscheint die vierte Kategorie. Parteibuchbeamte des alten Systems. Sie betteln, heulen und flehen um Mitleid. Ein jämmerliches Bild...."

Die Lektüre dieser in vielen Punkten sicherlich korrekten, wenn auch von der hämischen Überheblichkeit des Siegers gekennzeichneten Schilderung darf nicht vergessen lassen, daß es neben den "Märzgefallenen" – wie schon erwähnt – auch jene Zeitgenossen gab, die sich scheinbar gezwungenermaßen mit dem neuen Staat arrangieren mußten, wenn sie nicht wirtschaftlichen Ruin erleiden wollten. Einen solchen widerwilligen Unterwerfungsprozeß machten etliche Herausgeber und Redakteure der lippischen Zeitungen durch. Für die Öffentlichkeit nachvollziehbar wurde eine solche Entwicklung im Falle der *Landes-Zeitung*, die die einflußreichste Zeitung in Lippe gewesen war und aus dieser Machtposition heraus den Nazis das Feld nicht kampflos räumen wollte. Mit Sicherheit gilt eine solche Feststellung für Redakteure der *LZ*.

Wie bereits erwähnt, hatte Landesleiter Steinecke seit 1932 versucht, die Zeitung als Gegner der NSDAP politisch zu neutralisieren. Vorübergehend schienen solche Bestrebungen durchaus erfolgversprechend zu werden. Über einen Detmolder Rechtsanwalt, der für Steinecke als Mittelsmann tätig geworden war, erfuhr der NSDAP-Chef Anfang November 1932[20], daß eine Übereinkunft mit dem Herausgeber der *LZ*, Hofrat Max Staercke, (Steinecke verächtlich: "mit Max, dem Wendigen",[21]) nicht mehr unmöglich schien. So war Staercke offenbar bereit, sich aus dem politischen Leben zurückzuziehen, wenn er seiner Meyersche Hofbuchdruckerei, mit der der Verlag der *LZ* eine wirtschaftliche Einheit bildete, eine gesunde und solidere wirtschaftliche Grundlage zu geben vermochte. Die Weltwirtschaftskrise und einige andere Faktoren hatten nämlich dazu geführt, daß sich im Verlag gewisse wirtschaftliche "Labilitäten" eingestellt hatten.[22] Eine langfristige wirtschaftliche Gesundung der Gesamtfirma ließ sich nach Staerckes Vorstellungen dadurch erreichen, daß in seinem Verlag eine neue NS-Parteizeitung erscheinen könnte. Die *LZ* sollte danach nur noch ein weiteres Jahr als dann politisch neutrales Schwesterblatt weiterbestehen.[23]

Solche Vorstellungen fanden auch das Wohlwollen Steineckes, denn schon lange war ihm klar, daß die technischen und finanziellen Möglichkeiten des Verlegers des *Kuriers*, Ernst Münnich, Lage, (Herausgeber war der Gauleiter) unzureichend waren. Der *Kurier* ist "mit all seiner Unzulänglichkeit und Torheit mehr ein Hemmschuh für uns als ein Vorteil", urteilte er ungeschminkt.[24] Daß dennoch keine Vereinbarungen zwischen Staercke und der NSDAP zustandekamen, mag in der spöttischen Kritik begründet sein, mit der wenige Wochen später die *LZ* den Landtagswahlkampf der NSDAP kommentierte.

Der widersprüchliche Kurs der Zeitung nach dem 15. und 30. Januar 1933 ist bereits beschrieben worden. Schon bald sollten die Verantwortlichen bei der *LZ* feststellen, daß es offensichtlich eine Fehleinschätzung gewesen war, als sie das "ideenmäßig Gute und Wertvolle im Nationalsozialismus"[25] beschworen. Schon bald klagte das Blatt öffentlich über die Pressezensur und das Klima allgemeiner geistiger Unfreiheit. Hinzu kamen insbesondere für die *LZ* zwei weitere Felder, auf denen man sich der neuen Gegner erwehren mußte, die neben politischem jetzt zusätzlich propagandistischen und ökonomischen Druck ausübten.

Zum einen sah sich die Zeitung während des ganzen Jahres 1933 propagandistischer

Angriffe anderer lippischer Zeitungen ausgesetzt, des *Kuriers*, der *Tageszeitung* und der ab Oktober erscheinenden *Staatszeitung*. Verspottet und verhöhnt wurde dabei stets das krampfhafte Bemühen der *Landes-Zeitung* ab April 1933, sich der neuen Staatsführung demonstrativ anzupassen und unterzuordnen, um so gleichzeitig Spielraum für einige wenige unbotmäßige Bemerkungen zu bewahren. Ausgangspunkt für die öffentlichen Auseinandersetzungen zwischen den Zeitungen war ein Aufruf der *Landes-Zeitung* vom 30. und 31.3.33. Vermutlich hatte sie in den vorausgehenden Wochen eine nennenswerte Anzahl Leser und Abonnenten verloren, ein Verlust, der auch durch den Zustrom etlicher *Volksblatt*-Leser nicht ausgeglichen werden konnte. In ihrem Aufruf erklärten Redaktion und Verlag unter anderem:

"Welches letzte Schicksal die öffentlich tätige, unabhängige Zeitung in Deutschland haben wird, steht noch dahin. Ob und wann ihr wieder das Gut der Pressefreiheit zurückgegeben wird, wissen wir nicht, und in welchen Formen sie die Meinungsfreiheit zurückgegeben erhält, ist abzuwarten....
Die Landeszeitung hat weder in der nationalen noch in der sozialen Betonung ihres Standpunktes "umzulernen"....
Vielmehr sehen wir in der heutigen Staatsführung einen Sieg jener national-sozialen Anschauung, deren Vertretung uns in den letzten vier Jahrzehnten so manche Unbill zugezogen hat."

Als erstes polemisierte das Konkurrenzblatt *Tageszeitung* gegen solche Anpassungsversuche: Die *LZ* habe "wieder einmal" einen Gesinnungswandel vollzogen: Nachdem sie früher auf Seiten der "marxistischen Machthaber" und der "Ewig-Gestrigen Liberalen" gestanden habe, gebärde sie sich jetzt "national". Bekanntermaßen sci die *LZ* "das wandlungsfähigste aller Blätter in Lippe"[26]. Wenig später ergänzte der *Kurier*: Der Versuch, "in schwülstigen und bombastischen Artikeln" Überzeugungstreue zu beweisen, und "das krampfhafte Bemühen, ... sich ein nationalsozialistisches Kleid anzuziehen und damit Staat zu machen", wirkten allmählich belustigend.[28] Mit noch ätzenderer Kritik belegte ein halbes Jahr später die neugegründete *Staatszeitung* ihre Konkurrentin, als sie spottete:

"Die über Nacht sich umgestellt
und sich zu jedem Staat bekennen,
das sind die Praktiker der Welt,
man könnte sie auch Lumpen nennen."[28]

Überraschenderweise hatte danach Max Staercke Erfolg mit seinem Einspruch beim Gauleiter gegen diese Art persönlicher Diffamierung. Dr. Meyer teilte ihm mit, auch er mißbillige solche Art von Kritik.[29]

Neben solch propagandistischer Attacken waren es bestimmte, die wirtschaftliche Überlebensfähigkeit bedrohende Maßnahmen seitens der Partei und der Regierung, gegen die sich die Zeitung zu wehren versuchte. Da waren einmal die vielfältigen und permanenten Werbeaktionen, in denen Parteigenossen zum Abonnement des *Kuriers* gedrängt wurden. Weigerte sich ein Angesprochener, so scheuten die Werber bisweilen nicht, "Konsequenzen" anzudrohen.[30] Verstärkten Nötigungen unterlagen in dieser Hinsicht die Beamten und Angestellten des öffentlichen Dienstes,[31] von denen vielfach ein Abonnement der NS-Zeitung als selbstverständlicher Beleg für ihre ideologische Übereinstimmung mit ihrem Arbeitgeber erwartet wurde. Staercke behauptete später, daß "von höheren, mittleren und erst recht von unteren Parteistellen der Boykott der *Landes-Zeitung* empfohlen, ja angeordnet worden ist".[32]

Zusätzlich zu solchen Maßnahmen beschlossen Regierung und staatliche Behörden, die *LZ* nicht mehr als ihr offizielles Publikationsorgan zu akzeptieren. In diesem Sinne hatte die Regierung bereits am 11.3. verfügt, bei der Veröffentlichung bezahlter Anzeigen von staatlichen Behörden seien nur noch *Kurier* und *Tageszeitung* zu berücksichtigen sowie gegebenenfalls das jeweilige Lokalblättchen.[33] Am 12.6. erklärte dann der neue Staatsminister Riecke den *Kurier* zum alleinigen Publikationsorgan der Regierung,[34] nachdem die *Tageszeitung* den Übertritt einiger außerlippischer DNVP-Führer zur NSDAP verächtlich mit den Worten kommentiert hatte: "Es wird immer Leute geben, die sich bei der Masse wohlfühlen."[35] Ein "unerhörter Vorwurf gegen die deutsche Freiheitsbewegung" giftete der *Kurier* zurück[36] und ergänzte drohend: "Wir wollen nicht deutlicher werden, empfehlen jedoch der Landesregierung, ein wachsames Auge zu haben." Nach bekanntem Muster hatte der *Kurier* abermals eine bereits geplante Sanktion – diesmal gegen den ehemaligen Bündnispartner – öffentlich angekündigt.

Unermüdlich setzte sich Max Staercke in den folgenden Monaten dafür ein, daß der Boykott gegen die *LZ* aufgehoben würde. Zahlreich waren seine Vorschläge, die er dem Gaupressewart Dr. Schröder machte, um mit der Partei ins Geschäft zu kommen. Sie wurden aber alle abgelehnt, da die führenden Parteigenossen in der Gauleitung es der *Landes-Zeitung* und Max Staercke nicht verzeihen konnten, wie sehr beide der NSDAP in der heißen Endphase des Landtagswahlkampfes mit der Veröffentlichung des Austrittsschreibens des ehemaligen Landesleiters Dr. Fuhrmann in den Rücken gefallen waren.[37]

Ein erster Erfolg stellte sich für die *LZ* im Herbst ein, als Steinecke, inzwischen Leiter des Arbeitsamtes, Staercke informierte, daß das Arbeitsamt die *LZ* in Zukunft nicht mehr von Anzeigen ausschließen werde.[38] Anfang 1934 hob die Regierung den Boykott dann ganz auf und stellte die Anzeigenvergabe in das Ermessen der jeweiligen Behörden.[39] Da der Staat inzwischen das vollständige Meinungsmonopol hatte, öffentliche Kritik also kaum noch zu befürchten war, da sich das Regime im Oktober mit der *Staatszeitung* ein ausreichend finanziertes und technisch solide ausgestattetes Unternehmen geschaffen hatte und da weiterhin ein Bankrott der *LZ* zahlreiche Arbeitsplätze in Verlag und Druckerei gefährdet hätte[40], mag sich die Regierung zu dieser Kursänderung entschlossen haben.

Führerkult

Von vielen dieser Nötigungen und Drangsalierungen erfuhr die lippische Öffentlichkeit nur in den ersten Wochen des "Dritten Reiches" aus ihren Zeitungen. Bald ersetzten Gerüchte und Spekulationen die verläßlichen Informationen. In der zunehmend gleichgeschalteten Presse las man stattdessen ohne Unterlaß von den angeblichen Sünden der Vertreter des untergegangenen "Systems". "Finanzielle Verfehlungen", "Verschwendungssucht" und "Korruption" lauteten die stereotypen Vorwürfe bei solchen "Enthüllungen". Dieser Unmoral wurden dann die eigene Integrität, der eigene dynamische Aufbauwille, die "altpreußischen" Tugenden Ordnung, Sauberkeit und Sparsamkeit gegenübergestellt. "Reinigen", "Aufräumen", "Erneuern" waren die immer wiederkehrenden propagandistischen Schlagworte in den Zeitungsberichten jener Tage.[1]

Politik sollte jetzt wieder ein "sauberes und ehrliches" Geschäft sein nach langen Jahren des "Chaos und der Zerstörung", zum Wohl der "Volksgemeinschaft" und nicht irgendwelcher Berufsfunktionäre, die vor der Machtübernahme nur für das eigene Wohl gearbeitet hätten. Neue Ziele waren bestimmt worden, die alle gutwilligen Bürger vorbehaltlos und begeistert akzeptieren sollten und denen die übergroße Mehrheit des neu erweckten Volkes kraftvoll, entschlossen und dynamisch zustreben werde. Und an der Spitze dieser die historische Bestimmung des deutschen Volkes erfüllenden Bewegung stand – als "Vorbild für alle" – der Führer Adolf Hitler. Ihn zu ehren und ihm zu danken nach den überzeugenden "Anfangserfolgen", war daher selbstverständliche Pflicht für alle national denkenden Volksgenossen. Den Weg hierzu wiesen die Propagandaabteilungen von Partei und Regierung.

Der Führerkult manifestierte sich in diesen Aprilwochen in zweierlei Weise: durch die Verleihung von Ehrenbürgerschaften und durch eine würdige Feier des 44. Führergeburtstages am 20.4.. Erneut war es die Stadt Lemgo, die bei diesem Personenkult den Vorreiter spielte: Bereits am 15.3. beschloß die Stadtverordnetenversammlung einstimmig (d.h. einschließlich des anwesenden SPD-Abgeordneten), dem Reichspräsidenten Hindenburg und dem Reichskanzler Adolf Hitler, "dem Sieger über die Mächte des Niedergangs und dem Erneuerer deutschen Wesens" (so der Text des Ehrenbürgerbriefes[2]), das Ehrenbürgerrecht zu verleihen.[3] Dem Lemgoer Beispiel folgten im Jahre 1933 noch andere lippische Städte und Gemeinden: Bösingfeld[4], Barntrup[5], Lage[6], Leopoldshöhe[7], Bad Salzuflen[8], Kalldorf[9], Krentrup[10], Hiddesen[11], und Heesten[12]. Ob die angetragenen Ehrenbürgerschaften in allen Fällen von der Reichskanzlei akzeptiert wurden, so daß die Verleihung auch tatsächlich stattfinden konnte, ist jedoch fraglich. Angesichts der inflationären Verleihung solcher Ehrenbürgerschaften selbst durch Kleinstgemeinden sind vermutlich auf "höchste Anordnung" hin zahlreiche solcher Beschlüsse nicht Wirklichkeit geworden.[13]

Nur Bad Salzuflen[14] und Lemgo[15] haben nach 1945 Hitler das Ehrenbürgerrecht wieder aberkannt, um so öffentlich zu dokumentieren, welch politische und moralische Unrechtsentscheidung frühere, überwiegend nationalsozialistische Gemeindevertretungen gefällt haben. Andere Parlamente und Verwaltungen verschanzen sich hinter Paragraphen, sofern ihnen die Ehrenbürgerschaft überhaupt bekannt ist: Das Ehrenbürgerrecht erlischt mit dem Tode des Beliehenen.[16] Oder: Dieses Recht erlischt mit dem Tode des Beliehenen, "ohne daß es einer besonderen Entscheidung über den Entzug bedarf, der nur so lange möglich ist, als der Betroffene lebt."[17] Überlebende Opfer des NS-Terrors lehnen eine solche formaljuristische Paragraphenreiterei ab. Eine inhaltliche und politische Distanzierung wäre hier angemessener, überzeugender und würdiger.

Ein weiterer Propagandaschwerpunkt war in diesem Monat April "Führers Geburtstag". Zahlreich waren die Feiern, auf denen Parteiorganisationen und Vereine – auch noch nicht gleichgeschaltete – dem Führer des neuen Deutschlands huldigten und danksagten. Auf eine zentrale Großkundgebung wurde dabei verzichtet, möglicherweise mit Blick auf die bereits geplanten Großveranstaltungen am 1. Mai, auf denen die Arbeiterschaft emotional narkotisiert werden sollte, ein Ziel, das angesichts der bereits für den 2. Mai beschlossenen Zerschlagung der Gewerkschaftsbewegung[18] allemal Vorrang genoß. Der Öffentlichkeit wurde mitgeteilt, "auf Wunsch des Herrn Reichskanzlers" sollten die Feiern im lokalen Rahmen stattfinden.

Das Programm für diesen Tag erstreckte sich in den größeren Städten nicht selten über den ganzen Tag. So begannen die Feiern in Detmold bereits um 6 Uhr morgens, als die SA-Kapelle mit Marschmusik durch die Straßen zog. Am Nachmittag schloß sich ein einstündiges Platzkonzert an. Höhepunkt war wie überall die Abendveranstaltung. Vor dem erleuchteten Hermannsdenkmal wurde ein großes Feuer entzündet, Reden auf den geliebten Führer, der dem deutschen Volke geschenkt worden sei, wurden gehalten, bevor der Abend dann mit Musik und Alkohol ausklang.[19] Nähere Informationen über den Verlauf solcher Propagandafeiern sind aus Lemgo überliefert. Wie das städtische Lyzeum den hohen Tag beging, schilderte der Zeitungschronist:[20]

"Nach dem gemeinsam gesungenen Choral "Christ ist erstanden" sprach Frl. Griemert über den echten deutschen Osterglauben und den deutschen Frühling, der in diesem Jahre mit dem Frühlingserwachen der ganzen Nation verbunden sei. Das junge, stählerne Geschlecht, das nun wieder heranwachse und das eine starke Stütze für den Aufbruch der Nation sei, müsse durch treue Pflichterfüllung zeigen, daß es sich durch keine Hindernisse von dem geraden Wege abbringen lasse."

Direktor Dr. Schmidt machte sich anschließend Gedanken über die österreichische Abstammung des deutschen Reichskanzlers. Er stellte dar, daß Hitlers Geburtsort Braunau eigentlich eine uralte "deutsche" Stadt sei. Folglich sei Adolf Hitler "nach seiner Abstammung und Wesensart einer der besten Deutschen, den wir je gehabt haben, und seine große Sehnsucht nach Deutschland sei mitbestimmend für sein und unser aller Schicksal geworden."

Schon im März hatte die lippische NSDAP beschlossen, in allen Orten, in denen Hitler während des Landtagswahlkampfes gesprochen hatte, "Ehrentafeln" oder "Gedenksteine" aufstellen zu lassen.[21] In Lemgo übernahm die dortige Schützengesellschaft die Ausführung dieser Ehrung: Auf dem Schützenplatz wurde "aus Dankbarkeit" gegenüber dem Führer ein Gedenkstein enthüllt, gearbeitet aus Dörentrup-Klinkern mit einem schwarzen Hakenkreuz im Kreis als eingelegter Mosaikarbeit. Darunter die Inschrift: "Hitler sprach in diesem Hause am 18. Januar 1932 und am 11. Januar 1933". Ein Oberst des Schützenbataillons weihte den Stein mit folgenden Gedanken ein: Nach dem ersten Weltkrieg habe ein großer Teil des Volkes kein Verständnis für die Ideale der Schützengesellschaft gehabt. "Heute in der neuen Zeit sind die edlen Ziele unserer Gesellschaft durch den großen Führer, unseren verehrten Reichskanzler Adolf Hitler, und seine getreuen Mitarbeiter wieder zu hohen Ehren gekommen."[22]

Eine besondere, das übliche Maß übersteigende Ehrung wurde aus Bad Salzuflen gemeldet. Dort waren es Hoffmanns Stärkefabriken, die auf dem Dach ihres Hauptgebäudes in einem großen Leuchtkreis ein riesiges Hakenkreuz aus Glühbirnen "in einer Leuchtstärke von 1500 Kerzen"[23] erstrahlen ließen, eine "feine und vielbewunderte Demonstration der über alles (sic!) thronenden deutschen Freiheitsbewegung."[24]

Da leuchtende Symbole und erhabene Worte keine hungrigen Mägen füllen und die Notleidenden dauerhaft für den Nationalsozialismus so nicht zu gewinnen waren, wurde die Propaganda jener Tage von einer besonderen Aktion begeitet, die auf Sympathiegewinnung bei jener Bevölkerungsgruppe zielte. Bewußt bedienten sich die Nationalsozialisten dabei der Begriffe der Arbeiterbewegung, indem sie einen "Sozialismus der Tat" proklamierten. "Im Sinne des Führers" eröffnete die Partei eine große Spendenaktion und rief "alle besitzenden Schichten, insbesonderheit alle Arbeitgeber, Unternehmer, Landwirte, Geschäftsleute usw. zu freudigem Geben"[25] auf. Listen für größere Spenden wurden öffentlich ausgelegt, in den Straßen sammelten zusätzlich SA und SS.[26] Am 20.4. wurden dann die eingesammelten Spenden, Geldbeträge – in Detmold z.B. 3000 RM,[27] in Oerlinghausen dagegen nur 175 RM[28] –, Lebensmittel und Kleidungsstücke, öffentlich und publikumswirksam an Notleidende verteilt.

Natürlich konnte man so das Elend der Hungernden nur für Stunden lindern, so las man es auch in der Presse; aber darauf kam es auch nur in zweiter Linie an. Schließlich war der Hauptzweck der Aktion ein propagandistischer: "Niemals wird unser Führer den deutschen Arbeiter vergessen. Er erhält im neuen Staate einen Ehrenplatz. Der 20. April hat dafür bereits den Beweis erbracht."[29] Damit war der Anschluß an das nächste Großspektakel gefunden, für das die propagandistische Vorbereitung unmittelbar nach dem 20.4. einsetzte: der Feier des "Tags der nationalen Arbeit" am 1. Mai.

So unterschiedlich die Formen dieser NS-Propaganda auch waren, das Gemeinsame ist leicht erkennbar: Konsequent folgten die Experten für Massenpsychologie den Überzeugungen, die ihr Führer schon in *Mein Kampf* ungeschminkt offenbart hatte:[30]

"Die Aufnahmefähigkeit der großen Masse ist nur sehr beschränkt, das Verständnis klein, dafür jedoch die Vergeßlichkeit groß. Aus diesen Tatsachen heraus hat sich jede wirkungsvolle Propaganda auf nur sehr wenige Punkte zu beschränken und diese schlagartig so lange zu verwerten, bis auch bestimmt der Letzte unter einem solchen Worte das Gewollte sich vorzustellen vermag."

Geistige Vermassung war also das Bestreben der NS-Führer. Auch sie war eine wichtige Voraussetzung für die langfristige Stabilisierung des Regimes. Moralische Urteilsfähigkeit und eigenständiges, also kritisches Denken mußten so weit zerstört werden, daß letztlich jegliches individuelle Bewußtsein überwunden war und an seine Stelle das irrationale kollektive Bewußtsein treten konnte, Teil einer Volksgemeinschaft zu sein. "Man gedenkt des geliebten Führers, und schon ist in seinem Geiste der Kontakt geschaffen zwischen all den vielen, die – zumeist einander unbekannt – sich eins fühlen durch den *einen* Mann."[31] Mit diesen Worten beschrieb der *Kurier* das erhoffte emotionale Erlebnis der Teilnehmer an den Feiern zum 20. April.

Eine so geformte Masse kann also nicht mit bloßen, abstrakten Ideen befriedigt werden, als Orientierungspunkt für ihre Gefühle benötigt sie vielmehr ein personifiziertes Ideal, ein Idol, ein Götzenbild. Diese Rolle kam zwangsläufig dem Führer der "Gefolgschaft", der Volksgemeinschaft, Adolf Hitler, zu. Er verkörperte in der Propaganda bald den allgemeinen Willen des deutschen Volkes, sein Gewissen, seine Hoffnungen und Zukunftsträume. Magische Qualitäten wurden ihm beigemessen, ihm, der nach Jahren der Hoffnungslosigkeit dem Volke neuen Optimismus gegeben habe, seinen Glauben an die Zukunft neu belebt habe. Der Aufbruch in eine neue Ära und die Freisetzung neuer Energien im Volke seien seine persönlichen Erfolge.

"Anbetung und Vergötzung eines Idols"[32] machten aus solchem Führerkult eine Ersatzreligion. Keineswegs Ausnahmen sind daher politische Bezüge auf die christliche Religion und die Bibel. Als Beleg hierfür mag ein Osterkommentar des Gaupressewarts Dr. Schröder in der *Tageszeitung* dienen, in dem von der Überschrift "Christ ist erstanden" eine gedankliche Verbindung zur "nationalen Erhebung" suggeriert wird und in dem es wörtlich heißt: "Nicht die Menschen fangen ein Neues an, Gott schafft das Neue, auch dort, wo es sich um die Erhebung eines Volkes, wo es sich um Frühlingserwachen in der Natur handelt.... So soll uns die Osterbotschaft auch mit neuer Hoffnung für unser Volk erfüllen, daß Gottes Lebensodem in uns zu neuem Leben führt."[33]

Der *Kurier*, stets einen Schritt voraus, ging am 20.4. noch weiter und wandte sich direkt an Gott: "Wir aber bitten zu Gott: Gott, sei des Führers Schutz, segne sein Werk, dann segnest Du, Herrgott, Deutschland."

Gleichschaltung in den Gemeinden

Parallel zu den Feiern organisierter Freude verwirklichten die maßgeblichen Funktionäre der Partei planmäßig und zielstrebig, in aller Öffentlichkeit wie im Verborgenen, ihre Strategien zur Eroberung der totalen Macht in Staat und Gesellschaft. Gleichschaltung – so lautete in diesen Wochen das beherrschende Schlagwort im politischen Tagesgeschehen. Es war im nationalsozialistischen Jargon der Oberbegriff für die vielfältigen Methoden der Machteroberung und bedeutete die Unterwerfung aller Lebensbereiche von Staat und Gesellschaft, von Wirtschaft, Politik, Kultur und Freizeit, kurz, die Unterwerfung des gesamten öffentlichen und – soweit möglich – privaten Lebens unter die Führung und Herrschaft der NSDAP. Die Vorgehensweisen waren dabei im Einzelnen recht vielfältig, und nichts spricht dafür, daß die NS-Führer nach einem vorher detailliert ausgearbeiteten Plan vorgingen. Vor allem in der Anfangsphase wurde mancher Widerstand gegen die Machtansprüche der Nazis spontan aus der jeweiligen Situation heraus beiseite geräumt, z.B. durch den bereits dargestellten SA-Terror.

Die Gleichschaltungsmaßnahmen, die es jetzt zu schildern gilt, veranschaulichen noch einmal beispielhaft die zwei Hauptstrategien zur Durchsetzung und Sicherung der totalen Machtansprüche: Die Gleichschaltung der Gemeindeparlamente geschah auf pseudo-legalem Wege mit partiellem Terror, die Gleichschaltung, oder richtiger Ausschaltung, der Gewerkschaften wurde bewirkt durch einen grandiosen Theatercoup mit anschließendem wohlorganisiertem Terroreinsatz.

Am 31.3. wurden alle Gemeindevertretungen durch Reichsgesetz aufgelöst. Aufgrund des Emächtigungsgesetzes beschloß die Hitler-Regierung nämlich das "Vorläufige Gesetz zur Gleichschaltung der Länder mit dem Reich", durch das die Gemeindeparlamente nach dem Ergebnis, das die Parteien bei der Reichstagswahl am 5.3. in dem jeweiligen Gemeindebezirk erzielt hatten, neugebildet werden mußten. Die für die KPD damals abgegebenen Stimmen blieben dabei selbstverständlich unberücksichtigt.

Aber schon vor dem 31.3. hatte die NSDAP in fast allen lippischen Gemeinden die Stellungen der Sozialdemokraten und widerstrebender Bürgerlicher überrannt, mal durch Drohungen, Täuschungen und Erpressungen, mal durch "Schutzhaft" und körperliche Mißhandlungen, mal durch direkte Amtsenthebung. Solches, gegen einzelne Personen gerichtetes Vorgehen wurde begleitet von dem widerrechtlichen Beschluß der Landesregierung, alle sozialdemokratischen Gemeindevorsteher abzusetzen. Die ununterbrochenen öffentlichen Drohungen und die permanenten Haussuchungen und Verhaftungen taten ein übriges, um die Gemeindevertreter weitgehend auf Kurs zu trimmen.

Auch für die Regierung selbst waren die gewaltsamen Absetzungen reine Willkürmaßnahmen gewesen, denn sie glaubte, ihnen nachträglich den Schein der Legalität geben zu müssen. Kurzerhand beschloß die Landesregierung daher, nachdem sie durch das erwähnte Gleichschaltungsgesetz auch das Recht erhalten hatte, ohne Mitwirkung des Landtags selbst Gesetze beschließen zu können: "Die Aufsichtsbehörde kann sämtliche oder einzelne Mitglieder eines Gemeindevorstandes absetzen...Als Zeitpunkt des Inkrafttretens dieses Gesetzes gilt der 15. Februar 1933." So beschloß also die Landesregierung am 21.4.33.[1]

Da das Gleichschaltungsgesetz die kommunalen Parlamente aufgelöst hatte, legte ein Gesetz der Landesregierung vom 3.4.33[2] im einzelnen das Verfahren bei ihrer Neubesetzung fest. Danach durften nur Parteien berücksichtigt werden, die in der Reichstagswahl vom 5.3. in der jeweiligen Gemeinde eine ausreichende Stimmenanzahl für ein Mandat erhalten hatten. Mit diesem Trick waren alle freien Wählervereinigungen zwangsläufig aus dem politischen Gemeindeleben ausgeschlossen worden. Da zusätzlich auch die kommunistischen Stimmen unberücksichtigt blieben, war sichergestellt, daß die NSDAP – notfalls im Bündnis mit der DNVP – in fast allen lippischen Gemeinden die absolute Mehrheit der Sitze erhielt. Wo ausnahmsweise die SPD als einzige verbliebene Konkurrentin doch die Mehrheit behielt, im Kreis Detmold z.B. in Berlebeck, Ehrentrup, Jerxen-Orbke, Pivitsheide V.L., Kohlstädt und Schlangen,[3] erreichten die Nazis trotzdem ihr Ziel durch Terror, unmittelbares Eingreifen der Regierung oder durch beides.

Mit Druck, Einschüchterung und "Schutzhaft" für Mandatsträger[4] erreichten die Nationalsozialisten in Gemeinden ohne NS-Mehrheit, daß sich die Sozialdemokraten bei der Wahl des Gemeindevorstandes ihrer Stimme enthielten. Zeigten aber die SPD-Vertreter zuviel Rückgrat, dann setzte die Landesregierung umgehend einen Nationalsozialisten als kommissarischen Gemeindevorsteher ein. Diese Zwangsmaßnahme hatte sie bereits am 7.4. in einer Pressekonferenz öffentlich angedroht.[5] Am Ende des Monats hatten folglich Pivitsheide V.L.,[6] Schlangen und Berlebeck[7] einen solchen Staatskommissar.

Offensichtlich nicht programmgemäß verlief die Neuwahl des Gemeindevorstandes in Kohlstädt. Dort gelang es den Sozialdemokraten tatsächlich, mit ihrer absoluten Stimmenmehrheit einen Gemeindevorstand ohne jeden Nationalsozialisten zu wählen, so daß die Gleichschaltung dort vorerst gescheitert war.[8] Doch schon nach wenigen Tagen korrigierte der Detmolder Landrat Schweiger diese unprogrammgemäße Entwicklung, indem er dem neuen Gemeindeausschuß die Anerkennung versagte und einen mehrheitlich nationalsozialistischen kommissarischen Ausschuß einsetzte. "Der kommissarische Zustand würde erst dann beseitigt werden können, wenn die sozialdemokratischen Gemeindevertreter ihre Ämter zur Verfügung stellen würden", lautete die erpresserische Aufforderung an die SPD.[9]

Solche Beispiele waren jedoch die Ausnahme. In der Regel war der Druck auf die sozialdemokratischen Mitglieder so stark, daß sie sich mindestens der Stimme enthielten, in Ausnahmefällen auch für die NSDAP-Kandidaten stimmten, wie z.B. in Silixen.[10] In nicht wenigen Orten reagierte die SPD aber ganz anders: In Bad Salzuflen, Lage, Blomberg, Horn und Oerlinghausen, also in fast allen Städten, sowie in mehreren Landgemeinden resignierten die Sozialdemokraten angesichts des übermächtigen öffentlichen und versteckten Drucks durch die Nazis und reichten erst gar keine Wahlvorschläge ein.[11] An manchen Orten mag es auch schwer gefallen sein, die nötigen Unterschriften für die Listen zu erhalten. Bedeutete es nicht eine zusätzliche und unnötige Gefährdung der eigenen Person und der Familie, wenn man sich jetzt immer noch durch seine Unterschrift zu einer Partei bekannte, deren Vertreter durch die Staatsmacht praktisch für vogelfrei erklärt worden waren?

Jenen sozialdemokratischen Gemeindevertretern aber, die noch ausreichend Mut und vielleicht noch gewisse Illusionen hatten, wurde auf der ersten Sitzung ihrer Gemeindevertretung klargemacht, was von ihnen erwartet wurde: eine möglichst rasche Aufgabe ihrer Mandate. Weder in den Kreistagen, noch in den Kommunalparlamenten wurden SPD-Vertreter in irgendwelche Ausschüsse gewählt. Das war die zentrale Anweisung der NS-Führung gewesen.

Kommunale Arbeit war damit für die SPD unmöglich gemacht worden. Kein Wunder daher, daß ihre Stadtverordneten in Detmold noch vor der ersten Sitzung und in Lemgo im Verlauf der ersten Sitzung ihre Mandate abgaben. Über den Verlauf der entscheidenden Phase während der Sitzung der Lemgoer Stadtverordnetenversammlung am 28.4.33 erinnerte sich später der Stadtverordnete des Evangelischen Volksdienstes, Johannes Kuhlmann:[12]

"Die Wahlen wurden durch Handzeichen vollzogen. Eine Diskussion fand nicht statt. Die vom Stadtverordneten Joh. Kuhlmann beantragte Zettelwahl (d.h. geheime Wahl) wurde durch den NSDAP-Stadtverordnetenvorsteher Betz zurückgewiesen mit dem Bemerken: 'Sie wollen wohl hier den parlamentarischen Mist weitermachen? Die Zeit des Parlamentarismus ist endgültig vorüber!' Darauf Kuhlmann: 'Wozu sind wir dann überhaupt noch hier?' Eine Stimme der NSDAP: 'Dann gehen Sie doch!' Als die Wahl zu den Ausschüssen eröffnet wurde, erklärte Betz, die SPD-Stadtverordneten seien 'selbstverständlich' von dieser Wahl ausgeschlossen. Aus Protest verließen die Mitglieder der SPD-Fraktion den Saal, begleitet von höhnischen Bemerkungen der NSDAP-Fraktion, was den Stadtverordneten Bäumer veranlaßte auszurufen: 'Wir sind zwar wehrlos, aber nicht ehrlos!' Dem

Stadtverordneten Joh. Kuhlmann wurde zugerufen, ob er sich nicht der ausziehenden SPD-Fraktion anschließen wolle, was Kuhlmann mit einer passenden Bemerkung zurückwies. Alles das verlief also keineswegs so ruhig und sachlich, wie es nach dem Protokoll den Anschein haben könnte. Es gab allerlei Zwischenrufe, die in ihrem Tenor einerseits, d.h. bei der NSDAP, Triumph, dagegen bei der SPD verhaltenen Zorn ausdrückten."

Der außerordentlich straffen Organisation dieses Gleichschaltungsprozesses war es zuzuschreiben, daß den örtlichen Parteigliederungen nur eine Panne unterlief: In Hohenhausen hatten die Verantwortlichen vergessen, ihrem Wahlvorschlag die Zustimmungserklärungen der Kandidaten beizufügen. Die Liste der NSDAP war damit ungültig.[13] Da in jener politischen Situation aber nicht sein konnte, was nicht sein durfte, da es "dem Sinn der Gleichschaltung widersprechen (würde), wenn die Liste der NSDAP wegen eines Mißverständnisses ausfallen würde"[14], wurde sie, nachdem zunächst ein Kommissar für Hohenhausen von der NSDAP-Mehrheit im Kreisausschuß eingesetzt worden war, selbstverständlich für gültig erklärt.[15]

Doch war die Gleichschaltung der politischen Gemeinden (wie übrigens auch der Schulgemeindevertretungen) nicht ganz so widerspruchslos verlaufen, wie es nach dieser Darstellung den Anschein haben muß. Freilich regten sich solche Widerstände nicht beim politischen Gegner, sondern in den eigenen Reihen und bei den deutschnationalen Landwirten. Gemeinsame Ursache für diese Unruhe war die Tatsache, daß die kommunale Gleichschaltung der lippischen NSDAP beträchtliche organisatorische und personelle Leistungen abverlangte. Schließlich handelte es sich um eine Partei, die wenige Wochen vorher erst 2000 Mitglieder hatte und die auch jetzt noch nicht in allen 174 Gemeinden organisatorisch vertreten war. Die Schwierigkeiten, die durch den Ansturm neuer Mitglieder nach dem 30.1. und 5.3. und deren Integration in die Partei bedingt waren, wurden durch die Gleichschaltung noch verschärft, da die "alten Kämpfer" sich nun in Kokurrenz sahen zu den Neuankömmlingen, den "Märzgefallenen", von denen nicht wenige einige Monate vorher noch ihre Gegner gewesen waren.

Diesen schwierigen Prozeß versuchte die Gauleitung dadurch zu kontrollieren und zu steuern, daß Gauleiter Dr. Meyer in den ersten Apriltagen Walter Steinecke als Gaukommissar einsetzte, dessen einzige Aufgabe – in engem Kontakt mit den beiden Kreisleitern Prüßner und Herrich – es war, die Durchführung des Gleichschaltungsgesetzes im Sinne der NSDAP zu gewährleisten.[16]

Steinecke setzte ein "Amtswaltertreffen" für Sonntag, den 9.4. in Lage an. Den Ortsgruppenleitern, Stützpunktleitern sowie kommissarisch eingesetzten "Gleichschaltern"[17] für jene Gemeinden, in denen keine Parteiorganisation existierte, wurden gleichzeitig Richtlinien zugeschickt, nach denen sie fertige Listenentwürfe erstellen und am 9.4. mitbringen mußten. Nach Steineckes Forderung sollten darauf in erster Linie alte, bewährte Parteigenossen herausgestellt werden.[18] Bei diesem Hauruck-Verfahren war es verständlich, daß am 9.4. noch nicht für alle Gemeinden solche Wahlvorschläge erarbeitet werden konnten. Sie mußten bis zum 16.4. nachgereicht werden.[19]

Die eingereichten Listen wurden in den folgenden Tagen von Steinecke überprüft, ihre Zusammensetzung gegebenenfalls korrigiert oder mit bestimmten Auflagen (z.B. "Muß noch in die Partei eintreten")[20] an die für die Einreichung der Wahlvorschläge

Verantwortlichen zurückgesandt. Für Gemeinden des Kreises Lemgo überreichte Steinecke die Listen auf acht Funktionärstreffen am 21.4. und 22.4. persönlich.[21]
Wie schon erwähnt, erhoben sich gegen diese Wahlvorschläge etliche Proteste. Ganz offensichtlich besaß die Partei unter ihren "alten" Mitgliedern nicht genügend qualifizierte Gemeindevertreter, so daß auch zahlreiche "Konjunkturritter" ein Mandat erhielten, was verständlicherweise Unmut unter den nicht berücksichtigten, da weniger geeigneten, "alten Kämpfern" hervorrief. Befürchtet wurde mancherorts eine Majorisierung durch "bürgerliche Elemente" und eine Verwässerung der reinen nationalsozialistischen Lehre. Aufschlußreich für eine derartige Verärgerung ist die Klage eines Dörentruper Parteigenossen:[22]

"Die Zahl unserer Einzelmitglieder ist oft sehr gering, daher müssen alle Anmeldungen herangezogen werden, um die Gemeindevertretungsliste vollständig – mit Ersatzmännern – zu besetzen. Die bisherigen bürgerlichen Mitglieder der Gemeindevertretungen haben bisher ihre Kenntnis über die Nazis aus der Landeszeitung und der Tageszeitung bezogen. In meinen Versammlungen habe ich niemals einen gesehen, obwohl sie eingeladen wurden. Daher halten sie die Nazis für fast so schlimm wie die Kommunisten. Sie wollen jetzt die Gemeinden vor den Nazis beschützen. Daher drängen sie sich in die NSDAP, um so wieder in die Gemeindevertretung zu kommen. Z.B. aus diesem Grunde hat sich am Sonnabend ein Gemeindevertreter der Volkspartei, der bei Drake-Unternehmungen wohlhabend wurde, bei unserem Schriftführer unter <u>strengster Verschwiegenheit</u> als Mitglied angemeldet.
Dieser Herr schämt sich schrecklich, als Nazi zu gelten, er geht aber opfervoll zu diesem Gesindel, um in die Gemeindevertretung zu kommen, oder hier: dort zu bleiben. Diese routinierten Parlamentarier werden unsere ehrlichen Kämpfer an die Wand drücken."

Die gleiche Entwicklung führte – auf den ersten Blick überraschenderweise – auch zur Empörung unter den Landwirten der DNVP, die lange in Gemeindevertretungen aktiv gewesen waren. Für sie als dem derzeitigen Koalitionspartner der NSDAP hatte in den vergangenen Wochen kein Zwang bestanden, sich aus Überzeugung oder Kalkül der Nazipartei anzuschließen. Als sich diese aber im Zuge der Gleichschaltung erdrückende Mehrheiten in den Gemeindeparlamenten verschaffte, sahen sich die DNVP-Landwirte von weiterer politischer Mitarbeit ausgeschlossen – zugunsten jener von "Gesinnungslumperei" bestimmten Emporkömmlinge, die am raschesten und skrupellosesten ihre Partei wechselten, wie sich der Kommentator der *Tageszeitung* zornig beschwerte.[23]
Auf einer Zusammenkunft des Lippischen Landbundes wurde diese Empörung ungeschminkt vorgetragen:[24] "Und nun werden ... Personen vorgeschoben oder vielmehr drängen sich vor, die noch vor Monaten knallrote Sozialdemokraten waren! Diese ließen sich, durch die ungeheure Agitation der NSBO veranlaßt, in dieselbe aufnehmen, hatten also gegenüber manchem altehrwürdigen Bauern den 'Vorzug', eingeschriebenes Mitglied der NSDAP zu sein." Da sich aber wegen der Abneigung "des Bauern" gegen den Sozialismus die meisten mittleren und größeren Bauern nicht zum Nationalsozialismus (!) bekennen könnten, trete zwangsläufig die Folge ein, daß die mittlere und größere Landwirtschaft nicht genügend in den Gemeindevertretungen repräsentiert sei.

"Die deutsche Demokratie hat nichts retten können, nicht einmal ihr Gesicht."[25] So lautete das vernichtende Urteil des französischen Botschafters in Berlin im April 1933 über den schwachen Widerstand, den die oppositionellen Kräfte dem Ansturm der Nationalsozialisten entgegenzusetzen vermochten. Auch wenn das Deutsche Reich erst am 14.7.33 durch das Gesetz gegen die Neugründung von Parteien formell zu einem Einparteienstaat erklärt wurde, faktisch waren die anderen Parteien – mit Ausnahme der DNVP – bereits durch die Gleichschaltungswelle endgültig aus der politischen Arena herauskatapultiert worden. Da inzwischen auch der Lippische Landtag durch die Gesetzgebungskompetenz der Landesregierung entmachtet worden war – er wurde in diesen Wochen ebenfalls gleichgeschaltet –, hatten sämtliche parlamentarischen Gremien ihre Existenzberechtigung verloren. Sie waren nur noch bedeutungslose und inhaltsleere Überreste eines untergegangenen Systems, das den Machtansprüchen eines Regimes der rohen Gewalt nichts engegenzusetzen gehabt hatte.

Die parlamentarischen Institutionen, in denen früher unterschiedliche gesellschaftliche Interessen aufeinanderstießen, Konflikte ausgetragen wurden, gegensätzliche Meinungen aufeinanderprallten und auch Kompromisse gefunden wurden, boten jetzt nur noch den "Soldaten Adolf Hitlers"[26] Platz. Was jetzt zählte, war allein die Uniformität des Willens als dauerhafte Garantie für die unangefochtene Macht des neuen Staates. Entsprechend dem Führerprinzip verlief die Willensbildung nun ausschließlich von oben nach unten. Nationalsozialistischer Gemeindevertreter zu sein, bedeutete folglich, "sich bedingungslos hinter die Führung zu stellen" und den Willen Adolf Hitlers "bis in die kleinste Zelle der Gemeinde hinunter" durchzuführen.[27]

Der gesamte Staatsapparat stand somit zur Verfügung der deutschen Faschisten. Nur wenige Institutionen und Organisationen gab es nach diesen wenigen Wochen noch, die ihnen auf ihrem Weg zur totalen Macht über die Gesellschaft vielleicht hinderlich sein konnten. Zu nennen sind hier die Gewerkschaften, die Kirchen, die Reichswehr und Reichspräsident Hindenburg. Aber auch von ihnen war substantieller Widerstand nicht mehr zu erwarten: Die Arbeiterbewegung war durch ihre halbherzige Politik und die faktische Ausschaltung ihrer anderen Organisationen zu sehr geschwächt; die Kirchen, die als Autorität und Wertevermittler eine gefährliche Konkurrenz zum Nationalsozialismus hätten sein können, boten ihren Gläubigen ein verwirrendes Bild der Uneinheitlichkeit: Begeisterung, Opportunismus, Gutgläubigkeit und Widerstand, vor allem aber "Treue" zum nationalen und autoritären Staat waren in ihren Reihen zu beobachten; Reichswehr und Reichspräsident schließlich waren ohnehin nie Anhänger einer parlamentarisch-freiheitlichen Ordnung gewesen, sondern hatten stets einen autoritären Staat zurückersehnt. Nach dieser Darstellung der Macht- und Ohnmachtsverhältnisse kann es nicht überraschen, daß sich die NS-Führer den schwächsten der hier vorgestellten *möglichen* Gegner aussuchten, um ihn als nächsten zu vernichten: die deutschen Gewerkschaften.

Die Zerschlagung der Gewerkschaften

Um die Gewerkschaften, diesen einst so gewichtigen Machtfaktor der deutschen Innenpolitik, auszuschalten, wurden von der Reichsführung der NSDAP zunächst unterschiedliche Strategien erwogen, bis schließlich ein raffiniert ausgeklügeltes "Meisterstück" den Zuschlag erhielt. Aus nationalsozialistischer Sicht sollte es sich als ein in besonderem Maße erfolgreiches Unternehmen erweisen, denn es stellte eine "geglückte" Kombination zweier Grundelemente der Machtergreifungsphase dar: einen kaum noch zu überbietenden Einsatz von harmonisierender Propaganda und gezieltem und organisiertem Terror.

Ganz im Gegensatz zu ihrem Anspruch, eine sozialistische Arbeiterpartei zu sein, hatte die NSDAP gerade bei diesem Bevölkerungsteil den geringsten Anklang gefunden. Vor allem die gewerkschaftlich organisierten Arbeiter hatten sich von der angeblich sozialistischen Agitation, insbesondere der NS-Betriebszellenorganisation (NSBO), nicht verführen lassen, so daß diese bis zum April 1933 auch in den lippischen Betrieben wenig Resonanz gefunden hatte: Nur 2600 Arbeiter waren bis zum November 1932 der NSBO hier beigetreten.[1] Entsprechend hatten auch die Betriebsratswahlen stets deprimierende Ergebnisse gebracht.

Erst als sich im Zuge der Stabilisierung des NS-Regimes der Terror gegen die ökonomischen und politischen Vertretungen der Arbeiterschaft verschärfte und die Nazis das Monopol zur Beeinflussung der öffentlichen Meinung erobert hatten, brachen bald die ersten Dämme, so daß ab April 1933 Arbeiter in nennenswerter Zahl zur NSBO stießen – möglicherweise überwiegend jene, die bis dahin unorganisiert gewesen waren. Die Mitglieder und Anhänger der SPD-nahen "freien" Gewerkschaften (ADGB) hatten jedenfalls keinen Grund, außer daß Terror sie gedemütigt hätte, den Nationalsozialisten nun mehr Vertrauen entgegenzubringen als vorher. Die Terrorisierung der befreundeten SPD-Funktionäre war offenkundig und die Besetzung der Gewerkschaftshäuser am 11.3. noch nicht vergessen. Nachdem Reichsbanner und Eiserne Front am 17.3. verboten worden waren, erweiterte die Landesregierung dieses Verbot am 11.4. auf alle "marxistischen"Vereine, die Arbeiter-Turn- und Sportvereine, Gesangvereine, den Arbeitersamariterbund, die "Naturfreunde"-Vereine, den Arbeiter-Radioklub und alle Arbeiterjugend-Organisationen, und beschlagnahmte gleichzeitig ihr Vermögen.[2] Schon vorher hatte die Landesregierung den Arbeiter-Sportvereinen die Benutzung der örtlichen Sportplätze und Turnhallen verboten.[3]

Auch in den Betrieben war der Druck der neuen Machthaber allgegenwärtig. So wurde der nach Meinung der Nationalsozialisten von "Drake-Freunden" besonders stark durchsetzte Betriebsrat der Dörentruper Sand- und Thonwerke abgesetzt,[4] wurden andere Betriebsratmitglieder in "Schutzhaft" genommen oder zum "freiwilligen" Rücktritt gezwungen. So beispielsweise bei der Firma Feldmühle AG in Hillegossen, bei der auch zahlreiche lippische Arbeiter beschäftigt waren.[5] (Leider war es trotz intensiver Bemühungen nicht möglich, Informationen, Berichte oder Dokumente über die Situation in lippischen Betrieben in diesen Wochen vor dem 1. Mai zu erhalten.) Auch über die Ergebnisse von Betriebsratswahlen, die in diesen Wochen im ganzen Reich durchgeführt wurden, ist für Lippe nichts bekannt. Für das Reichsgebiet weisen die Zahlen allerdings eine interessante Entwicklung auf: Nachdem die NSBO lange Zeit eine absolut bedeutungslose Rolle gespielt hatte, scheint sich nach dem 5.3. "unter der Wucht der vollzogenen Tatsachen" eine gewisse Veränderung im Abstimmungsverhalten der Arbeiter ergeben zu haben.[6]

Aber trotz leichter Zugewinne für die NSBO – was dem schon erwähnten, von lippischen Zeitungen behaupteten Zulauf von Arbeitern zur NSBO entspricht – belegten die Wahlergebnisse noch immer eine weitgehende Standfestigkeit der Arbeiterschaft gegenüber dem Nationalsozialismus, so daß es die NS-Führer für erforderlich hielten, alle Betriebsratswahlen abzubrechen und zunächst um ein halbes Jahr zu verschieben. Sie sollten schließlich erst 1934 unter neuen gesetzlichen Voraussetzungen stattfinden.

Durch das Reichsgesetz "über Betriebsvertretungen und über wirtschaftliche Vereinigungen" vom 4. April wurde der Landesregierung zusätzlich eine umfassende Vollmacht erteilt, nach eigenem Gutdünken die Zusammensetzung der Betriebsräte zu bestimmen. Faktisch konnten sie also bereits seit diesem Zeitpunkt als wirksame Vertretungen für die Interessen der Arbeiter und Angestellten ausgeschaltet oder gleichgeschaltet werden, denn die entsprechende Vorschrift des Gesetzes ermächtigte die Landesregierung, jene Betriebsräte abzusetzen, "die in staats- oder wirtschaftsfeindlichem (!) Sinne eingestellt sind."[7]

Wie stark der NS-Staat hier die Interessen der Unternehmer auf Kosten der Arbeiter und Angestellten vertrat, verdeutlicht zusätzlich die Bestimmung, die den Kapitaleignern das Recht gab, Beschäftigte bei "Verdacht staatsfeindlicher Betätigung" kurzerhand zu entlassen. Einspruch dagegen war nicht möglich. Die Ungeheuerlichkeit dieses Gesetzes, das in erster Linie gewerkschaftlich engagierte Arbeitnehmer zusätzlich zu dem politischen Druck, der seit Wochen auf ihnen lastete, auch noch einer die eigene wirtschaftliche Existenz bedrohenden Willkür aussetzte, kann in seiner disziplinierenden Wirksamkeit wohl kaum überschätzt werden. Daß auch dieses Gesetz den Denunzianten ein weiteres Betätigungsfeld eröffnete, kann angesichts des vielfach geschilderten Terrors und der ungezügelten Willkür keinen überraschen.[8]

In Hinblick auf solche mannigfaltigen Unterdrückungsmaßnahmen gegen abhängig Beschäftigte war es für die NS-Propaganda eigentlich eine kaum lösbare Aufgabe, Mißtrauen und Vorbehalte vor allem jener im ADGB organisierten Arbeiter zu überwinden. Und dennoch boten Partei und Propagandaministerium auf allerhöchsten Beschluß in der zweiten Hälfte des Monats April alle Kräfte auf, um die Arbeiterschaft und ihre Organisationen zu verunsichern, um sie anschließend umso leichter unter den eigenen totalen Machtanspruch zu zwingen.

Folglich waren in diesen Tagen die Zeitungen voll von Nachrichten, mit denen die NSDAP um die Arbeiterschaft warb, während gleichzeitig seit Mitte März beständig über die angeblich nötige "Lösung der Gewerkschaftsfrage" berichtet wurde. Durchsichtige Strategie der Nazis war es dabei, die Arbeiter mit schmeichelnden Worten zu hofieren und verbal ihre Forderungen zu vertreten, andererseits aber ihren Organisationen Irreführung und Mißbrauch der Arbeiterschaft für ihre eigenen verwerflichen, politischen Zwecke vorzuwerfen. In diesem Sinne dachten Parteiführung und Reichskabinett laut darüber nach, wie "die Arbeiterschaft aus der vergifteten Atmosphäre marxistischen Parteizanks"[9] zu befreien sei, während Göring auf einer Großveranstaltung proklamierte: "Wir haben nicht nur eine nationale, sondern eine national*soziali*-*stische* Revolution ... Nur wer den deutschen Sozialismus anerkennt, ist wahrhaft national."[10] Und Gauleiter Dr. Meyer echote, es gelte, Vorkämpfer zu sein "für ein neues Deutschland der nationalen Ehre, aber vor allen Dingen der sozialistischen Gerechtigkeit".[11] Doch waren es kaum solch unerwartete Worte, die jene skeptischen und oppositionellen Arbeiter beeindrucken konnten. Zu offensichtlich standen sie im Widerspruch zur Wirklichkeit dieser Tage.

Verwirrend und irritierend wirkte da schon ein anderer Schachzug von genialer werbepsychologischer Wirksamkeit:[12] Am 10.4. erklärte die Reichsregierung den 1. Mai zum "Feiertag der nationalen Arbeit". Was die Arbeiterschaft seit 1889 unaufhörlich gefordert und was die Weimarer Republik nur im ersten Jahr ihres Bestehens gewährt hatte,[13] das bewilligten die neuen Machthaber ohne lange öffentliche Debatte: einen bezahlten Feiertag.[14] Noch aber war natürlich niemandem in der Öffentlichkeit klar, welche Bedeutung diese scheinbar so großzügige Maßnahme hatte. Erst am 2. Mai offenbarten die Nazis, daß sie das bewährte Mobilisierungsmittel der Gewerkschaften, die Massenversammlungen, benutzt hatten, um die Arbeiterorganisation selbst auszuschalten. Die nötigen Vorarbeiten hierzu wurden mit strengster Geheimhaltung von der Parteiführung unter Leitung des Reichsorganisationsleiters Robert Ley durchgeführt.

Für die Öffentlichkeit bestimmt waren dagegen die Vorbereitungen des Propagandaministeriums für die Massendemonstrationen und -kundgebungen am 1. Mai, "ein Massenereignis, wie es die Welt noch nicht gesehen hat" (Goebbels).[15] Nicht einmal eine Statistenrolle sollten an diesem Tag der Arbeit und bei diesem Schauspiel jedoch die traditionellen Gewerkschaften übernehmen. Den einzelnen Gewerkschaftsmitgliedern war es durchaus gestattet, in ihren Belegschaften an den Umzügen teilzunehmen; die ADGB-Organisationen blieben aber von einer Teilnahme ausgeschlossen. Gegen diese Maßnahme zu protestieren, hatten die Gewerkschaften bereits keine Kraft mehr.

Schon Anfang April war ihr Apparat durch den NS-Terror weitgehend zerschlagen.[16] Je nötiger gewerkschaftlicher Widerstand eigentlich wurde, desto aussichtsloser war er inzwischen geworden. Ursachen dafür waren nicht nur die Massen der Arbeitslosen, die beispielsweise einen Generalstreik problematisch erscheinen ließen, und die erlebte Rücksichtslosigkeit der Nazis bei der Machteroberung, sondern auch der Legalitätskurs von SPD- und ADGB-Führungen gewesen. Diesen Weg ging der ADGB unter Führung Theodor Leiparts bis zu seinem Ende am 2. Mai. Um die Organisation zu retten, war der Vorsitzende Leipart zu selbstverleugnender ideologischer Anbiederung und praktischer Anpassung bereit. Zuletzt forderte er sogar selbst einen Reichskommissar zur Schaffung einer nationalen Einheitsgewerkschaft aus ADGB, NSBO sowie christlichen und liberalen Gewerkschaften.[17] Allerdings war dieser Kurs intern nicht unumstritten. Als Beispiel sei hier der Ende März zurückgetretene Vorsitzende des Allgemeinen freien Angestelltenbundes (AfA), einer mit dem ADGB verbundenen Organisation, genannt, der Leipart eine "hart an die Grenze nationalsozialistischer Politik" gehende Gewerkschaftspolitik vorwarf.[18]

Aber auch diese Kräfte konnten es nicht verhindern, daß der Gewerkschaftsvorstand am 19.4. einen Aufruf an seine Mitglieder richtete, in dem begrüßt wurde, "daß die

Reichsregierung diesen unseren Tag zum gesetzlichen Feiertag der nationalen Arbeit, zum deutschen Volksfeiertag erklärt hat...Der deutsche Arbeiter soll am 1. Mai standesbewußt demonstrieren, soll ein vollberechtigtes Mitglied der deutschen Volksgemeinschaft (!) werden." [19] Und der Bundesausschuß des ADGB forderte sogar dazu auf, sich an den Maifeiern "festlich zu beteiligen".[20] Unmittelbare Folge dieser Aufrufe war der offene Bruch zwischen ADGB und Internationalem Gewerkschaftsbund (IGB), der nun seine bisherige, vom ADGB beeinflußte Stillhaltepolitik gegenüber dem Nationalsozialismus aufgab.[21]

"Überleben durch Mitmachen"[22] war praktisch der Kurs der freien Gewerkschaften, mit dem man den Terror überleben wollte. So ist auch der Aufruf zu aktiver Teilnahme an den Kundgebungen des 1. Mai zu erklären. Aber: Geistige Unterwerfung und politische Selbstaufgabe waren das Ergebnis und machten die Gewerkschaften am 2. Mai zur leichten Beute der Nazis.

Die hatten den Ablauf der nationalen und lokalen Feiern am 1.5. inzwischen detailliert geplant. Verantwortlich war für den Gau Westfalen-Nord die Landesstelle Westfalen-Lippe des Reichsministeriums für Volksaufklärung und Propaganda. Sie verschickte an die Kreisleitungen der NSDAP eine genaue Organisationsübersicht über die durchzuführenden Veranstaltungen. Die Umsetzung an Ort und Stelle oblag den hierfür speziell gebildeten "Fest- und Arbeitsausschüssen" in den Kreisen. Nach dieser Planung sollten in allen lippischen Städten und vereinzelt auch in Landgemeinden Maifeiern stattfinden, von denen jene in Lemgo und insbesondere Detmold überregionalen Charakter haben sollten.

Die nachdrückliche Propaganda von Partei und Regierung, die Aufrufe der Gewerkschaften, zahlreicher öffentlicher Institutionen und privater Vereine, die zahlreichen auf den 1. Mai bezogenen Predigten am vorausgehenden Sonntag, dem 30.4.[23], aber auch die Furcht mancher Arbeiter und Angestellten, bei Nichtteilnahme Lohn oder sogar den Arbeitsplatz zu verlieren, und letztlich das blendende Wetter verschafften den Nationalsozialisten überall Kundgebungen und Umzüge von nie gekannter Größe. So berichteten die Zeitungen aus Lemgo von 8000 Teilnehmern am Festzug und 12000 an der abendlichen Kundgebung[24], aus Horn von 2000[25], aus Blomberg von 2500 und Barntrup von 1200 Teilnehmern.[26] Noch gewaltiger war die Zahl der Teilnehmer an der zentralen Veranstaltung in Detmold, für die die Zahlen zwischen 23000 und 30000 schwankten.[27] Mehrere Sonderzüge waren nötig, um die Massen nach Detmold zu transportieren.[28] Sie alle erlebten vier Schwerpunkte während der Propagandafeier dieses Tages. Die folgende Darstellung folgt überwiegend dem Programmablauf der Detmolder Veranstaltungen.[29]

Der Tag begann in der Regel um 8 Uhr mit dem Antreten der Belegschaften vor ihren Betrieben und Arbeitsstätten. Nach dem Heulen der Werkssirenen hielt ein NSBO-Vertreter folgende Ansprache:[30]

"Deutsche Arbeitskameraden!
Jahrzehntelang hat man Euch gegen Zahlung hoher Monatsbeiträge belogen und betrogen! Schönheit und Würde versprach man Euch; Ihr solltet die Herren der Welt werden. Jüdische Gehirnathleten machten Euch ein sogenanntes Programm mundgerecht, um Euch erst recht zu verdummen.
Klassenhaß und Klassenkampf hieß die Parole, die Euch von diesen Volksbetrügern

gepredigt wurde. Klassenkampf sollte Euch einigen. Aber schon in diesem Kampf hat man Euch gegeneinander ausgespielt und Euch in verschiedene Gewerkschaften und Verbände aufgeteilt. Uneinigkeit untereinander und Kampf gegen die übrigen Volksgenossen: Das war das Ziel der hebräischen Arbeiterführer. Denn nur <u>dann</u> konnten sie sich ihre schmutzigen Finger auf Eure Kosten vergolden.

Sie waren auf dem besten Wege, Euch für immer zum Sklaven und Proleten des internationalen Kapitals zu stempeln. Euch hetzten sie zum Kampfe aller gegen alle, und mit dem internationalen Kapital vertrugen sie sich, wie die dicksten Freunde, nach dem Grundsatz des sozialdemokratischen Reichskanzlers Bauer: 'Wir müssen uns im Gehäuse des Kapitalismus wohnlich einrichten.'

Für immer solltet ihr Sklaven sein! Ohne Hoffnung auf schönere Tage, ohne Teil zu haben am Deutschen Vaterland, ohne stolz sein zu dürfen auf alles, was deutsch ist und deutsch heißt.

...

Heute führt Adolf Hitler die Geschicke des Deutschen Volkes! Und der Mann, den die sogenannten marxistischen Arbeiterführer 14 Jahre lang geschmäht haben, ihn Arbeiterverräter nannten, gerade dieser geschmähte Adolf Hitler brachte dem deutschen schaffenden Menschen das, worauf er jahrzehntelang vergebens gewartet hat:

Den Feiertag der nationalen Arbeit!

Der erste Mai soll für immer gesetzlicher F e i e r t a g sein, als Zeichen dafür, daß ein nationalsozialistischer Staat es versteht, die Arbeit und den Arbeiter zu ehren.

Der erste Mai wird für immer ein F r e u d e n t a g bleiben, weil er zeigen soll, daß alle schaffenden Stände treu und eisern zusammenhalten, um Deutschland zu dienen.

Der erste Mai soll für immer ein ernster G e d e n k t a g bleiben, weil der erste Mai 1933 zum ersten Mal gezeigt hat, daß der Klassenkampf bezahlte Dummheit und der Standesdünkel unbezahlbare Dummheit ist.

Deutsche Arbeitskameraden!

Dankt Eurem Herrgott, daß er Euch im allerletzten Augenblick vor Euren falschen Freunden bewahrt hat.

– Flagge hissen –

Dem Führer des Deutschen Arbeitertums aber, auf dessen Befehl das Freiheitssymbol über userm Betriebe flattert, ein

dreifaches 'Siegheil!' – 'Siegheil!' – 'Siegheil!'"

In einigen Fällen richtete anschließend auch der Firmeneigner noch einige zusätzliche Worte an die angetretene Belegschaft. Als Beispiel sei hier Generaldirektor Künne von den Hoffmanns Stärkefabriken zitiert.[31]

"Hoch auf dem Werke weht die schwarz-weiß-rote Fahne, ehemals Zeichen unserer weltumspannenden Industrie. Aber so wie einst, so ist es heute nicht mehr. Vierzehn Jahre lang haben wir diese stolzen Farben nicht mehr gekannt. Heute wehen sie abermals vereint mit dem Freiheitsbanner des erwachten Deutschlands, über unseren Landen. Wir beugen uns vor dem Manne, dem es in schier übermenschlichem Kampf gelungen ist, das Werk Bismarcks zu vollenden."

Im Anschluß an den Appell auf dem Betriebsgelände erfolgte der Abmarsch der einzelnen Belegschaften in die nächstgelegene Stadt bzw. innerhalb einer Stadt zum

Marktplatz, Sportplatz oder dergleichen. Viele städtische Belegschaften und NSBO-Einheiten begaben sich jedoch in die Kirchen oder nahmen geschlossen an Feldgottesdiensten teil, wie in Bad Salzuflen, Schötmar, Lage, Oerlinghausen und Blomberg. In Detmold hatte die NSBO ihre Mitglieder schon am Vortag geschlossen in den sonntäglichen Gottesdienst geführt.[32]

Soweit die Zeitungen Predigtauszüge überliefert haben, bezeugen diese, daß sich die Pastoren willig in die Schar der Lobpreisenden an jenem Tage einreihten. So ermahnte in Lage Pastor Szalatnay, ein besonders eifriger Vorkämpfer für den Nationalsozialismus, seine Zuhörer:[33]

"Nie sollen wir es vergessen, was Gott an uns getan, da er unser Volk bewahrt hat vor dem bolschewistischen Selbstmord, den es zu begehen im Begriffe war."

Und über den neuen Staat und die Schaffung einer Volksgemeinschaft stellte er fest:

"Ja, wir alle sind im tiefsten Grunde unfähig zu wirklicher nationaler Arbeit, solange wir nicht erkannt haben, daß unser eigenes natürliches Wesen dem Kommen des Neuen in unserm Volke im Wege steht, solange wir nicht an uns selbst eine innerste Wandlung erlebt haben. Ja, Gott selbst muß sein allmächtiges: Stirb und werde! über uns sprechen durch seinen Christus, dem er alle Gewalt gegeben im Himmel und auf Erden..."

In Bad Salzuflen kritisierte Pastor Tölle in seinem Gottesdienst die "materialistische Gesinnung" der vorausgehenden Jahre: "Was wir brauchen, ist, wie die nationale Regierung erkannt hat, eine innere Umstellung, eine seelische Erneuerung."[34] Und Superintendent Tölle freute sich in Oerlinghausen, daß die "gottgegebenen Führer" Adolf Hitler und Präsident Hindenburg zu einer wahren Volksgemeinschaft aufriefen, wie sie zuletzt 19 Jahre zuvor bei Kriegsbeginn 1914 für kurze Zeit erlebt worden sei.[35]

Inwieweit solche Zitate als repräsentativ für die gesamte lippische Pfarrerschaft gelten können, darüber lassen sich nur Vermutungen anstellen. Die große Mehrheit der Pfarrer, die sich trotz ihrer konservativ-nationalistischen Grundhaltung als unpolitische Diener Gottes verstanden, haben sich offenbar nur bedingt dazu bereitgefunden, die Kanzel für offenkundige NS-Propaganda zu mißbrauchen. Ein Indiz für diese Annahme mag man in der Tatsache sehen, daß die meisten Kirchengemeinden in Lippe darauf verzichteten, am 1.5. zu flaggen.[36] Andererseits war aber auch eine mutige Gegnerschaft gegen die Versuche der neuen Herren, die Kirche für ihre Zwecke zu beanspruchen, eine seltene Ausnahme. Zu berichten sei hier von den mutigen Taten des Pfarrvikars Hans Hossius, der eigenhändig eine Hakenkreuzfahne beseitigte, die auf dem Kirchturm seiner Pfarrei in Wöbbel am 1.5. angebacht worden war.[37] Schon am Tage vorher hatte er in einer Predigt, die er stellvertretend für seinen Vater in Lieme hielt, mit kompromißloser Deutlichkeit die Totalitätsansprüche der Nazis zurückgewiesen. Mehrere Denunziationen waren die Folge.[38] Hossius hatte unter anderem ausgeführt:[39]

"Was aber ist nationale Arbeit? Nationale Arbeit ist solche Arbeit, die zum Wohl und Nutzen der Nation, d.h. des Vaterlandes getan wird. In erster Linie will die Arbeit der Reichsregierung solche nationale Arbeit sein. Ferner aber ist jede ehrliche Hand- und Kopfarbeit damit gemeint, die dem deutschen Volk und Vaterland nützlich ist. Wir alle

ohne Ausnahme sind an dieser nationalen Arbeit beteiligt, auch wenn wir vielleicht nicht national gesinnt wären. Es spielt dabei keine Rolle, welcher Partei du innerlich angehörst, ob du Kommunist bist oder Nationalsozialist....
Nun sollten wir diese Arbeit zum Aufbau der Nation, zur Wiederaufrichtung des deutschen Vaterlandes 'unter Gottes Wort stellen'. Liebe Gemeinde! Als ich das vergangene Woche versuchte, da kam ich mir vor wie einer, der einen kleinen Gegenstand, etwa ein Tintenglas unter einen riesigen Brückenbogen stellen soll. Die Brücke sagt: Was geht mich das Ding an, und spannt sich in weitem Bogen darüber hinweg. So ähnlich erging mirs, als ich mit unserer nationalen Arbeit an die Bibel herantrat und sie fragte: Was sagst du nun dazu? Da war's, als ob die Bibel sich stumm abwendete oder als ob sie sagen wollte: Ich hab's mit anderen Dingen zu tun....
Nun soll uns hier (in Jes. 127,1 und Matth. 1,23) offenbar gesagt werden: Es könnte eine nationale Arbeit geben, bei der Gott nicht auf unserer Seite steht. Und wenn das ist, dann hat alle Arbeit zur Wiederaufrichtung des Vaterlandes keinen Zweck. Dann nützt kein Führer und wenn er mit noch so erstaunlicher Tatkraft ans Werk geht...Dann arbeiten umsonst, die daran bauen....
Und wir sagen nun: Durch menschliche Verkehrtheit und Gottes Vorsehung tun wir nationale Arbeit, wollen dabei nicht ...auf uns vertrauen und auch nicht auf große Männer, denn auch Fürsten, auch Führer 'sind Menschen, vom Weib geboren, und kehren um zu ihrem Staub'."

Solch provozierende und aufrüttelnde Worte gingen jedoch schnell unter in dem lärmenden Jubel der offiziellen Maifeiern. Der erste Höhepunkt der Vormittagsveranstaltungen an jenem 1. Mai war das gemeinsame Hören der Rundfunkübertragung aus dem Berliner Lustgarten, wo auf einer riesigen "Feier der Jugend" Goebbels und Hindenburg Ansprachen hielten. Der Propagandaminister feierte dabei den Sieg der Volksgemeinschaft über das liberal-kapitalistische System, wodurch gleichzeitig auch Marxismus und Klassenkampf überwunden seien. Die Jugend forderte er auf, für den neuen Staat willig die "Pflicht zur Leistung" zu übernehmen.[40] Auch Hindenburg richtete Forderungen an die Jugend: "Nur aus Manneszucht und Opfergeist, wie solche sich stets im deutschen Heer bewährt haben, kann ein Geschlecht erstehen, das den großen Aufgaben, vor welche die Geschichte das deutsche Volk stellen wird, gewachsen ist. Nur wer gehorchen gelernt hat, kann später auch befehlen, und nur wer Ehrfurcht vor der Vergangenheit unseres Volkes hat, kann dessen Zukunft meistern."[41]

Schwerpunkt der Nachmittagsveranstaltungen, die um 13 Uhr begannen, waren in allen lippischen Städten zweifellos die gewaltigen Festumzüge, an denen neben allen NS-Organisationen zahlreiche Vereine, Verbände, Organisationen, Berufs- und Standesvertretungen, Belegschaften von Betrieben und die Beschäftigten der Behörden – zum Teil mit bunt geschmückten Festwagen – teilnahmen. Auf diese Weise wurden die vorher kaum für möglich erachteten Teilnehmerzahlen erreicht, so daß der Berichterstatter des *Kurier* jubeln konnte:

"Mittag ist's. Grell prallt die Sonne herab auf die festlich geschmückten Straßen der Stadt. Auf dem Bahnhofe ein nie gekanntes Leben und Treiben, ein ungeahntes Gedränge. Zug auf Zug rollt heran, immer neue Massen arbeitsfreudiger Menschen entladend. Und in

schier endlosen Zügen marschieren sie auf den Landstraßen. Lastwagen auf Lastwagen, vollgepfropft mit Menschen, rasen die Landstraße dahin. Alle haben nur das eine Ziel: Zur Landeshauptstadt, zum Tag der deutschen Arbeit."

Für den Festzug war den Organisatoren nicht nur die Reihenfolge der teilnehmenden Organisationen, Vereine und Gruppen vorgeschrieben, sondern auch, welche Losungen auf Spruchbändern im Umzug erscheinen mußten:[43]

Deutscher Arbeiter – D e i n e Freiheitsstunde ist da!
Hinein in die NSBO!
Die NSBO ist d i e deutsche Gewerkschaft!
Freiheit und Brot für alle Schaffenden!
Nieder mit Klassenhaß und Standesdünkel!
Es gibt nur e i n Deutschland!
Wir haben wieder ein Vaterland!
Nie wieder Deutsche gegen Deutsche!
Klassenhaß ist bezahlte Dummheit!
Standesdünkel ist unbezahlbare Dummheit!
Ist Deutschland einig, dann geht es dir gut!
Für einen deutschen Sozialismus!
Für ein vernünftiges Tarifrecht!
Für die Sozialversicherung – Gegen Not und Elend im Alter!
Für eine gesunde, ständisch gegliederte Wirtschaft!

Am Ende der Umzüge durch die Innenstädte standen dann von Musik, Tanz, Gedichtvorträgen, Fahnenweihen und gemeinsamen Gesängen umrahmte Festreden der Repräsentaten von Partei und/oder Landesregierung, in denen der Sieg der "nationalen Revolution" und die vermeintliche Versöhnung der von Juden und Marxisten verführten deutschen Arbeiterschaft mit dem neuen deutschen Staat gefeiert wurde. Natürlich fehlten auch in einem solchen historischen Augenblick nicht die Belege für den angeblich christlichen Charakter des Nationalsozialismus und Bezüge zum christlichen Glauben. So pries Landtagspräsident Helms im Lemgo den deutschen Arbeiter, der als der verlorengegangene Sohn jetzt in sein Heimathaus zurückkehre,[45] während in Detmold Dr. Krappe seine 25000 Zuhörer aufforderte:[45]

"Das deutsche Volk sollte täglich dem Herrgott auf Knien danken, daß er uns in der höchsten Not und tiefsten Erniedrigung diesen Mann beschert hat....
Wir haben eingesehen, daß wir Deutsche nur dann aus der Not und dem Elend herauskommen, wenn sich die Arbeiter der Faust und der Stirn über frühere Schranken und Anschauungen hinweg die Hände reichen, wenn sie erkennen, daß alle Stände, Klassen und Berufe in Deutschland eine große Schicksalsgemeinschaft bilden."

Die nachmittäglichen Massenfeste klangen aus und leiteten gleichzeitig in die Abendveranstaltungen über mit Gesangsdarbietungen, Konzerten, Volkstänzen und Auftritten von Mitgliedern des Landestheaters; zusätzliche Unterhaltungen boten zahlreiche Kirmes-Buden.[46] Mit dem hereinbrechenden Abend begannen dann die öffentlichen Tanzveranstaltungen (Eintritt 40 Pfg., Erwerbslose frei), die ab 20 Uhr für zwei Stunden unterbrochen wurden für den Gemeinschaftsempfang der Radio-

übertragung der Rede Adolf Hitlers vom Tempelhofer Feld. Sie sollte der eigentliche Höhepunkt dieses 1. Mai sein, denn in ihrem Verlauf – so die Ankündigung – sollte ein "Manifest des Reichskanzlers: Verkündung des 1. Jahresplanes der deutschen Aufbauarbeit der Reichsregierung" bekanntgegeben werden.⁴⁷ Verständlich war es daher, daß sich viele Erwartungen und Spekulationen an ihren Inhalt knüpften, wie die wirtschaftlichen und sozialen Probleme der Zeit gelöst werden sollten. Zwar wurden Arbeitsbeschaffung und Autobahnbau tatsächlich angekündigt, aber all jene, die konkrete Aussagen und Vorschläge erwartet hatten, wurden enttäuscht. Es war eine Rede "reich an erhabenen Phrasen wie arm an konkretem Inhalt...Auch diese Rede drückte sich in der für die nationalsozialistische Ideologie charakteristischen pseudoidealistischen Versprechungstaktik an den Kernpunkten der sozialen Frage vorbei und flüchtete sich statt dessen in den klassischen gewerkschaftsfeindlichen Appell zu Arbeitsfrieden aus nationaler Gesinnung."⁴⁸ Auch am Ende dieser Rede stand eine bei NS-Rednern so beliebte religiöse Schlußformel: "Nun Herr, segne unseren Kampf um unsere Freiheit...."⁴⁹

Ein beeindruckendes Schauspiel! Das waren in der Tat all jene Massenveranstaltungen des abgelaufenen Tages gewesen, und nicht wenige anfangs skeptische Teilnehmer werden von ihnen beeindruckt gewesen sein und Hoffnungen auf einen endgültigen Schluß des Terrors gehegt haben, nachdem nun das neue Regime offenbar fest im Sattel saß. Durften die bisher Unterdrückten und Verfolgten wieder auf ruhigere Zeiten hoffen? Selbst der schon als kritischer Beobachter zitierte französische Bot-

schafter Francois-Poncet gewann an jenem Tage der Eindruck, "daß ein Hauch der Versöhnung und Einigkeit über das Dritte Reich wehe".[50]
Andere glaubten trotz allem nicht an eine geistige und politische Umkehr der NS-Führer. So zog der Leipziger Schriftsteller Erich Ebermayer folgenden Schluß aus der organisierten Volksbewegung des 1. Mai:[51]

"Nun können sich die Herren wieder einen neuen Schlag leisten. Allmählich bekomme ich nämlich ihre Taktik heraus: nach jedem echten Erfolg, der ihnen wieder ein paar Millionen Schwankender zugeführt hat, kommt jedesmal irgendeine völlig ungesetzliche Brutalität, die aber dadurch im voraus bereits sanktioniert ist und im nachklingenden Rausch der Begeisterung untergeht."

Wie berechtigt eine solche Interpretation war, zeigte der Vormittag des 2. Mai, als innerhalb einer Stunde im ganzen Deutschen Reiche die freie Gewerkschaftsbewegung von den Nationalsozialisten zerschlagen wurde. Jetzt also war erkennbar geworden, welche eigentliche Funktion die Jubelfeiern des Vortages gehabt hatten: Erzeugung von Hochstimmung und Gemeinschaftsideologie, damit jegliche Widerstandsfähigkeit und -bereitschaft gelähmt war in jenem entscheidenden Moment des offenen Terrors gegen die größte deutsche Massenorganisation. Auf irgendeine pseudo-legale Rechtfertigung wurde jetzt verzichtet. Auch dies war offenbar ein Zeichen dafür, wie sicher das Regime sich selbst an der Macht fühlte.

Natürlich war die Aktion des 2.5. unter strengster Geheimhaltung bis ins einzelne durchorganisiert worden. Am 21.4. hatte das zentrale Aktionskomitee unter Robert Ley nähere Einzelheiten über den Ablauf den Gauleitungen übermittelt,[52] die dann ihrerseits für ihr Gebiet die weiteren Planungen übernahmen. So konnte am 27.4. Gaupressewart Dr. Schröder den NS-Gauinspekteuren die fertige Presseinformation übermitteln, die sie "über die zuständigen Regierungsstellen am 2. Mai, morgens um 11 Uhr, an die gesamte bürgerliche Presse durchgeben lassen" sollten. Sie hatte folgenden Wortlaut:[53]

"Heute morgen, pünktlich 10 Uhr, begann einheitlich im ganzen Reich die Gleichschaltung der freien Gewerkschaften. Die infrage kommenden Gewerkschaftshäuser wurden von der SA besetzt. In erster Linie richtet sich die Aktion gegen den Allgemeinen Deutschen Gewerkschaftsbund (ADGB) und gegen den Allgemeinen Freien Angestelltenbund (AFA). Es sind daher vorläufig in Schutzhaft genommen ihre Verbandsvorsitzenden, Bezirkssekretäre und die Filialleiter der "Bank der Arbeiter, Angestellten und Beamten". Die Leitung der Aktion liegt bei der NSBO.
Besetzung und Gleichschaltung der Gewerkschaften war im Interesse des schaffenden deutschen Arbeiters notwendig geworden. Sie war erforderlich, weil ein überaltertes, mit den Interessen der deutschen Nation nicht übereinstimmendes System in seinen letzten Pfeilern gebrochen werden mußte. Die Zerschlagung des Marxismus in seinen Grundfesten ist damit zum Wohle der deutschen Arbeiterschaft durchgeführt. Um die Gelder seiner Mitglieder sicherzustellen, sind die Filialen der "Bank der Arbeiter, Angestellten und Beamten" besetzt und die Konten vorläufig gesperrt. Eine Unterbrechung des Geschäftsbetriebes tritt durch die Aktion nicht ein. Für eine ordnungsgemäße Durchführung dieser Sicherheitsmaßnahmen bürgt die NSBO. Auch in diesem Falle lautet unsere Parole: Gegen den volksverderbenden Marxismus. Für die schaffende deutsche Arbeiter-

schaft."

Als verantwortlichen Kommissar für die Durchführung der Maßnahmen ernannte die Landesregierung am 2.5. Heinz Rosteck, bis dahin Kreisleiter der NSBO, der bereits am 7.4. (!) von der Regierung als "Staatskommissar für gewerkschaftliche Fragen und Arbeitsrecht" vorgesehen war.[54] Unter seinem Kommando wurden am 2.5. wiederum die Volkshäuser in Detmold und Bad Salzuflen sowie die Turnhalle des Freien Turnerbundes in Schötmar von SA und SS, die als Hilfspolizei auftraten, besetzt und anschließend von der NSBO übernommen.[55] Verhaftet und in "Schutzhaft" genommen wurden die Gewerkschafter Gottenströter, Albert Hansen, August Linne, Wilhelm Rubach, Hermann Bicker, Emil Pinkowski und Emil Feldmann, Unterbezirkssekretär der SPD. Ihre Privatwohnungen wurden durchsucht[56] und die in den folgenden Wochen an sie eingehenden Postsendungen beschlagnahmt,[57] damit alle möglichen Restbestände gewerkschaftlicher Organisation schnell zerschlagen werden konnten. Von den führenden Gewerkschaftssekretären entging nur Fritz Wagner, Bezirkssekretär des Holzarbeiterverbandes, einer Verhaftung durch die Nazis; er war rechtzeitig untergetaucht.[58]

Nähere Einzelheiten über die Zerschlagung der lippischen Gewerkschaften sind kaum rekonstruierbar, denn die gesamte Presse berichtete in dieser Angelegenheit völlig gleichgeschaltet, indem sie nur die offiziellen Erklärungen übernahm oder aus offiziellen Pressekonferenzen berichtete, auf eigene Darstellungen also offensichtlich verzichten mußte. Solche Gleichschaltung in der täglichen Berichterstattung wurde auch in Zukunft dadurch erreicht, daß den Redaktionen täglich Mitteilungen von der Landesstelle Westfalen-Lippe des Ministeriums für Volksaufklärung und Propaganda zugingen, mit Inhalten, über die berichtet werden sollte, teilweise in bereits vorformulierter Form, (auf blauem Papier) und mit Inhalten, über die nicht berichtet werden durfte (auf rotem Papier).[59]

Über die erwähnten Maßnahmen am 2.5. hinaus wurde das gesamte Gewerkschaftsvermögen beschlagnahmt und die Zahlstelle der Arbeiterbank in Detmold vorübergehend geschlossen. Der Raub des Gewerkschaftsvermögens bedeutete für die Arbeiter einen unmittelbaren Verlust, denn die gewerkschaftlichen Unterstützungskassen hatten in der Weimarer Republik weit stärkeren Anteil an der sozialen Sicherung ihrer Mitglieder als heute.[60]

Welche Gründe und Rechtfertigungen boten nun die lippischen Nazis der lippischen Öffentlichkeit in den folgenden Tagen? Der Unerbittlichkeit in ihrem Vorgehen mußte notwendigerweise die Schwere der Vorwürfe entsprechen, die sie den Gewerkschaften zu machen hatten, damit der Terror leidlich gerechtfertigt schien. Irgendwelche abstrakten politischen oder ideologischen Ausflüchte waren dazu völlig ungeeignet und unzulänglich. Jetzt galt es, die Gewerkschaften und ihre Führer moralisch zu disqualifizieren, damit sich die Nationalsozialisten im gleichen Zuge als die wahren Hüter und Verfechter der Lebensinteressen der Arbeiter präsentieren konnten.

In Lippe wie anderswo im Reich beschuldigten die Nazis daher die Gewerkschafter in einer großangelegten Kampagne der nächsten 14 Tage der Korruption, der Veruntreuung und Verschwendung von Arbeitergeldern. "Es wird aufgeräumt! Wieder eine Bonzenburg gestürmt!"[61] Mit diesem Schlachtruf blies der *Kurier* zum Generalangriff gegen die angebliche Korruptheit der alten Arbeiterführer. Unglaubliche "Enthüllungen" wurden der lippischen Öffentlichkeit in den nächsten Tagen dargeboten, wodurch sich die Nazis gleichzeitig als die neuen Saubermänner anbieten konnten, denn das Bild, das vom Treiben im Detmolder Gewerkschaftshaus gezeichnet wurde, war in der Tat abstoßend und beängstigend.

Von Lug und Trug, moralisch anstößigem Verhalten, von Unterschlagungen, Postenjägerei und dem verschwenderischen Leben der Funktionäre war da die Rede. Mit den sauer ersparten Groschen der Arbeiter sei ein solches Schindluder getrieben worden,[62] daß der Schlag gegen die Gewerkschaften dringend geboten gewesen sei "im Interesse der Beitragsgelder, das heißt der Vermögenswerte der Gewerkschaften".[63]

Die Wirksamkeit dieser Kampagne auf die Öffentlichkeit ist schwer abzuschätzen. Gewerkschaftsgegnern wird sie Beweise für ihre langgehegten Vorurteile geliefert haben, und auch in den Reihen der früheren Gewerkschaftsmitglieder werden Zweifel und Verunsicherung aufgekommen sein, zumal die Nazis ihre schweren Vorwürfe mit konkreten Namen und detaillierten Zahlenangaben belegten. Ob und in welchem Umfang all diese Anschuldigungen tatsächlich korrekt waren, läßt sich auch heute nicht feststellen. Jedoch setzen uns die überlieferten Akten in die Lage, zumindest alle Vorwürfe wegen angeblicher Unterschlagungen zu überprüfen.

Einheitlich berichteten die lippischen Zeitungen am 4.5.33, es stehe fest, daß bei dem Verband der Fabrikarbeiter "jeder zweite Unterkassierer Unterschlagungen begangen hat."[64] Zur Illustration dieser Behauptung werden die Namen und Wohnorte von Unterkassierern veröffentlicht, die Beiträge zwischen 10,20 RM und 626,70 RM veruntreut hätten. In der Tat eine unvorstellbare Lotterwirtschaft, die Gewerkschaftsführer scheinbar gedeckt hatten, da zwei von ihnen, Linne und Potthast, erklärt hätten, ihnen seien die Unterschlagungen bekannt gewesen. Jedoch – all dies war nichts als Demagogie und hatte mit der Wirklichkeit fast nichts zu tun, wie der Oberstaatsanwalt und ein Gericht bald amtlich feststellen sollten.[65]

Die Nationalsozialisten hatten hier nicht – wie sie die Bürger glauben machen wollten – als die unbestechlichen Saubermänner aktuelle Skandale aufgedeckt, sondern Vorgänge ausgegraben, die sich zwischen 1927 und 1930 ereignet hatten und die die Gewerkschaftsführung längst selbst geregelt hatte. Tatsächlich hatten zwei der benannten Unterkassierer Gelder unterschlagen. In den anderen Fällen hatte es sich um nichts anderes als rückständige Abrechnungen verkaufter Beitragsmarken gehandelt. Die Gewerkschaftsführung hatte selbst rigoros gehandelt und Zahlungsbefehle geschickt, die fast alle sofort bezahlt wurden. Zwar wertete der Oberstaatsanwalt auch die rückständigen Zahlungen als Unterschlagungen, stellte die Verfahren jedoch wegen Verjährung oder aufgrund eines Amnestiegesetzes vom 20.12.32 ein. Nur gegen zwei Beschuldigte wurde das Verfahren eröffnet, von denen einer freigesprochen wurde.

Übriggeblieben war also von der behaupteten unerhörten Mißwirtschaft nur eine echte Unterschlagung. Und auch dieser Fall war völlig ungeeignet für eine demagogische Hetze, denn der betreffende Kassierer war ein armseliges Opfer der katastrophalen wirtschaftlichen und sozialen Verhältnisse. Er war, wie das Gericht feststellte, ein verarmter Familienvater mit vier Kindern, der in den Jahren 1928/30 arbeitslos gewesen war. Zuletzt hatte er für seine ganze Familie eine wöchentliche Unterstützung von 16 RM erhalten (bei Mietkosten von 18 RM im Monat). In seiner Not hatte er gewerkschaftliche Unterstützungsgelder, die er an andere auszuzahlen hatte, unterschlagen. Das Gericht erkannte die Not dieses Mannes an, und da er zu weniger als sechs Monaten Gefängnis verurteilt worden wäre, profitierte auch er von dem Amnestiegesetz: Das Gericht stellte das Verfahren ein.

Die Haltlosigkeit der Vorwürfe der Nazis war demnach mehrfach bewiesen worden. Ganz im Gegensatz zu den angeblichen chaotischen Finanzverhältnissen hatten sich die Gewerkschaftsführer sehr wohl um ordentliche Abrechnungen bemüht und selbst dort die Gelder eingetrieben, wo unvorstellbare wirtschaftliche Not für rückständige Zahlungen und Unterschlagungen verantwortlich war.

Bei dieser Sachlage spricht wenig bis gar nichts für die Glaubwürdigkeit der übrigen nationalsozialistischen Anschuldigungen gegen die Gewerkschaften, zumal überall in Deutschland ähnliche Vorwürfe als Mittel im Kampf gegen die früheren Gewerkschaftsfunktionäre erhoben wurden. Da aber nur wenige Zeitgenossen die Wahrheit kannten, versprachen sich die Demagogen nicht ganz zu Unrecht Sympathie für ihren vernichtenden Schlag gegen die Arbeiterbewegung.

Um diese propagandistische Wirkung zu verstärken, lud die lippische NSBO zu einer großen Propaganda-Kundgebung für Samstag abend, den 6.5. in das Detmolder Volkshaus ein, auf der den Arbeitern noch einmal dargestellt werden sollte, wie dringend notwendig das "Aufräumen" und "Großreinemachen" bei den Gewerkschaften gewesen sei.[66] Vor der Versammlung hatten sich die Kassierer und Unterkassierer der alten Gewerkschaften einzufinden und alles in ihrem Besitz befindliche Gewerkschaftsvermögen (Geld, Beitragsmarken u.a.) abzuliefern. "Im Nichterscheinensfalle wird Festnahme erfolgt"(sic!), lautete der Schlußsatz der "Einladung".[67]

Ursprünglich hatte die NSBO auf dieser Kundgebung auch die verhafteten Gewerkschaftsführer vorführen lassen wollen. Auch die weitergehende Forderung, sie als "Beuteobjekte" durch die Straßen zu führen, war erhoben worden.[68] Doch gegen derartige Racheakte protestierte Heinrich Drake bei NSBO-Führer Rosteck und bat, von einer solchen Zurschaustellung abzusehen.[69] Vermutlich hatte der bei dem auch in den eigenen Reihen als rücksichtslos angesehenen Rosteck keinen Erfolg gehabt und sich anschließend an Regierungschef Dr. Krappe persönlich gewandt, denn die Landesregierung verbot schließlich die geplante Vorführung auf der "Aufklärungs"-Versammlung am 6.5., eine Anordnung, die an jenem Abend bei Teilnehmern der Kundgebung offene Kritik fand.[70]

In den folgenden Wochen zielten die Maßnahmen von Landesregierung, Partei und NSBO darauf ab, die Zerschlagung der Gewerkschaften zu vollenden. So wurde das gesamte Vermögen beschlagnahmt, die Kassierer mußten Abrechnungen über ihre Kassenbestände erstellen, und auch die Gewerkschaftsbüchereien gingen, soweit für die NSBO brauchbar, in deren Besitz über.[71] Die Gesamtverfügungsgewalt über das beschlagnahmte Vermögen wurde dem neuernannten Kommissar Rosteck übertragen,[72] der sich aber nur einen Monat in dieser Position halten konnte. Dem Ende Mai berufenen neuen Staatsminister Riecke mißfiel offenbar Rostecks Neigung zu selbstherrlichem Vorgehen, so daß Anfang Juni Fritz Grüttemeier als Kommissar für Konsumvereine und Gewerkschaften Rostecks Stelle einnahm.[73]

Es war dies ein deutliches Zeichen, daß die nationalsozialistische "revolutionäre"

Phase vorbei sein sollte. Nun, da die Staatsmacht fest in den Händen der NSDAP lag, hatten die neuen Machthaber kein Interesse mehr an eigenwilligen Aktionen von SA und NSBO, da solche nun in Konkurrenz und Gegensatz zu Partei- und Regierungsanordnungen treten konnten. Eine derartige Einschränkung der eigenen Machtbefugnis hinzunehmen, dazu waren weder der Gauleiter und neue Reichsstatthalter Dr. Meyer, noch sein ausführendes Organ in Lippe, Staatsminister Riecke, bereit.

Das Bestreben der politischen Führung der NSDAP, die errungene Macht auch gegenüber den Ansprüchen der eigenen Verbände und Nebenorganisationen ungeteilt und uneingeschränkt zu bewahren, erlaubte langfristig keine besondere Interessenvertretung wie die NSBO, die als frühere Konkurrenz zu den Gewerkschaften nicht selten spezielle Forderungen der Arbeiterschaft besonders aggressiv vertreten hatte. Ihren Machtansprüchen und ihrem Bemühen, durch eigenmächtige Eingriffe in das Wirtschaftsleben eine allzu unternehmerfreundliche Politik der NDSAP zu verhindern, wurden von der politischen Führung der Partei schnell dadurch Grenzen gesetzt, daß der NSBO – wie übrigens auch SA und SS – jegliche eigenmächtige Demonstration gegen Wirtschaftsunternehmen, Banken und Gewerkschaften seit Anfang April verboten worden war.[74]

Nach dem 2. Mai wurde entgegen den Erwartungen der NSBO deren Entmachtung fortgesetzt durch die Gründung der Deutschen Arbeitsfront (DAF) am 10.5., die bald zur größten NS-Organisation bei faktischer Zwangsmitgliedschaft für Arbeitgeber und Arbeitnehmer mit insgesamt rund 20 Millionen Mitgliedern wurde. Der NSBO blieben danach höchstens politisch-propagandistische Aufgaben in den Betrieben.[75] Dankbar für die "erfolgreiche Befreiung der Arbeiterschaft vom Marxismus" ehrte die lippische NSBO den "Volkskanzler Adolf Hitler", den unbekannten "Musketier aus dem Weltkriege, der Arbeitgeber und Arbeitnehmer einigte zu einer einzigen Arbeitsfront" auf ihre Weise: Sie überreichte ihm in Berlin eine 2,80 m hohe Miniaturausgabe des Hermannsdenkmals.[76]

Zwei Reichsgesetze vom 19.5.33 ("Gesetz über Treuhänder der Arbeit") und vom 20.1.34 ("Gesetz zur Ordnung der nationalen Arbeit") veränderten grundlegend die Beziehungen zwischen Kapital und Arbeit im Deutschen Reich.[77] An die Stelle von Interessenkonflikt und -kompromiß traten nunmehr die Interessen des nationalsozialistischen Staates und das Führerprinzip. Staatsbeamte als "Treuhänder der Arbeit" waren in Zukunft für den Abschluß von Arbeits- und Tarifverträgen wie auch für die "Aufrechterhaltung des Arbeitsfriedens" zuständig. Im Klartext bedeutete das die Abschaffung der Tarifautonomie und des Streikrechts. Einkommenssteigerungen kamen folglich in den folgenden Jahren überwiegend den Besitzenden zugute, während für die Arbeitnehmer praktisch ein Lohnstopp Gültigkeit hatte, mit dem der Staat die bereits 1933 beginnende Aufrüstung bezahlte. Wenn dennoch viele Familien eine geringe Steigerung des Lebensstandards erlebten, so war das allein die Konsequenz aus dem Abbau der Arbeitslosigkeit und aus der Möglichkeit, auch wieder Überstunden zu leisten.[78]

Ergänzend zu dem "Gesetz über die Treuhänder der Arbeit" führte das zweite Gesetz in den Betrieben das Führerprinzip ein: Eine zur "Treue" verpflichtete "Gefolgschaft", unterstand nunmehr dem allein entscheidungsberechtigten "Betriebsführer"; die ehemaligen Betriebsräte wurden in "Vertrauensräte" mit nur beratender Funktion verfälscht. Kein Wunder, wenn die Arbeiter die ersten "Wahlen" zu den Vertrauensräten im April 1934 als Aprilscherz empfanden und mit einer geringen Wahlbeteiligung oder Nein-Stimmen reagierten.[79]

Die Gleichschaltung der Vereine und Verbände

Nachdem die Aussschaltung einer selbständigen und vom Staate unabhängigen Arbeiterbewegung den deutschen Faschisten so reibungslos gelungen war, konnte der weitere, allgemeine Gleichschaltungsprozeß ohne nennenswerte Widerstände bis in die kleinsten gesellschaftlichen Bereiche hinein vorangetrieben werden: Keine berufsständische Vertretung, kein Verband, kein Gesang- oder Sportverein, kein Ziegenzüchterverein und keine Schweinekasse, die am Ende nicht gleichgeschaltet waren.

Der Prozeß setzte unmittelbar nach dem Verbot der Arbeitervereine Mitte April ein, wurde dann kurzzeitig überlagert durch den spektakulären Schlag gegen die Gewerkschaften und dauerte anschließend das ganze Jahr 1933 an. Ja, selbst 1934 wurden noch einzelne weitere Vereine gleichgeschaltet. Bei der Gründlichkeit der Nazis hatte eigentlich keine Gruppe eine Chance, dem nationalsozialistischen Zwang zu entgehen, und wenn sich sechs Jahre später herausstellte, daß man den Bestattungsverein Wüsten schlichtweg vergessen hatte,[1] so mutet das eher als Witz an, als daß es eine bedeutungsvolle Ausnahme hätte sein können.

Wie bereits erwähnt, erfolgte der erste Schritt zu dieser Gleichschaltung durch die Landesregierung, die am 11.4. die Existenz aller Arbeitervereine beendete, indem sie sie kurzerhand zu Nebenorganisationen der am 17.3. in Lippe verbotenen Eisernen Front und des Reichsbanners Schwarz-Rot-Gold erklärte. Gleichzeitig wurden deren gesamtes Vermögen und alle Ausrüstungsgegenstände beschlagnahmt. Von besonderem Interesse für die Nazis waren dabei verständlicherweise die Mitgliederverzeichnisse. In der Regel wurden den betroffenen Vereinen diese Bestimmungen durch die Presse und in gesonderten Schreiben bekanntgegeben. Mancherorts griffen Ortsgruppenleiter der NSDAP auch persönlich ein, um das Verbot umgehend durchzusetzen. So rief beispielsweise der Ortsgruppenleiter in Brake die Vertreter aller Vereine in einer Gaststätte zusammen und verbot den Arbeitervereinen ab sofort jegliche Tätigkeit. Die Reaktion unter den Anwesenden war betretenes Schweigen. Gerade die einstmals aktivsten und engagiertesten Kritiker und Gegner der Nazis wurden jetzt mundtot gemacht mit der gleichzeitigen Androhung von Verhaftung und Konzentrationslager, mit der auch die Ablieferung des Vereinsvermögens erzwungen wurde.[2]

Hinsichtlich der Übernahme des beschlagnahmten Vermögens trafen sich die Interessen der NSDAP und mancher bürgerlicher Gesang- und Sportvereine: Alle waren erpicht darauf, die zahlreichen Sport- und Musikgeräte, Materialien und sonstigen Ausrüstungsgegenstände der Arbeitervereine zu übernehmen. Nicht selten stellten sich dabei Konflikte zwischen beiden Seiten ein, ja selbst NS-Organisationen erhoben hierbei konkurrierende Besitzansprüche.[3] Wo SA, SS oder HJ keine derartigen Forderungen erhoben, erhielten in der Regel die Vereine des Lippischen Sängerbundes und der Deutschen Turnerschaft das verwertbare Sachvermögen. Eine entsprechende Vollmacht zur Sichtung und Verwertung erhielt für den Lippischen Sängerbund dessen Vorsitzender und NSDAP-Parteigenosse, Lehrer Hans Bethke: Was politisch zu beanstanden sei (wie Noten oder Embleme) sollte vernichtet werden, der verwertbare Rest konnte dann den anderen Gesangvereinen übereignet werden.[4]

Ende des Jahres wurde dann eine abschließende Regelung getroffen. Bürgermeister und Amtmänner erhielten das noch nicht verteilte Sachvermögen (das Geldvermögen hatte die Landesregierung selbst beansprucht) zur weiteren Verfügung: "Bei der Verteilung sind die Organisationen der NSDAP besonders zu berücksichtigen."[5]

Angesichts der Mitte April bereits weitgehend konsolidierten NS-Staatsmacht war gegen die geschilderte zwangsweise Auflösung der Arbeitervereine verständlicherweise kaum noch Widerstand zu erwarten. Wo es die örtlichen Verhältnisse zuließen, versuchten ihre ehemaligen Mitglieder, in andere Vereine am Ort einzutreten. Sofern nur einzelne diesen Schritt unternahmen, war er nicht selten erfolgreich, zumal in dieser Hinsicht bei Gesangvereinen und Sportvereinen nach unterschiedlichen Direktiven verfahren wurde.

So wurde nach einer anfänglichen Phase der Unbestimmtheit den Arbeitersportlern die Möglichkeit eingeräumt, nach dem 1. Oktober 1933 unter Benennung von zwei Bürgen, die Mitglieder des Stahlhelms oder von NS-Organisationen sein mußten, in andere Vereine einzutreten.[6] Ganz anders dagegen die Regelung für die ehemaligen Mitglieder der Arbeiterchöre: Ihnen wurde sogar "nahegelegt", bis zum 1.9.33 einzeln die Mitgliedschaft im Lippischen Sängerbund zu beantragen.[7] Begründet wurde diese "Großzügigkeit" durch den Vorsitzenden des Sängerbundes damit, "daß die nationalsozialistische Revolution nicht nur zerschlägt, sondern auch aufbaut. Darum mag jeder kommen, wenn er in ehrlicher, nationaler Gesinnung dazu bereit ist."

Dadurch wird verständlich, daß die Ausschaltung der Arbeiter-Gesangvereine ohne jeden nennenswerten und bezeugten Widerstand ablief. Anders dagegen bei den Sportvereinen. Hier sind vielfache Versuche belegt, das vom NS-Staat erlassene Verbot zu umgehen. So versuchten 29 Mitglieder des verbotenen Vereins Deutsche Eiche Schötmar, beim Konkurrenzverein Germania unterzukommen.[9] In Salzuflen wollten Arbeiter nach dem Verbot ihrer Vereine Union und Rot-Sport einen neuen Verein gründen. Die SA hatte jedoch von diesem Plan erfahren und löste die Gründungsversammlung auf.[10] Auch der Versuch, einen neuen SV Knetterheide zu gründen, scheiterte auf ähnliche Weise.[11]

Da diese Beispiele offenbar keine Einzelfälle waren, sah sich die Landesregierung Anfang Mai genötigt, allgemeine Richtlinien zu erlassen, damit eine einheitliche Reaktion auf solche Versuche ermöglicht wurde. Danach mußten sich alle nach dem 5.3. gegründeten Vereine mit dem für die Gleichschaltung verantwortlichen W.Steinecke in Verbindung setzen, der dann über den Fortbestand eines solchen Vereins zu entscheiden hatte.

Um aber auch die kollektiven Übertritte von Arbeitersportlern in die nicht verbotenen Vereine zu verhindern, wurde zusätzlich verfügt, daß alle nach dem 5.3. eingetretenen neuen Mitglieder bis auf weiteres wieder auszuschließen seien.[12] Gleichzeitig wurden, um die Durchführung dieser Anordnung zu kontrollieren, alle Vereine der Deutschen Turnerschaft, der Rasensportverbände, die Schützenvereine, der ADAC sowie alle Gesang-, Quartett- und Musikvereine in gesonderten Schreiben von Steinecke aufgefordert, ihm die nach dem 5.3. eingetretenen Mitglieder mit Namen, Beruf und Anschrift mitzuteilen.[13]

Wie stark jedoch Theorie und Praxis bei dieser von Mißtrauen geprägten bürokratischen Kontrolle, die die meisten Anordnungen des "Hauptmanns a.D." Steinecke kennzeichnete, auseinanderklafften, veranschaulichen die folgenden zwei Belege: Offensichtlich kamen die aufgeforderten Vereine nur unzulänglich dieser Anweisung nach, denn am 24.6.33 sah sich der neue Sportkommissar Dettmer zu einer erneuten Verfügung ähnlichen Inhalts gezwungen.[14] Aber auch sie wurde von manchen Vereinen ignoriert, wie die Vorgänge beim SC Lemgo-West zeigen.[15]

Nach dem Verbot des Arbeitersportvereins SV 1920 Lemgo trat praktisch dessen gesamte erste Fußballmannschaft in den Monaten Mai bis Juli trotz des Verbotes in den Nachbarverein SC Lemgo-West ein.[16] Vermutlich durch Denunziation erfuhr die Lemgoer Polizei von diesen Vorgängen und informierte am 1.8.33 Staatsminister Riecke, der im Juni die Aufgaben der früheren Landesregierung übernommen hatte. Dieser ordnete den sofortigen Ausschluß der betreffenden Sportler an. Daraufhin mußte sich der Vorsitzende des SC Lemgo-West am 10.8. mit einer Mitgliederliste bei der Lemgoer Polizei einfinden, wo die Liste gemeinsam mit Vertretern der NSDAP auf "rote Elemente" durchgesehen wurde. Am Ende wurden 30 Neumitglieder als vermeintliche "politisch Unzuverlässige" markiert, von denen schießlich am folgenden Tage 19 Mitglieder, die zwischen Mai und Juli eingetreten waren, endgültig ausgeschlossen wurden. Daß andere nach dem 5.3. eingetretene Sportler unbehelligt blieben, illustriert die schon vorher getroffene Feststellung, wie wenig praktische Bedeutung einzelne der in jenen Wochen erlassenen bürokratisch-formalistischen Anordnungen zur Gleichschaltung besaßen.

Unmittelbar nach dem Verbot der Arbeitervereine folgte – wie bereits erwähnt – die Gleichschaltung aller übrigen Vereine, Verbände, Innungen und öffentlichen Körperschaften, auch wenn manche von ihnen in diesen Wochen nicht müde wurden zu betonen, daß eine solche Maßnahme bei ihnen eigentlich nicht angebracht sei: Eine innere Umstellung sei bei ihnen nicht nötig, da sie schon in der Vergangenheit die "nationalen Belange" stets in der Öffentlichkeit vertreten hätten – so der Vorstand des TV Rischenau.[17] Aber für sie alle galt in Zukunft die zentrale Anweisung der Landesregierung und des mit der allgemeinen Gleichschaltung beauftragten Kommissars Steinecke:[18]

"Auf Grund des Gleichschaltungsgesetzes haben sämtliche Vereine eine Neuwahl bezw. einen Umbau des Vorstandes sofort vorzunehmen und zwar derart, daß auf Grund des Gleichschaltungsgesetzes mindestens 51% des Vorstandes der N.S.D.A.P. angehören müssen. Der Vorsitzende hat unter allen Umständen der N.S.D.A.P. anzugehören. Die Neuwahl des Vorstandes hat bis zum 15. Mai d. Js. zu erfolgen."

Mit der praktischen Durchführung und Kontrolle der gesamten Gleichschaltung war – wie schon festgestellt – Gaukommissar Steinecke von der Landesregierung beauftragt worden, der seinerseits anschließend die Gleichschaltung der Vereine des Lippischen Sängerbundes dessen Vorsitzenden und Parteigenossen Bethke übertrug.[19]

Wann immer in den folgenden Wochen die Gleichschaltungsversammlung in den

Vereinen und Verbänden erfolgte, das Verfahren war stets das gleiche: Erfüllt von tiefem Mißtrauen gegenüber der Bereitschaft selbst der "national und vaterländisch" eingestellten Bevölkerung, die getroffenen Anordnungen buchstabengetreu zu verwirklichen, glaubte die Partei, auf die Anwesenheit von Kontrolleuren nicht verzichten zu können. Zumindest galt dies für die Gleichschaltung der größeren Vereine und Verbände. Als Kommissare bestellte Parteigenossen, SA- oder NSBO-Vertreter, Funktionäre des NS-Kampfbundes des gewerblichen Mittelstandes oder auch Beauftragte der Landesregierung[20] luden zu Mitgliederversammlungen ein und beaufsichtigten den Ablauf des Gleichschaltungsvorganges. Als exemplarisch für den Verlauf einer solchen Versammlung mag der Bericht über die Gleichschaltung des Wirtevereins Detmold dienen:[21]

"Am Vorstandstisch war ein großes Bild des Reichskanzlers aufgestellt, umgeben von frischem Grün und Blumen, sowie zwei brennenden Kerzen, ferner war als Symbol der Befreiung die Hakenkreuzfahne angebracht. Symbolisch kennzeichnend, daß auch hier ein neuer Geist einzog.
Der alte Vorstand hatte seine Ämter zur Verfügung gestellt. Landtagsabg. Pg. Sauer als kommissarischer Leiter verlas zunächst die Verordnung über die Gleichschaltung und verpflichtete demzufolge nachstehende Mitglieder durch Handschlag zu Vorstandsmitgliedern: ... Der Verhandlungsleiter schloß seine Ausführungen mit einem dreifachen Sieg-Heil auf den Reichskanzler Adolf Hitler, in das alle Anwesenden freudig einstimmten."

Einen nicht immer programmgemäßen Verlauf nahmen solche Versammlungen dagegen in manchen kleinen, dörflichen Vereinen, vor allem wenn nicht genügend oder gar keine geeigneten Parteigenossen zur Übernahme der Vorstandsfunktionen bereitstanden. Eindrucksvoll ist in diesem Zusammenhang die Darstellung von F.Starke, der die Gleichschaltung aller Vereine im Dorfe Lieme untersucht hat.[22] Starke kann an mehreren Beispielen nachweisen, wie der totalitäre Anspruch der NSDAP, das gesamte öffentliche Leben und weite Teile der Privatsphäre der Bürger zu dominieren, an althergebrachten dörflichen Strukturen und engen persönlichen Beziehungen der Bewohner – einschließlich ihrer gegenseitigen Abneigungen und Wertschätzungen – seine Grenze fand: So wählte der Rasensportverein Lieme auf der Gleichschaltungsversammlung am 13.5.33 ein eingeschriebenes SPD-Mitglied zum neuen Vorsitzenden, der danach sogar vom NSDAP-Ortsgruppenleiter bestätigt wurde. Erst als nach einer Denunziation die Landesregierung eingriff, wurde nach mehreren vergeblichen Wahlgängen ein der Landesregierung genehmer neuer Vorsitzender gewählt. Der aber gab nur seinen Namen für diese Funktion her: Bestimmender Mann im Verein blieb weiterhin der SPD-Genosse.

Die Entscheidung, ob die Gleichschaltung in den einzelnen Vereinen von Bestand sein würde, lag letztlich in der Kompetenz des Gaukommissars Steinecke, dem alle Vereine Angaben über die Parteizugehörigkeit aller Vorstandsmitglieder einzureichen hatten. Zusätzlich bediente er sich bei seinem Votum der Stellungnahme des örtlichen Ortsgruppenleiters.[23] Auffällig sind dabei relativ viele Einwände gegen die gleichgeschalteten Vorstände der Zieglervereine, wie z.B. in Lieme, Lüdenhausen und Großenmarpe.[24] Folglich ordnete Steinecke eine gesonderte Überprüfung der Gleichschaltung bei diesen Vereinen an.[25]

Parallel und ergänzend zu der Gleichschaltung erfolgte – zunächst bei den Turn- und Sportvereinen – die zwangsweise Einführung des nationalsozialistischen Führerprinzips: Die vom Verbandsvorsitzenden bestätigten oder bestimmten Vorsitzenden hatten danach in allen Fragen die alleinige Entscheidungsbefugnis und ernannten auch die weiteren Vorstandsmitglieder ("Mitarbeiter").

Zusätzlich zu all diesen organisatorischen Veränderungen im Gleichschaltungsprozeß trat bei den Turn- und Sportvereinen noch eine inhaltlich-ideologische Neuorientierung: die Einführung des Wehrsports. Zu diesem Zweck sollten sich die "Vereinsführer" mit den örtlichen SA-Führern in Verbindung setzen, "um die Durchführung der Wehrsportübungen mehr als bisher in den Vordergrund zu rücken."[26] Hierbei konnten die Nazis auf bereits bestehende Arbeitsgemeinschaften zwischen Turnvereinen und SA aufbauen.[27] Auch Wehrmärsche wurden nun immer häufiger von den Vereinen durchgeführt: Zeichen einer rasch einsetzenden Militarisierung aller Lebensbereiche und einer Erziehung die ihre "letzte Vollendung im Heeresdienste" erhalten sollte.[28] Über den Verlauf eines solchen Wehrmarsches des TV Heidenoldendorf berichtete die Zeitung:[29]

"Die ältere Abteilung des Vereins trat am Sonntag um 5 Uhr an, nahm den Marsch auf über Hiddesen und Lopshorn und zurück, und entfaltete sich ab Mordskuhle in Marschsicherung. Die Jugend hatte Befehl, vom Vereinslokal um 6 1/2 Uhr abzurücken, und nahm nach einem vorgeschriebenen Marsche die Verteidigungslinie auf dem Kupferberge ein. Vorgeschobene Patrouillen meldeten bald die ältere Abteilung im Anmarsch, denn die Jungens hatten gar bald die geschickte Bewegung im Gelände erfaßt und zur großen Freude die Feinde vor dem Donoper Teich erspäht. Es erfolgte dann gegen 8 1/2 Uhr der Angriff auf der mit Fahnen gezeichneten Front, den die Jugend in heller Begeisterung abwehrte. Mit fröhlichen Turnliedern gings wieder ins Dorf und jeder wünschte, bald einen neuen Schlachtplan zu entwickeln."

Schmölln, Thür. den 4. Juli 1933.

Betrifft Bitte des Scharfrichters
Alwin Engelhardt, jetziger
Abdeckerei Besitzer in
Schmölln um Übertragung
von Hinrichtungen.

Anlagen
Abschrift Zeugnis
3. Original-Zeugnisse
13. 28. 41.

Durch das große Vertrauen unseres Führers und größten Sühners Herrn Adolf Hitler sind Sie zum Reichsstatthalter berufen.

In dieser Eigenschaft bitte ich Sie durch Ihre große Gerechtigkeit liebe mich wieder als Scharfrichter in Ihrer Reichsstatthalterei anstellen zu wollen. Ich hatte mich dieserhalb an Preußen gewandt, um mit als Scharfrichter Verwendung zu finden und erhielt am 26. Juni nachstehenden Bescheid.

An
den Herrn Reichsstatthalter
für Lippe u. Schaumburg-Lippe.
in
Detmold

wenden!

Die Einsetzung des Reichsstatthalters und das Ende des Parteienstaates

Nach der Darstellung der Machtergreifung der Nationalsozialisten in den eher unpolitischen Vereinen und Verbänden sollen im folgenden wichtige Entscheidungen und Entwicklungen in der Chefetage lippischer Landespolitik geschildert werden. Im Rückblick auf die damaligen Ereignisse wird schnell klar, daß die im Februar 1933 eingesetzte Regierung Dr. Krappe nur eine bloße Übergangsregierung sein konnte, enthielt sie doch hinsichtlich ihrer personellen Zusammensetzung zu starke Kompromisse an die damals noch benötigten bürgerlichen Parteien. Der Wegfall dieser Voraussetzungen durch die konsequente Ausschaltung aller Gegner und Konkurrenten ermöglichte den Nazis eine Umbildung der Landesregierung, die von nicht wenigen Parteigenossen ohnehin nur mit Vorbehalten akzeptiert worden war. Daß am Ende aber nicht nur die wegen mangelnder "revolutionärer" Entschlußkraft angefeindeten Regierungsmitglieder Dr. Karppe und Klöpper weichen mußten, sondern eine grundsätzlich neue Kompetenzverteilung stehen würde, war zunächst noch nicht abzusehen.

Grundlagen hierfür waren zwei Reichsgesetze: das "Vorläufige Gesetz zur Gleichschaltung der Länder mit dem Reich" vom 31.3.33 und das "Zweite Gesetz zur Gleichschaltung der Länder mit dem Reich" vom 7.4.33. Durch das erste Gesetz – von der Regierung aufgrund des Ermächtigungsgesetzes erlassen – wurden alle Landtage aufgelöst und nach dem Reichstagswahlergebnis vom 5.3.33 neugebildet. Zusätzlich erhielten die Landesregierungen wie die Reichsregierung das Gesetzgebungsrecht und die ergänzende Befugnis, bei der "Neuordnung der Verwaltung" (im Klartext: bei der Unterwerfung der Verwaltung unter die Ansprüche der NSDAP) von der Verfassung abweichen zu dürfen.

Aber offenbar erachtete die Parteiführung diese Art der Gleichschaltung immer noch als unzureichend für die Errichtung des angestrebten Führerstaates. Auf Hitlers unmittelbare Initiative hin[1] wurde eine Woche später, am 7.4.33, das zweite Gleichschaltungsgesetz erlassen, mit dem die Länder faktisch als eigenständige politische Körperschaften beseitigt und zu bloßen Verwaltungsinstanzen der Reichsregierung degradiert wurden. Mittel dafür waren die neugeschaffenen "Reichsstatthalter". Ihre wesentlichen Rechte waren die Ernennung und Entlassung der Länderregierungen, Ausfertigung der Landesgesetze, Ernennung von Beamten sowie die grundsätzliche Aufgabe, "für die Beobachtung der vom Reichskanzler aufgestellten Richtlinien der Politik zu sorgen" (§1). Um diese enge Bindung auch personell zu verdeutlichen, betraute Hitler – außer in Bayern – nur Gauleiter mit diesem Amt; sie waren ihm als Parteiführer ohnehin zu unbedingtem Gehorsam verpflichtet. In Preußen übernahm er selbst die Reichsstatthalterschaft.

Sengotta hat in seiner Untersuchung ausführlich die Vorgeschichte der Ernennung des Gauleiters für Westfalen-Nord, Dr. Meyer, zum Reichsstatthalter für Lippe und Schaumburg-Lippe dokumentiert. Anhand der ausgewerteten Quellen kommt er zu dem Ergebnis, daß Teile der lippischen NSDAP – vertreten durch Steinecke und Wedderwille – im Gegensatz zu Dr. Meyers eigenen Ambitionen nicht ihn, sondern den stellvertretenden Gauleiter Peter Stangier als Reichsstatthalter in Lippe wünschten. Es sei Dr. Meyer jedoch durch intensive Einwirkung gelungen, dieses Amt für sich zu ergattern.

Eine solche Interpretation war sicherlich von den benutzten Quellen gedeckt. Bezieht man jedoch noch weitere ein, so erscheinen einige Korrekturen an Sengottas Darstellung angebracht, soweit sie den vermuteten Gegensatz zwischen Steinecke und Dr. Meyer betrifft.

Zunächst ist festzustellen, daß der Reichsstatthalter eine völlig neue Einrichtung war, ohne vergleichbares Vorbild in der deutschen Verfassungsgeschichte. Folglich war weder dem Gauleiter Dr. Meyer, geschweige denn den nachgeordneten Parteifunktionären klar, welchen politischen Rang die Amtsinhaber einnehmen würden. Übereinstimmend gingen aber offensichtlich der Gauleiter und die lippische Parteiführung davon aus, daß das neue Amt mit einem Parteigenossen besetzt werden sollte, der in der Parteihierarchie dem Gauleiter untergeordnet war, so daß dieser dem Reichsstatthalter faktisch weisungsberechtigt gewesen wäre. Wenn Dr. Meyer daher an den späteren Staatsminister Riecke dachte,[2] während Steinecke und Wedderwille Dr. Meyers Stellvertreter Stangier vorschlugen, so reduziert sich der von Sengotta vermutete gravierende Gegensatz zwischen dem Gauleiter und Steinecke auf einen nur punktuellen Unterschied am Beginn einer Personaldiskussion. Eine Ablehnung Dr. Meyers seitens der lippischen Parteiführung kann hieraus nicht abgeleitet werden. "Anfangs war man über Personalfragen im Schwimmen", erinnert sich heute der frühere Gaupressewart Dr. Schröder.[3] Wie später noch auszuführen sein wird, belegen weitere Quellen ein außerordentlich enges Vertrauensverhältnis zwischen Steinecke und Dr. Meyer schon seit 1932, so daß auch vor diesem Hintergrund kein Anlaß für eine vermeintliche Rivalität, wie Sengotta sie vermutet, gegeben ist.

Als Steinecke und Wedderwille am 24.4.33 nach Münster fuhren, um dem Gauleiter ihren Vorschlag "Stangier" zu unterbreiten, hatte die Gauleitung bereits einen Informationsvorsprung. Peter Stangier, der auch Abgeordneter im Preußischen Landtag war, hatte dem Gauleiter schon früh Gerüchte aus dem Reichsinnenministerium überbracht, nach denen Lippe mit Oldenburg zu einem Reichsstatthalterbezirk vereinigt werden sollte.[4] Durch einen Anruf im Innenministerium ließ sich Dr. Meyer diese Gerüchte bestätigen. Als später zusätzlich bekannt wurde, daß für das neue Amt nur Gauleiter in Frage kämen, war sich die gesamte Gauleitung in Münster (einschließlich Stangier) in ihrem weiteren Vorgehen einig: Mit allen Mitteln müsse verhindert werden, daß durch die erwogene Zusammenlegung ein anderer Reichsstatthalter über Lippe in Dr. Meyers Gau hineinregieren könne. Folglich müsse dieser nun selbst das Amt mit aller Macht anstreben.

Dieser lehnte zunächst jedoch ab, für sich selbst bei Hitler zu intervenieren, wie es Stangier vorgeschlagen hatte. Als absolut führerhöriger Pg. weigerte er sich, Hitler "Vorschriften" zu machen. Gleichzeitig beauftragte er aber Stangier, im vorstehenden Sinne tätig zu werden: "Besprich das mit Steinecke. Aber laß mich dabei aus dem Spiel."[5]

Durch diesen Sachstand hatte sich der Vorschlag von Steinecke und Wedderwille von selbst erledigt. Die von Sengotta vermutete "Umstimmung" durch den Gauleiter war also gar nicht erforderlich. Mit Nachdruck setzten sich nun alle gemeinsam für eine eigene Reichsstatthalterschaft Dr. Meyers in Lippe und Schaumburg-Lippe ein: Steinecke schickte noch am gleichen Abend ein entsprechendes Gesuch an Innenminister Frick.

Wie stark der Gauleiter inzwischen seine ursprünglich beabsichtigte Zurückhaltung aufgegeben hatte und sich nunmehr selbst energisch für die eigene Reichsstatthalterschaft engagierte, erhellt folgender Vorgang: Neben Steinecke, der sein Telegramm als "Gaukommissar für Lippe" unterzeichnete, wollte auch Wedderwille für die Landesregierung ein Telegramm aufgeben. Da sich Dr. Krappe in Urlaub befand, benötigte er nur noch die Zustimmung seines Kollegen Klöpper. Diese versuchte er in einem Telefongespräch zu erhalten. Als Klöpper sich weigerte, ergriff der Gauleiter selbst den Hörer und forderte ihn offenbar nachdrücklich und massiv auf, Wedderwilles Ersuchen nachzukommen: Ein Kompetenzgerangel zwischen einem fremden Reichsstatthalter und ihm als Gauleiter müsse in Lippe verhindert werden. Doch Klöpper blieb bei seiner Ablehnung, und Wedderwille konnte das Telegramm nur in eigenem Namen als "Mitglied der Landesregierung" absenden.[6]

Wie stark sich die Gauleitung inzwischen für Dr. Meyer einsetzte, um eine Unterstellung von Teilen des Gaugebietes unter die in Aussicht genommenen Reichsstatthalter Loeper (Braunschweig) oder Röver (Oldenburg) zu verhindern, belegen weiterhin zwei Telegramme in Frick aus Schaumburg-Lippe vom gleichen Tag, dem 24.4.33. Zusätzlich ging zwei Wochen später von zwei Gemeindevertreterversammlungen der Kreise Detmold und Lemgo "auf Vorschlag" des referierenden Gaufachberaters für Kommunalpolitik Irrgang (Bielefeld) ein entsprechendes Telegramm an Hitler:[7] "900 Amtswalter und Gemeindevertreter und die (SA-)Standarte 55 erbitten als Statthalter für beide Lippe ihren bewährten Kampfgenossen Gauleiter Dr. Meyer. Heil! Wedderwille – Steinecke."[8] Auch der Lippische Landtag wollte nicht abseits stehen: Sein Präsident Helms, sicherlich durch Steinecke inspiriert, sandte am 10.5. ebenfalls ein inhaltsgleiches Telegramm ab.[9]

Den Höhepunkt all dieser Aktivitäten stellte Dr. Meyers eigener Brief an Hitler vom 11.5. dar, in dem er noch einmal die bekannten Sachgründe für eine eigene Reichsstatthalterschaft darlegte. Nachdem inzwischen bereits etliche Reichsstatthalter ernannt worden waren, wurde der Gauleiter offenbar sichtlich unruhig und befürchtete nicht zu Unrecht eine Kompetenzbeschneidung in seinem Parteibezirk. Die Hektik, die in diesen Tagen die Aktionen der Gauleitung bestimmte, spiegelt ein Schreiben Steineckes an Dr. Krappe wieder:[10]

"Eben rief mich der Gauleiter Dr. Meyer wegen der 'Statthalterfrage' an und ersuchte mich, Ihnen folgendes mitzuteilen:
'Der Führer habe anscheinend bislang vorgehabt, die beiden Lippe (wegen der Winzigkeit) überhaupt nicht durch einen Reichsstatthalter verwalten zu lassen, sondern diese dem Reichsstatthalter Loeper mit zu unterstellen!
Der Gauleiter hält es nunmehr für dringend nötig, daß die gesamte lippische Landesregierung (also alle drei Mitglieder) im Anschluß an das Telegramm des Landtages ein S o f o r t t e l e g r a m m an den Führer richtet, in welchem neben den wirtschaftlichen Gründen als A n e r k e n n u n g f ü r d i e V e r d i e n s t e L i p p e s ein eigener Reichsstatthalter in der Person des Gauleiters Dr. Meyer erbeten wird!'..."

Wie schon früher sein Kollege Klöpper lehnte jetzt auch Dr. Krappe dieses Ansinnen ab. Nach intensiven Kontakten mit hohen Partei- und Regierungsstellen – so teilte er Steinecke mit – habe er den Eindruck, daß Hitler durch die zahlreichen Telegramme bereits ausreichend orientiert sei; eine Stellungnahme der Landesregierung sei bewußt nicht eingeholt worden, und außerdem sei mit der Ernennung Dr. Meyers ohnehin bald zu rechnen.[11]

Vier Tage später war den vereinten Bemühungen von Gauleitung und lippischer Parteiführung Erfolg beschieden: Am 16.5. wurde Gauleiter Dr. Meyer zum Reichsstatthalter für Lippe und Schaumburg-Lippe ernannt.

Vielfache Gerüchte und Spekulationen rankten sich bald um die Vorgeschichte dieser Ernennung. Alle Telegramme seien letztlich von Dr. Meyer bestellt worden, lautete eine Vermutung – nicht zu Unrecht.[12] Vor allem aber diente Steineckes erfolgreicher Einsatz für den Gauleiter Teilen der lippischen NSDAP als Beleg dafür, daß er in Zukunft "den Reichsstatthalter völlig in seiner Hand" habe.[13] Ein solch verständlicher, aber doch überspitzter Vorwurf, der auch mehrfach vor Partei- und ordentlichen Gerichten verhandelt wurde[14] und keineswegs bloße Außenseitermeinung war, rechtfertigt es sicherlich, an dieser Stelle den einflußreichsten lippischen Parteigenossen einmal genauer zu betrachten.

Drei Jahre lang, von 1932 bis 1934, war Hauptmann a.D. Walter Steinecke der starke Mann der lippischen NSDAP, gegen dessen Maßnahmen und Entscheidungen wenig durchgesetzt werden konnte. Kritik an ihm, für die er überreichen Anlaß bot, war stets vergeblich. Sein enges persönliches und politisches Verhältnis zum Gauleiter half ihm lange Zeit, allen Anfeindungen von Parteigenossen zu trotzen. Beispielhaft wurde diese enge Beziehung zwischen beiden der Öffentlichkeit demonstriert anläßlich der "Einholung" des Reichsstatthalters in Lippe. Während der offiziellen Feierstunde im Detmolder Landestheater beschwor Steinecke, an Dr. Meyer gewandt, die gemeinsame Vergangenheit:[15]

"So reichten wir uns im Dunkel dieser bitteren Nächte fest die Hände. Du, der einfache SA-Mann aus irgendeiner Ecke, ich, der einfache Soldat Adolf Hitlers, und du, Gauleiter. Und so schritten wir durch die Schicksalsjahre, ich und du. Durch fahles Licht traten wir ins Licht, ich und du... Wir tragen dich durch Nacht und Licht, wir folgen dir!"

Der so Verherrlichte antwortete darauf unter anderem:

"Sie, Herr Hauptmann und Gaukommissar, sind in dem großen Ringen um Lippe immer meine treueste und zuverlässigste Stütze gewesen. Sie haben ein großes Verdienst daran, daß in Lippe heute der Marxismus überwunden ist... Ich spreche die Hoffnung aus, daß Sie auch weiterhin mein treuer, zuverlässiger Kampfgenosse im Kampf um den Wiederaufstieg Lippes sein werden."

Andere Mitglieder der Gauleitung lehnten Steinecke dagegen nachdrücklich ab. Zu ihnen zählten die Schatzmeister Eickel und Mietz sowie H.E. Ummen, der Vorsitzende des Gau-Untersuchungs- und Schlichtungsausschusses (USchla).[16] In Lippe waren Dr. Krappe und dessen Nachfolger Riecke Steineckes einflußreichste Gegner.[17]

Zahlreiche SD-Berichte sind überliefert,[18] in denen die Spitzel ein außerordentlich negatives Bild von Steinecke zeichnen. Auch heute noch personifiziert Steinecke in der

Lemgo, den 1, August 1933.

Herrn
    Landespolizeidirektor P f o r r ,
                    D e t m o l d .

Bericht der Kontrollpolizeibeamten
des Kreises Lemgo über ihre bisherige Tätigkeit.

Unsere Tätigkeit als Kontrollpolizeibeamte gestaltete sich im Anfang naturgemäß äußerst schwierig. Wenn man als Neuling in ein solch großes Gebiet hineinkommt ist es sehr schwer, überhaupt erst einmal den Anfang zu finden. Wenn hierbei nicht nach einem bestimmten Plan vorgegangen wird, ist garnichts zu erreichen, da selbstverständlich der Gegner jeden plumpen Versuch, hinter seine Schliche zu kommen, sofort bemerken würde

Wir haben also zuerst einmal die verschiedenen Dörfer unseres großen Bezirks aufgesucht, hauptsächlich die früheren Hochburgen des Marxismus, und haben an Hand der Gemeindewahllisten festgestellt, welche Leute sich öffentlich zur S.P.D. und K.P.D. bekannt haben. Danach können wir jetzt diese Leute, indem wir bei Pg. Nachforschungen darüber anstellen, wie sie sich jetzt verhalten, an Arbeitsstätten usw. überwachen. Ferner haben wir mit den zuständigen Polizei- und Gendarmeriebeamten Fühlung genommen, damit unsere Arbeit Hand in Hand greift.

In Lemgo haben wir Nachforschungen angestellt über den "Bubi" und einen gewissen Rußkamp, der von Bielefeld flüchtig ist, sind aber bis jetzt noch zu keinem Ergebnis gekommen.

Der Kontrollpolizeibeamte B▅▅▅▅ hat einen Tag im Arbeitslager Lieme gearbeitet - ordnungsmäßig vom Arbeitsamt überwiesen- um die Stimmung der Leute dort zu erforschen.

                    Heil Hitler!

Erinnerung der befragten Zeitgenossen ohne Einschränkung alle Abscheulichkeiten des Nationalsozialismus, eine Charakterisierung, wie sie für keinen anderen führenden Pg. abgegeben wurde. Kurz: Er war der bestgehaßte Mann in Lippe. Nur Staatsminister Rieckes angeblich "unmoralischer" Lebenswandel und seine Überheblichkeit wurden bald in vergleichbarer Weise heimlicher Gesprächsgegenstand innerhalb und außerhalb der Partei.[19]

Einerseits waren es Steineckes Rücksichtslosigkeit, Unduldsamkeit, Zynismus und Aggressivität, mit denen er sich Feinde schaffte. Zum anderen erwiesen sich die allseits bekannten Vorwürfe gegen seinen Lebenswandel als schwere Hypothek für die Partei. Nicht nur seine "erotischen Zeichnungen" empörten einige Zeitgenossen, sondern auch die Tatsache, daß Ehefrau und Freundin nicht ausreichten, um ihn beispielsweise daran zu hindern, ein 15jähriges Mädchen nachts von der SA abholen und sich "vorführen" zu lassen.[20] Klagen vor unteren Parteigerichten gegen Steinecke wurden stets zurückgewiesen: "Was unter dem Nabel geschieht, geht die Reichsleitung nichts an."[21] Solche Geschichten machten in Lippe allgemein die Runde, waren also ein Politikum und rechtfertigen daher ihre Erwähnung an dieser Stelle. Auch Steineckes steter und übermäßiger Alkoholkonsum wurde landesweit kritisiert. "Natürlich blau" lautete nach einem SD-Bericht regelmäßig der Zusatz bei Erzählungen über seine Ausschweifungen.[22]

Sein schärfster innenpolitischer Gegner war 1933 Regierungschef Dr. Krappe. Nach seiner Entlassung richtete dieser eine Beschwerde an den Gau-Uschla-Vorsitzenden Ummen, in der er die von Steinecke zu verantwortende, miserable Situation in der lippischen NSDAP folgendermaßen charakterisierte: "Die Eiterbeule in Lippe scheint nun doch einmal zum Platzen zu kommen, obwohl man sich krampfhaft bemüht hat, sich möglichst lange die Nase vor dem Gestank zuzuhalten." Rückblickend stellte er dann resignierend fest:[23]

"Es schien mir völlig zwecklos, etwas gegen Steinecke vorzubringen, nachdem mir der Gauleiter zu wiederholten Malen erklärt hatte, er ließe Steinecke nicht fallen. Schon im September 1932 habe ich den Gauleiter schriftlich vor Steinecke gewarnt, natürlich nur mit dem Erfolg, daß ich mich seitdem über besonderes Wohlwollen nicht zu beklagen brauchte.

Jetzt ist die Lage die, daß Steinecke von dem größten Teil der Pgg. – natürlich nicht von seinen Kreaturen und denen, die durch ihn etwas geworden sind – durchschaut und restlos abgelehnt wird."

Falls Steinecke ihn, Krappe, wie andere seiner innerparteilichen Kritiker in "Schutzhaft" nehmen sollte, kündigte er drohend an: "Für diesen Fall habe ich allerdings Vorsorge getroffen, und es würde dann mit meiner Zurückhaltung vorbei sein."

All die zahlreichen Vorwürfe konnten den Gauleiter aber lange Zeit nicht dazu bewegen, Steinecke seine schützende Hand zu entziehen:[24]

"Ich habe Herrn Hauptmann Steinecke von jeher gestützt, weil er einer der aktivsten Kämpfer in Lippe ist, auf die ich mich immer restlos verlassen konnte. Steinecke ist der Organisator der lippischen Wahlkämpfe gewesen. Ihm ist es nicht zuletzt zu danken, daß auch der entscheidende Wahlkampf im Januar d. Js. erfolgreich war. Seine Verdienste um die Bewegung sind außerordentlich groß."

Intensität und Stetigkeit der Kritik erforderten aber schließlich doch ein Einlenken des Gauleiters. Dr. Meyer mußte erkennen, daß sein Schützling in Lippe "untragbar"[25] geworden war, und versetzte ihn daher zur Gauleitung nach Münster. Als zu den bekannten Anschuldigungen noch massive Vorwürfe der Unterschlagung traten, wurde Steinecke von der Gestapo verhaftet und vorübergehend aus der Partei ausgeschlossen. Aber auch dann noch hielt ihm der Gauleiter die Treue: Er bestellte am 13.3.35 bei Staatsminister Riecke ein Positivgutachten, "aus dem die Verdienste des Steinecke um die Bewegung ersichtlich werden."[26] Schon bald war der Angefeindete wieder Pg..

Zurück zu den Ereignissen von Mitte Mai 1933. Schon bald nach seiner Ernennung zum Reichsstatthalter entließ Dr. Meyer die Regierung Dr. Krappe und ersetzte am 23.5.33 dieses Drei-Männer-Kollegium durch den Landespräsidenten Hans-Joachim Riecke, der wenig später den Titel "Staatsminister" erhielt. Der Öffentlichkeit teilte die NSDAP mit, Dr. Krappe habe um Entlassung aus dem Amt gebeten. Dies war eine Formulierung, die die Tatsachen auf den Kopf stellte, denn hierbei handelte es sich um eine von Dr. Meyer schon lange erwogene Absetzung, auch wenn Dr. Krappe später einmal äußerte, er sei von ihr überrascht worden.

Dazu bestand für ihn aber keinerlei Anlaß. Schließlich entsprach die schnelle Maßnahme des neuen Reichsstatthalters dem Vorgehen anderer Reichsstatthalter in den vorausgehenden Tagen, die ebenfalls Regierungen entließen, die nicht den totalen nationalsozialistischen Machtanspruch verkörperten. Wie bereits dargestellt, waren die Regierungsmitglieder Klöpper und auch Parteigenosse Dr. Krappe Kompromißkandidaten gewesen, mit denen der NSDAP im Frühjahr das Vertrauen der notwendigen Koalitionspartner gesichert werden sollte. Diese Voraussetzung war inzwischen bekanntlich entfallen.

Bei dieser Ausgangslage waren die ungewöhnlich massiven Kontroversen mit dem Gauleiter und Teilen der lippischen NSDAP vorgezeichnet gewesen. Während die *Tageszeitung* nur von marginalen "Meinungsverschiedenheiten" zu schreiben wagte,[27] sprechen SD-Berichte eine deutlichere Sprache: "Zwei Parteien innerhalb der NSDAP kämpfen um die Macht."[28] Dabei waren es nicht Dr. Krappes persönliche Eigenschaften, die Kritik an ihm hervorriefen: Der Gaupressewart nennt ihn rückblickend "engherzig, knausrig, pedantisch und überaus empfindlich",[29] während Riecke ihn als "bar jeder Entschlußkraft" schildert.

Der Wahrheit näher kommt dagegen ein NS-Gutachten aus dem Jahre 1936, in dem Dr. Krappe zwar als "tüchtiger Verwaltungsmensch" und "gewissenhafter Beamter" gelobt wird, in dem ihm aber gleichzeitig vorgeworfen wird, er sei "mehr Paragraphenmensch als Nationalsozialist", so daß die Bewegung in Lippe ihn als Landespräsidenten ablehnte."[31]

Was letztlich zu seiner Absetzung führte, war die Tatsache, daß er in seinem Amte als Regierungschef das nationalsozialistische Führerprinzip gegenüber dem Gauleiter nur mit Einschränkungen zu akzeptieren bereit war. Eine Folge waren die – schon in anderem Zusammenhang zitierten – lautstarken Auseinandersetzungen zwischen den beiden.[32] Weitere Quellen belegen, daß die Entscheidungen der Landesregierung Dr. Krappe nicht selten auf den erbitterten Widerstand radikaler Teile der lippischen und Bielefelder NSDAP und SA stießen. Das führte dazu, daß der Gauleiter selbst unter – für seine eigene Position nicht ungefährlichen – beträchtlichen Druck seitens der Bielefelder SA-Führung[33] und des Polizeipräsidenten Bielefeld[34] geriet. Beide forderten nämlich am 10.4. "ein sofortiges Eingreifen der Reichsregierung" in Lippe[35] und die Einsetzung eines Kommissars, um ein energisches Durchgreifen zu gewährleisten und "auch das Land Lippe in jeder Hinsicht mit dem Lande Preußen gleich(zu)schalten".[36]

Konkret richteten sich die Vorwürfe gegen die polizeilichen Verhältnisse in Lippe. "Energielosigkeit" und Inkompetenz der Landesregierung, Unfähigkeit auch des Führers der Hilfspolizei, Stroop, sowie ein Kompetenzwirrwarr in polizeilichen Angelegenheiten hatten nach Meinung der Kritiker dazu geführt, daß sich Lippe zu einem bevorzugten Aufenthaltsort von anderswo gesuchten Kommunisten,[37] zu einem kommunistischen "Eldorado"[38] entwickelt hätte. Der Führer der lippischen SA-Standarte, Dettmer, hatte "offen erklärt, daß ein Zusammenarbeiten mit der gegenwärtigen Regierung ... nicht möglich ist."[39]

Als ihn solch geharnischte Kritk erreichte, erkannte der Gauleiter, welch offenkundige Gefahr für ihn selbst ein Eingriff von außen in sein Gaugebiet bedeuten mußte. Schon damals hatte er offenbar die spätere Ablösung der Krappe-Regierung im Auge, wenn er dem Bielefelder Polizeipräsidenten antwortete: "Eine endgültige Regelung der Verhältnisse in Lippe ist noch nicht erfolgt und wird vermutlich erst mit der endgültigen Regelung der Statthalterfrage erfolgen."[40]

Ganz im Sinne eines Provisoriums degradierte die Gaupressestelle Dr. Krappe in ihrer Mitteilung über dessen Absetzung zum bloßen "kommissarischen" Präsidenten.[41] Die Unzufriedenheit mit seiner Amtsführung kam wohl auch darin zum Ausdruck, daß die lippische Presse zwar die Dankschreiben des Reichsstatthalters an die Regierungsmitglieder Klöpper und Wedderwille veröffentlichen durfte, dessen angeblich "sehr herzlich gehaltenes, ausführliches Dankschreiben (an Dr. Krappe) für seine aufopferungsvolle Tätigkeit in schwerster Zeit" aber nicht bekanntgegeben wurde.[42]

Die Erfahrungen mit dieser Landesregierung – diese These sei gewagt – führten den Reichsstatthalter dazu, abweichend von der Landesverfassung kein neues Regierungskollegium zu ernennen, sondern nur eine Person mit der Leitung der Regierungsgeschäfte zu beauftragen. Der neue Staatsminister Riecke, der zuvor als Landwirtschaftsrat in Münster und seit April 1933 als NS-Reichskommissar für Schaumburg-Lippe tätig gewesen war, erhielt "völlige Handlungsfreiheit",[43] um sich im Sinne Dr. Meyers durchsetzen zu können. Seine doppelte, unmittelbare Verantwortlichkeit als Regierungschef gegenüber dem Reichsstatthalter Dr. Meyer und als Gauinspekteur gegenüber dem Gauleiter Dr. Meyer markieren dabei eine nachdrückliche Verwirklichung des Führerprinzips. Diese doppelte Abhängigkeit wie auch die Person des Staatsministers boten die Gewähr dafür, daß die Konflikte und Dissonanzen der vorausgehenden Monate sich nicht fortsetzen würden.

Die so erfolgte Ausrichtung auf den "Führerwillen" fand ihre Ergänzung in der Ausschaltung des Lippischen Landtages. In einem ersten Schritt war er in gleicher Weise wie die Gemeindeparlamente gleichgeschaltet worden. Nachdem auch die Abgeordnetenzahl auf 17 herabgesetzt worden war,[44] erhielten die NSDAP 10 Mandate, die SPD 5 Mandate, die Kampffront Schwarz-Weiß-Rot (DNVP) 1 Mandat; das

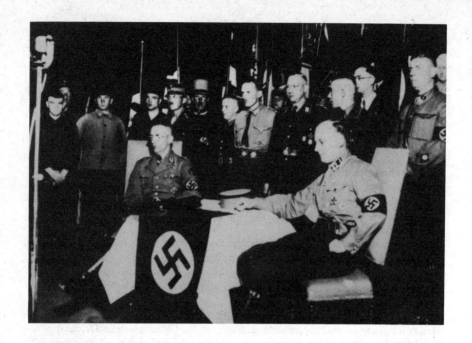

KPD-Mandat wurde kassiert. Gleichzeitig wurden die SPD-Abgeordneten systematisch terrorisiert: Wilhelm Mellies wurde als Lehrer gezwungen, sein Mandat aufzugeben;[45] Fritz Winter war in "Schutzhaft", und selbst Heinrich Drake saß im Mai kurzzeitig im Gefängnis.[46] Zu der letzten Sitzung am 21. Juni erhielten die SPD-Abgeordneten überhaupt keinen Zutritt mehr. So konnten die verbliebenen NSDAP- und DNVP-Vertreter einstimmig ein Ermächtigungsgesetz für Lippe beschließen und damit das offizielle Ende des Parlamentarismus feststellen.

Die Beschwerde der Sozialdemokraten gegen ihren Ausschluß[47] wurde schnell zu den Akten gelegt, denn schon zwei Tage später konnte der *Kurier* den "Todesstoß für den Marxismus" verkünden: Durch Reichsgesetz wurde die SPD verboten. Dieser vorläufige Schlußstrich unter die traditionsreiche, siebzigjährige Geschichte der einst für so mächtig gehaltenen Partei kam nicht überraschend. Systematisch war ihre Existenz durch staatliche Verordnungen, Terror und Demagogie zerstört worden. Zahlreiche Mitglieder waren aus Angst vor Verhaftung aus der Partei ausgetreten, hatten auf Mandate verzichtet; ganze Ortsvereine hatten sich aufgelöst.

Die entsprechenden Zeitungsmeldungen seit Ende März dokumentierten schon früh diesen langsamen Zerfall. Am 29.3. erschien in der *Lippischen Volkszeitung* die erste Nachricht über einen aufgelösten SPD-Ortsverein, den Ortsverein Knetterheide. Zahlreiche andere Orstvereine hatten in den folgenden Wochen mit Emil Feldmann, dem Unterbezirkssekretär, ihre Gelder abgerechnet. Anlaß hierfür war aber nicht die Erwartung eines bevorstehenden Parteiverbots; vielmehr sollten so Gelder und Materialien vor der SA in Sicherheit gebracht werden, der es eine diebische Freude zu sein schien, wenn sie durch eigenmächtige Haussuchungen bei ihren Gegnern auftrumpfen konnte.[48]

Doch war es nicht allein der permanente Terror der Nazis, der der SPD so schnell den Todesstoß versetzte. Entscheidend dazu beigetragen hatte auch die völlig falsche Lageeinschätzung seitens der Berliner Parteiführung. Im Vertrauen auf einen baldigen Offenbarungseid und Zusammenbruch des Regimes hielt sie bis zum bitteren Schluß – auch gegen immer stärker werdenden Widerstand aus der Partei und seitens des inzwischen gebildeten Exil-Vorstandes – an ihrer abwartenden, streng legalen Stillhaltetaktik fest, deren Hauptmerkmale immer deutlicher bloßes Lavieren und Beschwichtigen waren um der Erhaltung der Parteiorganisation willen sowie die trügerische Hoffnung, so etwas für die verhafteten Genossen tun zu können. Tiefpunkt dieser Entwicklung war die Zustimmung der verbliebenen, d.h. der nicht verhafteten oder emigrierten SPD-Reichstagsabgeordneten, (einschließlich Heinrich Drake) zu Hitlers heuchlerischer "Friedensresolution" am 17. Mai.[49] Dabei hatten die Nazis erst eine Woche vorher das gesamte Vermögen der SPD und des Reichsbanners beschlagnahmt. Vor diesem Hintergrund wird das Abstimmungsverhalten der Abgeordneten am 17.5. zu einem Beleg dafür, daß sie nicht mehr Herr ihrer eigenen politischen Beschlüsse waren; Terror und falsches Taktieren hatte sie zu Gefangenen der neuen Herren gemacht.

Der 22. Juni beendete schließlich diese Agonie, als der Innenminister die Partei für staats- und volksfeindlich erklärte. In Lippe wurden daraufhin "sämtliche"[50] Funktionäre und Abgeordnete, zum Teil zum wiederholten Male, in "Schutzhaft" genommen, unter ihnen Drake, Feldmann, Linne, Pinkowski und Pump, der Vorsitzende des Detmolder Ortsvereins, der als neuer lippischer SPD-Führer in Aussicht genommen war.[51] Mit diesem Vernichtungsschlag gegen die verbliebenen Reste der Arbeiterorganisationen war der entscheidende Schritt zum Einparteienstaat getan. Von den nun noch existierenden bürgerlichen Gruppierungen war – vielleicht mit Ausnahme des Zentrums – ohnehin kein nennenswerter Widerstand gegen die alles überrennende Dynamik der NS-Machtergreifung zu erwarten. So hatte sich trotz Fortbestandes einer DVP-Reichsleitung die Deutsche Volkspartei in Lippe schon am 12.4. in Übereinstimmung mit entsprechenden Beschlüssen ihrer Wahlkreisvorstände Westfalen-Nord und Westfalen-Süd vom 8.4. aufgelöst.[52] Die Deutschnationale Volkspartei (DNVP), die in Lippe eine gewisse Bedeutung gehabt hatte, löste sich am 28.6. im ganzen Reiche auf. Als sich am 5.7. schließlich noch das katholische Zentrum auflöste,[53] war das Ende des Parteienstaates besiegelt, und das Hitler-Kabinett konnte am 14.7. folgendes Gesetz beschließen:[54] "In Deutschland besteht als einzige Partei die Nationalsozialistische Deutsche Arbeiter-Partei." Den Abschluß dieser Entwicklung, nach der Parlamentarismus und Liberalismus, Klassenkampf und Marxismus beseitigt sein sollten und die "Volksgemeinschaft" hergestellt sein sollte, brachte das Gesetz zur "Sicherung der Einheit von Partei und Staat" vom 1.12.33.[55] Danach wurde die NSDAP zur "Trägerin des deutschen Staatsgedankens" erklärt, die "mit dem Staate unlöslich verbunden" sei. Sie wurde eine "Körperschaft des öffentlichen Rechts".

Die kulturelle und geistig-ideologische Gleichschaltung

Nach dem Verbot aller nicht-faschistischen Parteien, nach der Unterstellung der Landesregierung unter die Befehlsgewalt des Reichsstatthalters und nach der umfassenden Gleichschaltung aller öffentlichen und privaten Vereinigungen hatten die Nationalsozialisten Lippe endgültig fest im Griff. Einem autoritären Staate wäre eine solch uneingeschränkte Macht und Herrschaft ausreichend gewesen. Ein faschistischer Staat dagegen verlangt mehr: Er beansprucht darüber hinaus auch die ideologische Alleinherrschaft, will alle Bereiche des geistigen, geistlichen und kulturellen Lebens durchdringen und beherrschen.

Nachdem der Staat die schnelle Beute der Nazis geworden war, setzte bald der langfristige Prozeß einer konsequenten Umerziehung der Bevölkerung ein. Die nationalsozialistische Idee "flutet ... unaufhaltsam in das öffentliche Leben hinein und macht vor keinen Gesetzen, keiner Lehre, keiner Organisation, vor keiner Partei, ja, vor keinem Denken und Fühlen halt; sie will die gesamte Kultur in eine bewußte Verbindung mit bewußter politisch-weltanschaulicher Propaganda setzen, sie aus der verfallsnahen, individualistischen Bindungslosigkeit des jüdisch-liberalistischen Kulturbetriebes" lösen. Mit solchen Worten beschrieb Goebbels am 8.5.33 vor Theaterleitern diesen ideologischen und kulturellen Gleichschaltungsprozeß.[1]

Der erste energische Zugriff des Propagandaministers galt dem deutschen Rundfunk, der schon im Frühjahr 1933 personell und inhaltlich weitgehend gleichgeschaltet war. Das laufende Programm wurde immer wieder ergänzt durch zahlreiche öffentliche Übertragungen von Reden der neuen Verführer. Anfangs standen die Lautsprecher dabei auf öffentlichen Plätzen, in Gaststätten oder Radiogeschäften. Doch schon bald wurde diese Art der Verbreitung durch einen kollektiven Hörzwang für Belegschaften und Schüler in Betrieben und Schulen ersetzt. Die Möglichkeit, ausländische Sender zu hören, wurde praktisch schon 1933 stark eingeschränkt: Für 76 RM wurde der Volksempfänger V.E. 301 angeboten, ein außerordentlich billiges Radiogerät, mit dem normalerweise aber nur der Deutschlandfunk und der nächstgelegene Regionalsender zu empfangen waren.[2]

Wesentlich uneinheitlicher verlief der Gleichschaltungsprozeß im Pressewesen. Während kommunistische und sozialdemokratische Zeitungen verboten waren, wurden die bürgerlichen Zeitungen zur Anpassung gezwungen, soweit sie es nicht ohnehin schon selbst getan hatten. In Lippe konnten zumindest 1933 alle bürgerlichen Zeitungen weiter erscheinen. Hin und wieder konnte man in ihnen durchaus versteckte Angriffe gegen einzelne Maßnahmen des Regimes, vor allem in Kirchenfragen, lesen.[3]

Die einzige Zeitung, die außer dem *Volksblatt* schon 1933 ihr Erscheinen einstellen mußte, war kurioserweise das NS-Blatt *Lippischer Kurier*. Zu erklären ist diese überraschende Entwicklung damit, daß die NSDAP durch Gauleiter Dr. Meyer nur ihr Herausgeber war und die Redaktion stellte, daß die Titelrechte aber bei ihrem Verleger Ernst Münnich (Lage) lagen. Als die NSDAP diese Eigentumsverhältnisse ändern wollte, scheiterte eine gütliche Einigung an der finanziellen Abwicklung und der Frage, wer von beiden die Mehrheit an einer zu gründenden Zeitungs-GmbH besitzen sollte.[4] In einer Handstreichaktion gründete die NSDAP daraufhin innerhalb von drei Tagen zum 1.10.33 eine neue Zeitung: die *Lippische Staatszeitung*. SA und SS suchten alle *Kurier*-Abonnenten auf und holten deren schriftliches Einverständnis, daß sie fortan die *Staatszeitung* zu beziehen wünschten.[5] Damit hatte Münnich zwar seine Zeitung behalten, alle Abonnenten jedoch verloren. Hergestellt wurde das neue Blatt übrigens auf den Druckmaschinen im alten *Volksblatt*-Gebäude.

Mit welchem Anspruch die neue Zeitung gegenüber ihren Konkurrenten auftrat, machte der Verlagsleiter der *Staatszeitung* und frühere Pressereferent der Regierung, Jahnke, den Vertretern der anderen Zeitungen bald unverblümt klar: Die *Staatszeitung* gehöre "möglichst in jede lippische Familie...Es könne durchaus die Folge sein, daß einzelne Zeitungsverlage in Auswirkung dieses Übergewichts der *Staatszeitung* das Erscheinen ihrer Blätter einstellen müßten. Das müsse eben in Rücksicht auf die politischen Zwecke, die die *Staatszeitung* zu erfüllen habe, in Kauf genommen werden."[6] Die gleichzeitige Zusicherung eines Konkurrenzkampfes "mit lauteren Mitteln" war angesichts einer solchen Drohung und des bekannten, kompromißlosen Vorgehens der Nazis eine leere Floskel, die in der Praxis nichts wert sein sollte.

Noch ein weiteres Massenmedium unterwarf die NSDAP schnell und zielstrebig ihrer Kontrolle. Die lippischen Kinos boten ihren Besuchern immer häufiger Filme mit offenkundig propagandistischen Inhalten an wie "Hitlerjunge Quex. Ein Film voll Kampf, Kameradschaft, Liebe und Menschlichkeit"; "Sieg des Glaubens. Der Film vom Reichsparteitag 1933"; "Blut und Boden"; "Der Choral von Leuthen. Der große nationale Film"; "Deutschland erwacht"; "Blutendes Deutschland"; "Siegfrieds Tod. Der Film für alle Deutschen";"Morgenrot, das Hohelied der deutschen Frau als Mutter, Gattin, Braut, Kameradin ...das Heldenlied der deutschen U-Boot-Flotte im Weltkrieg"; "Marschall Vorwärts, ein Heldenlied von Preußens Erhebung".[7]

Es war der NS-Kampfbund für Deutsche Kultur unter seinem Vorsitzenden Prof. August Weweler, der dafür sorgte, daß in Lippe die Richtlinien des Propagandaministeriums in die Tat umgesetzt wurden und der neue Geist schnell in die Kinos einzog. Polemisiert wurde dabei gegen die immer noch zu hohe Zahl ausländischer Filme. Auch spreche es nationalem Empfinden hohn, wenn "Blutendes Deutschland", ein Film über die "nationale Erhebung", im Beiprogramm durch "Ganovenehre" ergänzt werde.[8]

In vielfacher Weise betätigte sich der erwähnte "Kampfbund", der bald durch den NS-Kulturbund ersetzt wurde,[9] als Zensurorgan und Motor zur Verbreitung einer nationalsozialistischen Kunst. "Wahrung des lebendigen Kulturgutes" und "Abwehr aller zersetzenden Kräfte, Aufklärung über Zusammenhänge zwischen Rasse, Kunst und Wissenschaft, Reinigung aller Kultstätten vom Judentum" waren die Ziele.[10] Folglich polemisierte Prof. Weweler, der "Schöpfer herrlicher deutscher Musik"[11], gegen die angebliche "jüdisch-amerikanische oder jüdisch-französische" Musik.[12] Und zur Eröffnung der Winterspielzeit im Landestheater 1933/34 dichtete er:[13]

"Sieg -Heil" unserm Dritten Reiche,
Mög es wachsen gleich der Eiche;
"Sieg-Heil", der dem Chaos wehrte
Und uns wieder Deutschtum lehrte;
Blühend in der Sonne Gunst,
"Sieg, Sieg-Heil" der Deutschen Kunst!

Schon früh hatte der gleichgeschaltete Vorstand des Landestheaters jedweden "jüdischen Einfluß" verdammt und den Spielplan "in die Kulturarbeit des Dritten Reiches eingespannt".[14] "Zeitnahe Stücke ... werden neben den Klassikern ... den Spielplan bestimmen, ferner Volksstücke ... Auch die gute Komödie wird vertreten sein müssen. Auch für mundartliche Heimatstücke könnte Raum geschaffen werden", lautete die ideologische Richtungsbestimmung.[15] Daß sich hinter dem Begriff der "zeitnahen Stücke" nichts als pure politische Propaganda verbarg, verdeutlichte der folgende Spielplan, der Aufführungen wie "Ewiges Volk", "Es brennt an der Grenze", "Schlageter" und "Jugend von Langemark" anbot.[16]

Welche Literatur die Deutschen in Zukunft lesen sollten, war ebenfalls bald nach der Machtergreifung klargestellt worden. Zwar hat es in Lippe nirgendwo die organisierten Bücherverbrennungen des 10. Mai gegeben. Nur vereinzelt waren lästige Schriften aus Büchereien der Gewerkschaften und SPD-Ortsvereine öffentlich verbrannt worden.[17] Die erste systematische "Säuberungsaktion" der Landesregierung setzte ein bei den Schüler- und Lehrerbibliotheken: Innerhalb von 14 Tagen mußten Verzeichnisse aller in den Bibliotheken enthaltenen Bücher zur Überprüfung eingereicht werden. Auf diese Weise sollten alle Werke eliminiert werden, die vom "völkischen und christlichen Standpunkte aus abzulehnen sind."[18] Drei Wochen später appellierte die Landesregierung zusätzlich an die Bevölkerung, keine (jüdischen) "Greuel"- Schriftsteller oder andere "undeutsche" Autoren zu lesen: "Reinigt Eure Bibliotheken von solchen Schriftstellern, die sich als Verräter des eigenen Vaterlandes gekennzeichnet haben, und wirkt auf andere aufklärend ein."[19] Polizeibeamte kontrollierten in diesen Wochen manche Bücherei bei Vereinen und Verbänden.[20]

Einzelnen Parteigenossen schien das Vorgehen der Landesregierung in dieser Hinsicht immer noch zu schlapp. So forderte der Vorsitzende der Detmolder Ortsgruppe des Kampfbundes für die Deutsche Kultur, Studienrat Suffert, der spätere Leiter des Lippischen Landesmuseums, die Verbannung der Werke von Emil Ludwig und Lion Feuchtwanger, die sich an der "Greuelpropaganda gegen Deutschland" beteiligt hätten. Daraufhin forderte die Landesregierung von den öffentlichen Bibliotheken Berichte an, inwieweit sie die Werke dieser Autoren noch in ihren Beständen führten. Die Antwort der Stadtbücherei Lemgo hierauf ist außerordentlich bemerkenswert:[21]

"Bei Buchbeschaffungen für die hiesige Stadtbücherei haben wir uns schon seit Jahren nach den Buchbesprechungen in der Neuen Literatur, die von Will Vesper, dem bekannten nationalsozialistischen Schriftsteller herausgegeben wird, gerichtet. Es sind infolgedessen nur wenige Bücher vorhanden, die für eine Ausmerzung in Frage kommen.
Die Werke undeutscher Schriftsteller, die vorhanden sind, und deren Anschaffung sich nicht vermeiden ließ oder die gestiftet wurden, sind schon seit längerer Zeit nicht mehr ausgeliehen und jetzt vollständig im Verzeichnis gestrichen.... Bemerkt wird noch, daß schon vor Jahren von jüdischer Seite Beschwerden eingegangen sind über die Richtung der Lemgoer Stadtbücherei.
Wir bitten auch, in Erwägung zu ziehen, ob es nicht angebracht ist, daß die Landesbibliothek ein Verzeichnis der von ihr ausgemerzten Schriftsteller den übrigen lippischen Bibliotheken zugängig macht, um Zweifel zu beseitigen und zu verhüten, daß in einigen Biblio-

theken noch Werke zur Ausgabe gelangen, die in anderen Bibliotheken ausgeschieden sind."

Von erstrangiger Bedeutung bei der Unterwerfung der Gesellschaft unter den Nationalsozialismus war zweifellos die ideologische Herrschaft über die Jugend. "Der nationalsozialistische Staat gibt der Kirche, was der Kirche ist, er läßt sich aber die Jugend nicht nehmen, die deutsche Jugend gehört niemandem anderem als dem Staat." So kompromißlos formulierte der Reichsstatthalter Dr. Meyer diesen Anspruch.[22] Außer durch eine möglichst weitgehende organisatorische Einbindung der Jungen und Mädchen in die Hitler-Jugend sollte dieser Herrschaftsanspruch möglichst rasch und total durch die Ausschaltung konkurrierender Ideen im Erziehungswesen durchgesetzt werden. Die grundlegenden Erziehungsziele hatte Hitler schon in *Mein Kampf* formuliert:[23]

"Der völkische Staat hat ... seine gesamte Erziehungsarbeit in erster Linie nicht auf Einpumpen bloßen Wissens einzustellen, sondern auf das Heranzüchten kerngesunder Körper. Erst in zweiter Linie kommt dann die Ausbildung geistiger Fähigkeiten. Hier aber wieder an der Spitze die Entwicklung des Charakters, besonders die Förderung der Willens- und Entschlußkraft, verbunden mit der Erziehung zur Verantwortungsfreudigkeit, und erst als letztes die wissenschaftliche Schulung."

Bei ihren ersten Maßnahmen auf diesem Wege suchten die lippischen Nazis anfangs offenbar auch den Beifall der bürgerlichen Rechten und der Kirchen. So stand am Beginn aller Eingriffe in die Schule die schon erwähnte Entlassung von Lehrern, die sich in ihrer Mehrzahl während des "Schulkampfes" für eine weltanschaulich neutrale Schule eingesetzt hatten. Bei ihren folgenden Disziplinierungsmaßnahmen erfreute sich die Landesregierung der vielfachen Hilfe von Lehrern, die schon vor 1933 Parteimitglieder gewesen waren. Als Beispiele seien hier Studiendirektor Betz (Lemgo) und der Vorsitzende des Lippischen Philologenvereins, Dr. Schulte (Detmold), genannt, die Regierung und Partei "eine treue Stütze und Hilfe" bei der "Säuberungsaktion" in den lippischen Kollegien waren.[24]

Im Mai 1933 wies die Regierung alle Lehrer an, die Kinder "im Geiste des deutschen Volkstums und des Christentums" zu erziehen:[25]

"D e u t s c h s e i n erkennt und bekennt durch die Tat, daß Gott, Schöpfer Himmels und der Erden, das deutsche Blut, die deutsche Muttersprache und das deutsche Vaterland gegeben hat und von uns verlangt, diese gottgegebenen Werte rein zu erhalten, treu zu bewahren und nach bestem Wissen und Können zu pflegen...
C h r i s t s e i n soll und muß dem deutschen Erzieher die Kraft geben, seine schwere Aufgabe und damit Gottes Willen treu zu erfüllen. Der christliche Glaube muß als die Grundkraft der Schule den gesamten Unterricht und die Erziehung durchfluten... Lied und Gebet müssen am Anfang jeder Tagesarbeit stehen, wenn sie gesegnet sein soll...."

Als "Sanierung des Geistes" begrüßte die *Tageszeitung* diesen Erlaß "auf das Wärmste", da er dazu diene, die geistigen Grundlagen des gesamten Volkslebens wieder von allen Schlacken zu reinigen, die das Fundament erschütterten."[26] Daß aber die meisten dieser frommen Naziworte nur propagandistische Taktik waren, veranschaulichte ein Grundsatzreferat des neuernannten Landesschulrates Wollenhaupt wenige Tage später.[27] Danach war die Rassenfrage "das A und O der neuen Erziehung". Das Christentum tritt erst als drittes Unterrichtsprinzip der "Deutschen Heimatschule" neben die alles dominierenden ersten beiden: "1. Das nordische Blut. 2. Die deutsche Heimat."

In den folgenden Monaten und Jahren wurden regelmäßig für alle Lehrer obligatorische Propagandaveranstaltungen abgehalten, auf denen einige ihrer lippischen Kollegen (z.B. Betz, Grote, Meier-Böke, Süvern und Blümchen[28]) über die neue Erziehungsideologie und ihre praktische Umsetzung im Unterricht referierten. Neben diese Schulungen traten bald die Überprüfungen der Lehrer auf ihre "vaterländische Gesinnung", im Klartext: ihr Wohlverhalten gegenüber dem NS-Staat.

Schon früh widmeten die neuen Führer einigen Unterrichtsfächern ihre besondere Aufmerksamkeit: Im Turnunterricht sollte in Zukunft dem Wehrturnen verstärkte Bedeutung zukommen. Ziel sei dabei die "Erziehung der schulpflichtigen Jugend zu Wehrhaftigkeit und Gemeinschaftssinn."[29] Der gleiche Grundgedanke lag auch einem Erlaß der Landesregierung vom 3.5.33 zugrunde, der für den Geschichtsunterricht anordnete:[30]

"In den Schulen des Landes ist mit allem Nachdruck gegen die Kriegsschuldlüge zu kämpfen. Jedem Kinde ist die Wahrheit einzuprägen: 'Wer behauptet, Deutschland sei am Kriege schuld, lügt...'
Im Anschluß an die Behandlung des Schanddiktats (d.h. des Friedensvertrages von Versailles von 1919, d.Vf.) *ist die Notwendigkeit einer unbedingten Wehrhaftigkeit des deutschen Volkes klarzulegen. Feigheit und Verweichlichung dienen nicht dem Völkerfrieden, aber Wachsamkeit und Bereitschaft dämpfen die Begierden feindlicher Nachbarn."*

Wie schnell die NS-Ideologie bald zu einer geistigen Verarmung in den Schulen führte, zeigen Aufsatzthemen wie "Jedes Volk schützt seine Arbeit", "Die Notlage des deutschen Bauernstandes. Wie helfe ich?", "Gedenke, daß Du ein Deutscher bist!" oder "Ein Tag aus dem Leben eines echt deutschen Mädels".[31] Für den Abituraufsatz in Deutsch wurde 1934 am Detmolder Leopoldinum neben drei anderen auch folgendes Thema angeboten: "Wie ich am Miterleben der nationalsozialistischen Revolution reifte." Nur drei von achtzehn Schülern mochten sich hierzu allerdings äußern. Einer von ihnen notierte in teilweise fehlerhaftem Deutsch:[32]

"Seitdem ich das braune Ehrenkleid der braunen Armee trage, ist eine sonderbare Wandlung in mir vorgegangen. Täglich tritt mir Deutschlands Not und Elend, die seine Bürger und Bauern und Arbeiter tragen, vor die Augen. Auch als ich den Führer sprechen und predigen höre, weiß ich, daß seine 'Revolution' den Weg zum neuen Deutschland, zum Dritten Reich freimacht... Ich fühle nur in diesem Augenblick das eine: eine neue gereifte Jugend ist entstanden und trägt den Sinn der Revolution in sich. Ja, wir Jungen sind den Alten, den Spießern und der Reaktion, zu denen Lehrer und Eltern gehören, weit voraus. Sie alle, die klug und weise reden, haben von den(!) Aufbruch einer neuen Zeit noch nichts verspürt. Doch wir jungen Träger der nationalsozialistischen Revolution erfassen klar, was Studienräte und bebrillte Professoren nicht begreifen können...."

Eine "Bereicherung" der hiesigen Schullandschaft, obwohl von der lippischen

NSDAP dringend gewünscht, wurde ihr schließlich doch versagt: Das Rasseamt der SS hatte ursprünglich die Burg Schwalenberg ausgewählt, um dort ihre Führerschule ("Reichsrasseschule") einzurichten, die "richtungsweisend für das bevölkerungspolitische Leben im neuen Deutschland" sein würde.[33] Am 10.7.33 kam Himmler nach Schwalenberg und schloß die Verhandlungen über eine Erwerb der Burg für 99 Jahre mit der Eigentümerin, Gräfin Friedrich zur Lippe, durch einen Vorvertrag[34] oder "durch Handschlag"[35] erfolgreich ab. Als die Gräfin in den folgenden Wochen jedoch noch etliche Bedingungen nachschob, die die uneingeschränkte Verfügungsgewalt der SS beeinträchtigten, kündigte die SS-Reichsleitung kurzerhand das Abkommen.[36] Diese Entscheidung wurde auch nicht korrigiert nach einem Telegramm der Besitzerin: "Ziehe alle Bedingungen zurück. Bedaure Mißverständnis. Erbitte Antwort im Interesse tausend Schwalenberger."[37]

Ebenso unberücksichtigt blieb das wiederholte Angebot eines Mitbewerbers. Die Stadt Lage hatte sich, vertreten durch Bürgermeister und Stadtrat, schon Ende April nach den ersten Presseberichten an die SS-Führung gewandt und die Wilhelmsburg für die Führerschule angeboten, da sie wesentlich verkehrsgünstiger liege als die "im abgelegendsten (sic!) Teile von Lippe gelegene Burg Schwalenberg". Auch von dem Besitzer seien keine Schwierigkeiten bei der Vertragsgestaltung zu erwarten. Dieses Angebot hatte aber keine Chance, so teilte die Landesregierung im Auftrage der SS mit, "da die verkehrsgünstige Lage gerade nicht der gedachten Schulung entspricht."[38]

Noch ein weiterer Bereich muß bei der Darstellung der Anfänge der ideologischen Gleichschaltung angesprochen werden. Der Absolutheits- und Totalitätsanspruch des Nationalsozialismus machte das Regime zwangsläufig zu einem Konkurrenten der wichtigsten traditionellen Wertevermittler: der Kirchen. Deren Einfluß auf die moralische und politische Einstellung weiter Bevölkerungskreise konnte zweifellos den Erfolg der geistigen Gleichschaltung ernsthaft gefährden. Insofern war es für die NSDAP objektiv notwendig, einen offenen Konflikt zu vermeiden. Die Voraussetzungen dafür waren günstig.

Jetzt sollte es sich für die evangelische Kirche rächen, daß zu viele ihrer Pfarrer nie eine positive innere Einstellung zur Weimarer Republik und zur Demokratie gefunden hatten. Ihr von der Treue zum autoritären Staat geprägter Nationalismus und Konservativismus machte sie leicht infizierbar, zumindest aber blind für die Ideologie des Nationalismus. Folglich konnte es nicht verwundern, daß die Amtskirche vielfach die "nationale" Regierung des 30.1.33 freudig begrüßte.[39] Bestärkt wurde sie in dieser Hinsicht durch die zahlreichen öffentlichen Bekenntnisse Hitlers zum "Allmächtigen". Nie wieder hat der große Führer später so häufig und so inbrünstig Gott beschworen wie in den ersten Wochen nach der Regierungsübernahme.[40] Erinnert sei hier an den Aufruf vom 1.2. und die Königsberger Rede vom 4.3.. Auch auf unteren Parteiebenen wurde diese Taktik befolgt. So wurden beispielsweise in politischen Kommentaren vor Ostern und Pfingsten enge Beziehungen zur christlichen Botschaft hergestellt.[41] SA-Einheiten besuchten geschlossen den Gottesdienst. Anläßlich der "Einholung" des Reichsstatthalters Dr. Meyer am 30.5. läuteten die Kirchenglocken, sobald er die Stadtgrenzen erreicht hatte;[42] nach einer kurzen Begrüßungsfeier in der Detmolder reformierten Kirche "verharrte Dr. Meyer im Gebet".[43]

Dieser nationalsozialistische "Vertrauensfeldzug"[44] war für viele Pfarrer eine zusätzliche Verlockung, hatte diese Regierung doch auch den endgültigen Sieg über den "atheistischen Marxismus" auf ihre Fahnen geschrieben. Dies festzustellen soll nicht bedeuten, daß die Mehrheit der deutschen oder lippischen Pfarrer Nationalsozialisten war oder wurde. Aber dennoch leisteten auch sie durch ihre anfängliche Zustimmung zur neuen Regierung einen unbestreitbaren Beitrag zur Stabilisierung des Unrechtsstaates. Warnende Stimmen, wie die des Pfarrvikars Hossius am 1. Mai, blieben rühmliche Ausnahmen im Chor der nationalistischen Euphoriker.

Überzeugte Nationalsozialisten gab es in der lippischen Pfarrerschaft nur wenige. Zu nennen sind hier die Pastoren von Szalatnay (Lage) und Kasimir Ewerbeck (Lemgo), der schon früh mit Hakenkreuzfahnen vor seinem Wohnungsfenster und offen getragenem Parteiabzeichen bei Gemeindebesuchen für die NSDAP geworben hatte.[45] Von Szalatnay übernahm 1933 den Posten eines Gauobmannes der NS-Glaubensbewegung Deutsche Christen (DC) in Lippe.

Diese Gruppierung trat bald als aggressiver Konkurrent innerhalb der etablierten Kirche auf. Ihre Ziele waren die ideologische und organisatorische Gleichschaltung von Staat und Kirche, Durchsetzung des Führerprinzips und ein "artgemäßes", "positives" Christentum. Mit solch außerordentlich schwammigen Begriffen sollte die ideologische Unterordnung der christlichen Lehre unter die Bedürfnisse des Nationalsozialismus kaschiert werden: "Säuberung vom jüdischen Einfluß", Einführung des Arierparagraphen, Ablehnung des Alten Testaments und Umfunktionierung von Christus zu einem "Arier".[46]

Wie andere Organisationen, Gruppen oder Vereine sollte auch die evangelische Kirche bald erfahren, daß der Weg des Kompromisses und der freiwilligen Anpassung in geeigneten Momenten von den weltlichen Herrschern durch den Einsatz bloßer Gewalt ergänzt wurde. Für die Kirche war dieser Schritt mit der kurzfristig verfügten Durchführung von Kirchenwahlen gekommen. "Im nationalsozialistischen Staat, in dem das Führerprinzip gilt, ist es eigentlich paradox zu wählen", gestanden die Nazis zwar in einem Wahlaufruf ein.[47] Doch erschien wieder einmal ein formales Instrument aus demokratischen Zeiten am besten geeignet, um einen weiteren Machtzuwachs zu garantieren und die Gegner zu lähmen.

Vom 18.-23.7.33 wurde daher von der NSDAP eine massive Propaganda entfaltet, die den Deutschen Christen die Vorherrschaft in den Kirchengemeindevertretungen und Synoden verschaffen sollte. Allen Parteigenossen wurde zur Pflicht gemacht, sich in die Wahllisten einzutragen und den DC ihre Stimme zu geben. In einem Flugblatt appellierte Pastor Ewerbeck an die Kirchenmitglieder:[48]

"Wir wollen bewußt Deutsche sein: Gott, Schöpfer Himmels und der Erden, hat uns deutsches Blut, die deutsche Muttersprache und das deutsche Vaterland gegeben. Gott will, daß wir Blut und Boden, Sprache und Volk rein erhalten, treu bewahren und nach bestem Gewissen pflegen. Gott verlangt Dienst am deutschen Volk, Dienst an der deutschen Seele! ... Die Deutsche Kirche muß die Heimat der deutschen Seele sein. Helft alle mit, dies hohe Ziel zu erreichen...
<u>*Adolf Hitler will es!*</u>*"*

Noch am Vorabend der Wahl schaltete sich Hitler persönlich in den Wahlkampf ein und mahnte über alle deutschen Radiosender eine Stimmabgabe für die DC an.[49] Bei so viel Einsatz der staatlichen Propaganda konnte von einer freien Wahl keine Rede sein. Ohnehin waren in etlichen Gemeinden – so z.B. in allen drei Detmolder Kirchengemeinden – teils freiwillig, teils unter Druck Einheitslisten aufgestellt worden.[50] Die Atmosphäre jener Tage schilderte ein halbes Jahr später Pastor Voget (Heiligenkirchen) so:[51]

"Im Allgemeinen verlief das kirchliche Leben ruhig. Nur einmal ging eine Erregung durch die Gemeinde, als nämlich im Sommer auf Anordnung von oben sämtliche Ämter in der Kirche durch Neuwahl neu besetzt werden mußten. Die sog. 'Glaubensbewegung Deutsche Christen' wollte die ganze Kirche erneuern... Auch in Lippe benutzten sie weltliche Machtmittel, überrumpelten die Gemeinden und übten unerhörten Gewissensdrang aus. Die Wahlbeteiligung am 23.7. war dann auch recht groß, obwohl viele bei der Überstürzung und Verhetzung garnicht recht zur Klarheit kommen konnten, um was es sich eigentlich handelte.

Es waren das Erlebnis dieser "Wahlen" und das aggressive Auftreten von Partei und Deutschen Christen, die manchen Pfarrer seine ursprüngliche Genugtuung über die Machtergreifung des Nationalsozialismus überdenken ließen, zumal die Lippische Landeskirche in den vorausgehenden Wochen bereits weitere Eingriffe des Staates in ihre Unabhängigkeit hatte dulden müssen: Am 27.6. hatte die Landesregierung zur "Beseitigung der vorhandenen Verwirrung und Beunruhigung" den Landesschulrat Wollenhaupt zum Staatskommissar für die Landessynode bestimmt. Noch am gleichen Tage löste dieser die Landessynode auf und enthob die Mitglieder des Landeskirchenrates ihres Amtes.[52]

Trotz solch massiver Eingriffe des Staates in die krichliche Autonomie bedurfte es noch einer weiteren Steigerung des nationalsozialistischen Drucks gegen die Kirche, bevor einer nennenswerten Anzahl lippischer Pfarrer die Augen geöffnet wurden über den terroristischen Charakter des Regimes. Als auf der berüchtigten Sportpalast-Veranstaltung der Deutschen Christen am 13.11. der Hauptredner die Entfernung aller "Juden" aus der Kirche, den "grundsätzlichen Verzicht auf die ganze Sündenbock- und Minderwertigkeitsideologie des Rabbiners Paulus" und die Verwerfung des Alten Testamentes als eines Buches von "Viehjuden und Zuhältern" forderte,[53] wurde bald offenbar, daß nunmehr der Gleichschaltungsprozeß in der evangelischen Kirche zum Scheitern verurteilt war. Als Reaktion auf die Radikalität der Sportpalast-Demagogie lösten sich selbst die lippischen DC von der DC-Reichsleitung und erklärten sich für selbständig. Einige von ihnen, wie von Szalatnay, wollten weiterhin zu "dem ursprünglichen Gedankengut der Glaubensbewegung" stehen.[54] Andere legten den Grundstein für die Bekennende Kirche: Sie gründeten am 19.12.33 den Coetus Reformierter Prediger in Lippe, dem bald 26 aktive und sechs pensionierte Pfarrer angehörten.[55] Damit war die Gleichschaltung der evangelischen Landeskirche für alle sichtbar mißlungen, obwohl sie zunächst reibungslosen Erfolg versprochen hatte. 32 Pfarrer hatten sich an ihren christlichen Auftrag erinnert.

Die Propaganda für Frieden und Arbeitsbeschaffung vor der Volksabstimmung vom 12.11.33

Auch wenn Wahlen nach dem Selbstverständnis der Nazis im Führerstaat "paradox" waren, setzte Hitler dieses eigentlich für Demokratien reservierte Instrument mehrfach ein. Der Zweck dieser Taktik war leicht erkennbar: Stets sollten innenpolitische Gegner, vor allem aber das Ausland beeindruckt werden, sollten gleichzeitig bestimmte, vorher von der NS-Führung bereits geschaffene Fakten im nachhinein scheinlegalisiert werden. Das zustimmende Votum einer erdrückenden Bevölkerungsmehrheit sollte zudem die Propaganda von der Volksgemeinschaft und der Einheit von Volk und Führer stützen. Umso leichter ließen sich dann Staatsallmacht und geistig-ideologische Gleichschaltung rechtfertigen.[1]

Folglich waren die Reichstagswahlen und die Volksabstimmung vom 12. November 1933 nicht Ausdruck einer freien Willensentscheidung der Bürger, sondern Gelegenheit für den Staat, sein Propagandamonopol hemmungslos auszunutzen und die Bevölkerung zu emotionalisieren. Anlaß für den Urnengang war nämlich ein außenpolitischer Coup gewesen. Mit der Begründung, Frankreich verhindere die militärische Gleichberechtigung Deutschlands, hatte Hitler die Genfer Abrüstungsgespräche abgebrochen und gleichzeitig spektakulär den Austritt Deutschlands aus dem Völkerbund erklärt:[2]

"Eineinhalb Jahrzehnt lang hat das deutsche Volk gehofft und gewartet, daß das Ende des Krieges endlich auch das Ende des Hasses und der Feindschaft werde. Allein der Zweck des Friedensvertrages von Versailles schien nicht der zu sein, der Menschheit den endlichen Frieden zu geben, als vielmehr sie in unendlichem Haß zu erhalten."

Mit solchen Worten setzte Hitler das Signal für eine im NS-Staat bis dahin beispiellose Friedenspropaganda. Gleichzeitig unterwarf er seine Entscheidung einem Pseudo-Volksentscheid, der für den 12.11. angesetzt wurde, einen Tag nach dem Jahrestag des Waffenstillstandes am Ende des 1. Weltkrieges. Nach bekanntem Muster wurde dann in den folgenden Wochen eine gigantische Propagandashow inszeniert, durch die alle Emotionen und Vorurteile geweckt und verstärkt wurden, sofern sie nur geeignet schienen, ein möglichst hohes Zustimmungsergebnis zu garantieren. Ehre, Gleichberechtigung und Frieden waren die Schlagwörter, mit denen die Nazi-Führer das ganze Volk hinter sich bringen wollten. Ihr Propagandafeldzug verband daher die allgemeine Friedenssehnsucht mit dem Verlangen nach Aufhebung des "Schanddiktates von Versailles". In Hitlers Reden hörte sich das so an:[3]

"Sorgt dafür, daß dieser Tag als der Tag der Befreiung in die Geschichte unseres Volkes eingehen wird; daß man sagen wird: an einem 11. November verlor das deutsche Volk seine Ehre, aber dann kam fünfzehn Jahre später ein 12. November, an dem das deutsche Volk seine Ehre selber wiederherstellte."

Und auf einer anderen Veranstaltung appellierte der "größte Feldherr aller Zeiten" an seine Zuhörer: "Ich habe keine Kanonen! Ich habe nur Euch, meine Volksgenos-

sen... Wir können den Kampf nur führen, wenn wir eine einige Mannschaft sind."[4]
Den vor Ort aktiven Wahlkämpfern wurde folgende Argumentationshilfe übersandt:[5]

"Der Führer hat das deutsche Volk zu einer gewaltigen Kundgebung aufgeboten, die der übrigen Welt zeigen soll, daß das gesamte deutsche Volk hinter seinem Führer und seiner Regierung steht. Die Wahl zum Reichstag und die Volksabstimmung soll dem Auslande zeigen, daß die gesamte Nation beseelt ist von dem
W i l l e n z u m F r i e d e n,
daß das gesamte Deutschland aber auch den unbeugsamen Willen hat, in der
F r a g e d e r G l e i c h b e r e c h t i g u n g z u r S i c h e r h e i t
anerkannt zu werden.
Die Partei hat die ungeheure, aber auch ehrenvolle Aufgabe, diesen
K a m p f u m d i e d e u t s c h e E h r e
vorzubereiten und durchzuführen."

In Zeitungen und auf Spruchbändern wurden der Bevölkerung ohne Unterlaß die folgenden Parolen eingehämmert:
"Mit Hitler gegen den Rüstungswahnsinn der Welt",
"Hitlers Kampf ist der Kampf um den wirklichen Frieden der Welt",[6]
"Wir wollen kein Volk minderer Rechte sein",[7]
"Niemals mehr ein Pakt, der unsere Ehre schändet",
"Gegen Gewalt und Unrecht – für die wirkliche Befriedung der Welt".[8]
Im gleichen Sinne skandierten auf Wahlversammlungen die Sprechchöre:[9]

"Heraus aus Haus und Hütte!
Marschiert in unserer Mitte.
Auch Deutschland sei beschieden
Freiheit und Frieden!"

"Vorsprecher: Wofür kämpft Adolf Hitler?
Alle: Für Freiheit und Frieden!
Vorsprecher: Was will Deutschland?
Alle: Freiheit und Frieden!
Vorsprecher: Wofür stimmt Deutschland?
Alle: Für Freiheit und Frieden!"

Mag Hitler sich in diesem Wahlkampf auch als Staatsmann präsentiert haben, der der Friedenssicherung absoluten Vorrang in seiner Politik einräumen wollte – die Wirklichkeit sah ganz anders aus. Die Grundsätze und Ziele, die er in seiner erwähnten Rede vor Militärs am 3.2.33 entwickelt hatte, waren schließlich keine Übertreibung, sondern konkrete Zukunftsperspektive. Daher wurden schon bald nach der Machtergreifung die ersten systematischen Vorbereitungen zur geheimen Aufrüstung und zum Ausbau einer militärisch nutzbaren Infrastruktur getroffen. Auch manche Arbeitsbeschaffungsmaßnahmen – wie Autobahnbau und Ausweitung des PKW- und LKW-Bestandes – waren von militärischem Zweckdenken bestimmt. Soldatische Ausbildung wurde mit Rücksicht auf das kritisch-wachsame Ausland vorerst noch innerhalb der Wehrsportübungen von SA und SS betrieben.

Aufruf der Reichsregierung an das deutsche Volk!

Die deutsche Reichsregierung und das deutsche Volk sind sich einig in dem Willen, eine Politik des Friedens, der Versöhnung und der Verständigung zu betreiben, als Grundlage aller Entschlüsse und jeden Handelns.

Die deutsche Reichsregierung und das deutsche Volk lehnen daher die Gewalt als ein untaugliches Mittel zur Behebung bestehender Differenzen innerhalb der europäischen Staatengemeinschaft ab.

Die deutsche Reichsregierung und das deutsche Volk erneuern das Bekenntnis, jeder tatsächlichen Abrüstung der Welt freudig zuzustimmen, mit der Versicherung der Bereitwilligkeit, auch das letzte deutsche Maschinengewehr zu zerstören und den letzten Mann aus dem Heere zu entlassen, insofern sich die anderen Völker zu Gleichem entschließen.

Die deutsche Reichsregierung und das deutsche Volk verbinden sich in dem aufrichtigen Wunsche, mit den anderen Nationen einschließlich aller unserer früheren Gegner im Sinne der Überwindung der Kriegspsychose und zur endlichen Wiederherstellung eines aufrichtigen Verhältnisses untereinander alle vorliegenden Fragen leidenschaftslos auf dem Wege von Verhandlungen prüfen und lösen zu wollen.

Die deutsche Reichsregierung und das deutsche Volk erklären sich daher auch jederzeit bereit, durch den Abschluß kontinentaler Nichtangriffspakte auf längste Sicht den Frieden Europas sicherzustellen, seiner wirtschaftlichen Wohlfahrt zu dienen und am allgemeinen kulturellen Neuaufbau teilzunehmen.

Die deutsche Reichsregierung und das deutsche Volk sind erfüllt von der gleichen Ehrauffassung, daß die Zubilligung der Gleichberechtigung Deutschlands die unumgängliche moralische und sachliche Voraussetzung für jede Teilnahme unseres Volkes und seiner Regierung an internationalen Einrichtungen und Verträgen ist.

Die deutsche Reichsregierung und das deutsche Volk sind daher eins in dem Beschlusse, die Abrüstungskonferenz zu verlassen und aus dem Völkerbund auszuscheiden, bis diese wirkliche Gleichberechtigung unserem Volke nicht mehr vorenthalten wird.

Die deutsche Reichsregierung und das deutsche Volk sind entschlossen, lieber jede Not, jede Verfolgung und jegliche Drangsal auf sich zu nehmen, als künftighin Verträge zu unterzeichnen, die für jeden Ehrenmann und für jedes ehrliebende Volk unannehmbar sein müssen, in ihren Folgen aber nur zu einer Verewigung der Not und des Elends des Versailler Vertragszustandes und damit zum Zusammenbruch der zivilisierten Staatengemeinschaft führen würden.

Die deutsche Reichsregierung und das deutsche Volk haben nicht den Willen, an irgendeinem Rüstungswettlauf anderer Nationen teilzunehmen, sie fordern nur jenes Maß an Sicherheit, das der Nation die Ruhe und Freiheit der friedlichen Arbeit garantiert. Die deutsche Reichsregierung und das deutsche Volk sind gewillt, diese berechtigten Forderungen der deutschen Nation auf dem Wege von Verhandlungen und durch Verträge sicherzustellen.

Die Reichsregierung richtet an das deutsche Volk die Frage:

Billigt das deutsche Volk die ihm hier vorgelegte Politik seiner Reichsregierung und ist es bereit, diese als den Nachdruck seiner eigenen Auffassung und seines eigenen Willens zu erklären und sich feierlich zu ihr zu bekennen?

Berlin, den 14. Oktober 1933.

Die Reichsregierung

Billigst Du, deutscher Mann, und Du, deutsche Frau, diese Politik Deiner Reichsregierung, und bist Du bereit, sie als den Ausdruck Deiner eigenen Auffassung und Deines eigenen Willens zu erklären und Dich feierlich zu ihr zu bekennen?

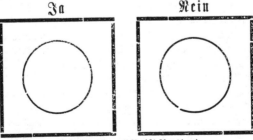

(Breite des Stimmzettels nicht über 14 cm)

In aller Öffentlichkeit wagte das Regime nur eine scheinbar defensive Aktion zu propagieren: den Luftschutz. Unter der Parole "Luftschutz tut not" wurden seit dem Sommer 1933 auch in Lippe Ortsgruppen des neugegründeten Reichsluftschutzverbandes ins Leben gerufen. Dabei war es sicherlich nur vordergründiges Motiv, die Bevölkerung durch Lehrgänge mit dem praktischen Luftschutz und dem Bau von Luftschutzräumen vertraut zu machen. Von weitaus größerer Bedeutung war vielmehr, daß Regierung und Partei unter dem Vorwand eines rein defensiven Luftschutzes nun in der Lage waren, die Bevölkerung nachdrücklich und kontinuierlich an die gedankliche Möglichkeit eines Krieges zu gewöhnen. Schon am 19.5.33 sprach der *Kurier* von einem "eventuell kommenden" Krieg. Luftschutz – so trommelte die Propaganda – sei eine "Lebensfrage" für das deutsche Volk, das sich einer "Welt von Feinden" gegenübersehe.[10] Den Luftschutzwarten obliege daher eine gewaltige "Kleinarbeit und Aufklärungsarbeit", denn das Schicksal der Völker werde "durch geistige Einstellung und die Kraft der Heimat entschieden...."[11] Dies war die ideologische Wirklichkeit des Nationalsozialismus, die Friedensparolen vor dem 12.11. dagegen waren nur Lug und Trug.

Zusätzlich zu dieser Friedensagitation belebte die NSDAP in den Tagen vor der Volksabstimmung noch einmal einen Propagandafeldzug der vorausgehenden Monate. Vor allem den zögernden und skeptischen Arbeitern sollten mit Hinweis auf die wirtschaftlichen Leistungen des Regimes bei der Überwindung der Arbeitslosigkeit die Skrupel gegen eine Stimmabgabe für die Nazis genommen werden. Parolen wie "Frieden, Freiheit, Brot" und amtliche Erfolgsstatistiken über den wirtschaftlichen Wiederaufstieg und den Rückgang der Arbeitslosenzahlen sollten das wirtschaftliche und sozialpolitische Engagement der Hitler-Regierung unter Beweis stellen.

Natürlich war der Parteiführung von Anfang an klar gewesen, wie stark Erfolge bei der Überwindung der Wirtschaftskrise zugleich die langfristige Konsolidierung der Diktatur fördern und Widerstand lähmen mußten. Schließlich waren es die großspurigen Versprechungen Hitlers, den Arbeitslosen binnen kurzem wieder Arbeit und Brot zu geben, die seine Wahlerfolge in diesem Ausmaß erst ermöglicht hatten. Sollte es ihm also tatsächlich gelingen, diese Ankündigungen zu verwirklichen, so konnten die psychologischen Rückwirkungen im ganzen deutschen Volke nicht überschätzt werden.

Doch war es nicht nur dieses strategische Interesse an der Festigung der eigenen Macht, das die NS-Führung zu aktivem wirtschaftlichen Engagement motivierte. Gleichzeitig steht nämlich einwandfrei fest, daß für Hitler eine unauflösliche Verbindung zwischen Arbeitsbeschaffung und Aufrüstung bestand und daß dies von seinen ersten Regierungstagen an offizielle Politik war. So proklamierte er auf einer Ministerbesprechung am 8.2.33: "Jede öffentlich geförderte Arbeitsbeschaffungsmaßnahme müsse unter dem Gesichtspunkt beurteilt werden, ob sie notwendig sei vom Gesichtspunkt der Wiederwehrhaftmachung des deutschen Volkes."[12] Nur einen Tag später bekräftigte er auf einer Sitzung des Ausschusses der Reichsregierung für Arbeitsbeschaffung: Das Arbeitsbeschaffungsprogramm der vorausgehenden Schleicher-Regierung, der "Gereke-Plan", sei "besonders geeignet, den Interessen der Wiederaufrüstung dienstbar gemacht zu werden. Es ermögliche am ehesten die Tarnung der Arbeiten für Landesverteidigung. Auf die Tarnung müsse man gerade in der nächsten

Zukunft besonderen Wert legen."[13] Als sich jedoch bald herausstellte, daß die Reichswehr aus technischen Gründen nicht in der Lage war, die Aufrüstung schon 1933 mit der gewünschten Geschwindigkeit voranzutreiben, mußte die NS-Regierung vorübergehend zivilen Arbeitsbeschaffungsprogrammen den Vorrang geben, bis sie ab 1934 das Schwergewicht eindeutig auf die Aufrüstung verlegen konnte.[14] Wenn auch die statistischen Angaben und Schätzungen hierüber variieren, so kann doch die nachfolgende Aufstellung diese letztlich unbestrittene Feststellung veranschaulichen:[15]

Zivile Arbeitsbeschaffung der öffentlichen Hand 1933/34 in Mio. RM

Verwendungszweck	bis Ende 1933	bis Ende 1934
1. Öffentliche Baumaßnahmen (Wasserstraßen, Straßen- und Tiefbauten, öffentl. Gebäude, Brücken)	855,6	1002,4
2. Wohnungsbau	723,3	1280,0
3. Verkehrsunternehmungen	950,8	1683,9
(davon Reichsautobahnen)	(50,0)	(350,0)
4. Landwirtschaft, Fischerei (Meliorationen, landw. Siedlungen)	337,4	389,2
5. Konsumförderung	70,0	70,0
6. Andere Zwecke	164,0	568,0
Insgesamt	3101,1	4993,5
Zum Vergleich: *Rüstungsausgaben*	1900,0	5900,0

Mit der Ausweitung der öffentlichen Investitionen setzte die Hitler-Regierung den schon von ihren Vorgängern beschrittenen Weg einer antizyklischen Konjunkturpolitik fort. Daß dieser Politik nunmehr sichtbarer Erfolg beschieden war, hatte mehrere Gründe. Zum einen gab die Regierung jetzt jegliche Zurückhaltung bei der öffentlichen Verschuldung auf und griff stattdessen zum Mittel der inflationistischen Kreditausweitung. Zum anderen muß in diesem Zusammenhang noch einmal nachdrücklich an einen Tatbestand erinnert werden, der immer wieder bei der Bewertung des angeblichen NS-"Wirtschaftswunders" vergessen wird: Weltweit hatte die Wirtschaftskrise schon im Jahre 1932 ihren Tiefpunkt erreicht, so daß in den meisten Industrieländern im Jahre 1933 die zyklischen Belebungselemente der nationalen Wirtschaften an Kraft und Dynamik gewannen. Eine von der *Lippischen Post* veröffentlichte Übersicht[16] verdeutlichte diese Zusammenhänge: Danach übertrafen die Produktionsergebnisse des dritten Vierteljahres 1933 die Vorjahresergebnisse in Deutschland, Frankreich und Japan jeweils um 20%, in den USA sogar um 50%. Die Schlagzeile "Es geht wieder aufwärts" war daher zu Recht gewählt worden. Aber sie galt eben nicht nur für das nationalsozialistische Deutschland, sondern für andere Industrieländer in ähnlicher Weise.

Außerdem verdankten die Nazis einen nicht unbeträchtlichen Teil ihrer schon 1933 erkennbaren Erfolge nicht ihren eigenen Anstrengungen, sondern den bereits angelaufenen und jetzt wirksamen Konjunkturprogrammen der Regierungen Papen und Schleicher. Ihre Wirkung auf den Arbeitsmarkt wurde ergänzt durch verschiedene beschäftigungspolitische Maßnahmen der Hitler-Regierung, die in den Durchführungsbestimmungen zum "1. Gesetz zur Verminderung der Arbeitslosigkeit" verordnete, daß die finanziell geförderte Arbeit durch menschliche Arbeitskraft auszuführen sei, soweit nicht maschinelle Hilfsmittel unerläßlich seien; in den begünstigten Betrieben durften zudem nicht mehr als 40 Stunden wöchentlich gearbeitet werden.[17] Zusätzlich wurde auf Arbeitgeber Druck ausgeübt, damit sie ihren Beitrag zur Bekämpfung der Arbeitslosigkeit leisteten, indem sie auf leichtfertige oder damals nicht unübliche vorübergehende Betriebsstillegungen verzichten sollten. Entsprechende Anträge – so Staatsminister Riecke – würden einer besonders strengen Prüfung unterzogen.[18] Unmittelbare Entlastung bei der Jugendarbeitslosigkeit bewirkte die Ausweitung des Freiwilligen Arbeitsdienstes: So wurden in Lippe vier Arbeitsdienstlager im Verlauf des Jahres 1933 eingerichtet.[19] In Pivitsheide, Bösingfeld, Schlangen und Bad Salzuflen konnten bis zum Jahresende knapp 800 arbeitslose Jugendliche untergebracht werden.[20]

Systematisch arbeiteten Partei und Regierung außerdem daran, weibliche Arbeitssuchende aus der Arbeitslosenstatistik zu eliminieren. So wurde beispielsweise die Beschäftigung von weiblichen Hausangestellten dadurch verbilligt, daß ihre Arbeitgeber geringere Sozialbeiträge (Arbeitslosen- und Invalidenversicherung) für sie zu zahlen hatten. Von weit größerer Bedeutung waren freilich die Versuche, durch Propaganda und staatliche Reglementierungen die Frauen grundsätzlich dem Arbeits- und Produktionsprozeß zu entziehen. Auf diese Weise sollte gleichzeitig ein nennenswerter Beitrag zur Verwirklichung der ideologischen Vorstellungen über die Rolle der Frauen in der nationalsozialistischen Gesellschaft geleistet werden. In dankenswerter Klarheit hatte der *Kurier* seine lippischen Leser informiert:[21]

"Arbeitsplätze, die von Männern ausgefüllt werden können, dürfen nicht von Frauen besetzt bleiben. Wir müssen uns zur natürlichen Arbeitsteilung der Geschlechter zurückfinden, die darin besteht, daß der Mann im Außenkreis der Familie wirkt, also für das Einkommen sorgt, während die Frau ihre Aufgaben im Innenkreis der Familie zu erfüllen hat, im Haushalt und in der Erziehung der Kinder. Gemäß ihrem naturgegebenen Wesen kann die wahre Frau dem Volksganzen viel besser dienen, wenn sie dem Manne eine seelische Kraftquelle ist und sich ihren Kindern widmet, als wenn sie selbst am Produktionsprozeß teilnimmt."

Da aber die Frauen angesichts der verbreiteten wirtschaftlichen Not verständlicherweise nicht in der Lage waren, auf ihre Berufstätigkeit zu verzichten, konnten die Nazis ihr proklamiertes Ziel nur mit Zwang und Einschüchterung erreichen. "Kampf dem Doppelverdienertum" hieß dabei die Parole, mit der verheirateten Frauen die Arbeit genommen werden sollte. In diesem Sinne teilte die Landesregierung am 30.8.33 allen öffentlichen Arbeitgebern mit:[22]

148

"Die Zeit gebietet..., daß beim Freiwerden von Arbeitsplätzen im Staatsdienst in erster Linie die weiblichen Bürokräfte zur Entlassung kommen. Darüber hinaus ist jedoch schon jetzt zu prüfen, in wieweit in Einzelfällen sogleich eine Entlassung der im staatlichen Dienst tätigen weiblichen Personen vorzunehmen ist. Zu diesem Zweck ersucht die Landesregierung alle Dienststellen um umgehende Mitteilung der Namen derjenigen weiblichen Angestellten, deren Kündigung jetzt auszusprechen ist....
Da bei der größeren Zahl der Angestellten längere Kündigungsfristen innezuhalten sind, muß gegebenenfalls die Kündigung einzelner Personen bereits vorsorglich ausgesprochen werden, um später nicht durch lange Kündigungsfristen behindert zu sein."

Offenbar verhinderte aber die wirtschaftliche und soziale Not, in der sich die meisten Betroffenen befanden, daß die Vorstellung der Regierung mit der gewünschten Konsequenz in die Praxis umgesetzt wurde, denn die Stadt Lemgo teilte ihr beispielsweise mit, bei ihr seien keine Kündigungen möglich, da sich die weiblichen Angestellten in schwerer sozialer Not befänden.[23] Andererseits wurden Maßnahmen der Regierung dadurch verschärft, daß bald auch Beamtinnen entlassen wurden.[24]

Nicht minder belastend erwies sich für die vermeintlichen Doppelverdiener eine rücksichtslose öffentliche Kampagne gegen sie. Unverblümt forderte der *Kurier* zur Denunziation der "Doppelverdiener" auf und bejubelte die eingehenden "Stöße von Meldungen". Zur Rechtfertigung seiner Propaganda erfand er die Phantasiezahl von angeblich 500 "Volksgenossen", die so in Arbeit und Brot kommen würden.[25] Der Realität näher kam aber die *Landes-Zeitung*, die bei der Erläuterung der Arbeitsmarktzahlen für September 1933 feststellte, durch die Beseitigung von Doppelverdienertum und Schwarzarbeit seien 80 bzw. 37 Arbeitsplätze neu besetzt worden.[26]

Doch war offenbar die Polemik gegen die mitarbeitenden Ehefrauen selbst innerhalb der NSDAP nicht unumstritten, wie ein Kommentar des Gaupressewarts belegt, in dem er die Denunzianten von Doppelverdienern "egoistische Wichtigtuer" nannte, die in ein KZ oder eine Nervenheilanstalt gehörten. In Wirklichkeit sichere das "Doppelverdienertum" vielfach erst die Existenzgrundlage der Familie.[27]

Durch die Gesetzgebung der Reichsregierung war auch bestimmt worden, wer vorzugsweise in die freien Arbeitsstellen eingewiesen werden sollte: Kinderreiche, Familienväter und langfristig arbeitslose SA und SS-Männer. Diese Reihenfolge entsprach jedoch keineswegs den Forderungen, die die Fußtruppen der NSDAP nach erfolgreicher Machteroberung lautstark vortrugen. Ihnen wurde dadurch Rechnung getragen, daß schon ab Mai 1933 die arbeitslosen Parteigenossen mit Mitgliedsnummern unter 100.000 öffentlich aufgerufen wurden, sich beim Arbeitsamt Detmold registrieren zu lassen[28], dessen Leiter im Juni 1933 Steinecke wurde.[29]

Begleitet und gefördert wurden alle diese Maßnahmen – systemtypisch – durch eine massive Propaganda, die der Bevölkerung die blinde Entschlossenheit der Regierung in ihrem Kampf gegen die soziale Not einhämmern und alle Bürger zu gemeinsamer Verantwortung und zu gemeinsamem Anpacken mitreißen sollte. Martialisch berichteten die Zeitungen regelmäßig über Fortschritte in der "Arbeitsschlacht", vom "Kriegsschauplatz in Lippe".[30] "Die Zahl der Wohlfahrtserwerbslosen sinkt von Stunde zu Stunde...Ein anderer Geist hat alle beseelt. Sie *wollen* arbeiten."[31] Und Steinecke drohte allen, die sich in dem deutschen "Schicksalskampf" gegen die Arbeitslosigkeit unzureichend engagierten:[32]

"Du bist ein Verbrecher am Wiederaufbau Deutschlands, wenn du duldest, daß in deiner Fabrik verheiratete Frauen arbeiten und erwerbslose Männer den Haushalt führen müssen! Wenn Inhaber größerer landwirtschaftlicher Betriebe ihre Angehörigen zur Fabrik schicken und der Städter weder Brot noch Arbeit hat...
Wenn du dich vor der Arbeit drückst, um damit deine Faulheit unterstützen zu lassen!
Wenn du jetzt immer noch die Schwarzarbeit duldest."

Wie es jenseits aller Propaganda um die Arbeitslosigkeit in Lippe stand, geben die folgenden Zahlen vom Jahresende 1933 korrekt wieder.[33] Am 1.12.33 – also noch vor der Rückkehr von ca. 3000 Wanderarbeitern, die sich dann arbeitslos meldeten – gab es in Lippe 5128 weniger Empfänger von Arbeitslosen-, Krisen- oder Wohlfahrtsunterstützung als am 1.12.32. Doch nur 516 von ihnen hatten "echte" neue Arbeitsplätze gefunden. Die anderen 4612 hatten vorübergehende Beschäftigungen, die alle aus öffentlichen Mitteln des Reiches und der Reichsanstalt für Arbeitsvermittlung und Arbeitslosenversicherung finanziert wurden: 3329 Notstandsarbeiter, 518 Landhelfer und 765 Angehörige des Arbeitsdienstes.

Diese wesentlich unauffälligeren Zahlen hatten natürlich in der Propaganda vor der Volksabstimmung keinen Platz. Übertreibungen in den Erfolgsmeldungen waren nötig, um die vorherrschende Friedens- und Gleichberechtigungskampagne wirkungsvoll zu ergänzen, denn das Hauptziel des ganzen Massenspektakels war schließlich, das deutsche Volk möglichst geschlossen an die Wahlurne zu treiben; eine nahezu vollständige Wahlbeteiligung war schließlich die unabdingbare Voraussetzung dafür, der eigenen Bevölkerung und dem kritischen Ausland ein überzeugendes Ergebnis präsentieren zu können. In diesem Sinne formulierte die *Tageszeitung*: "Wer der Wahlurne fernbleibt, ist ein Landes- und Volksverräter."[34] Und die NS-Kriegsopferorganisation Lage donnerte in drastischen Worten: "Ein Hundsfott, wer zu Hause bleibt."[35]

Wie schon bei früheren Mobilisierungskampagnen markierte auch diesmal am 10.11. eine Hitler-Rede den Höhepunkt. Sie wurde eingeleitet durch Sirenengeheul in ganz Deutschland. Gleichzeitig wurde der gesamte Straßenverkehr für eine Minute lahmgelegt, "zum äußeren Zeichen, daß das ganze deutsche Volk die ungeheure Bedeutung dieser Schicksalstage erkennt und durch diese ungewöhnliche Maßnahme der Weltöffentlichkeit gegenüber zum Ausdruck bringen will, daß es einig und geschlossen die Politik seines Führers, die Politik des Friedens und der Gleichberechtigung billigt und vertritt."[36] In Fabriken, Schulen, Gasthäusern, Wartesälen und auf öffentlichen Plätzen versammelten sich, teilweise gezwungenermaßen, die Menschen, um der Übertragung der Führer-Rede zu folgen. Die ausfallende Arbeitszeit, so wurde von der DAF verordnet, mußte nachgeholt werden, da die Unternehmer am 1. Mai die Löhne gezahlt hatten.[37]

Auch zu dem Spektakel des 12.11 leisteten erneut maßgebliche Vertreter der lippischen Kirche ihren erwarteten Beitrag und stellten sich in den Dienst des NS-Staates. So rief diesmal der Landeskirchenrat die evangelischen Christen am Wahltag von "allen" Kanzeln[38] mit folgenden Worten zur Unterstützung des *Volkskanzlers* Adolf Hitler auf:[39]

"Martin Luther soll uns ein Vorbild sein, wie auch wir als Christen und als Glieder unseres Volkes für Wahrheit, Recht und Gerechtigkeit eintreten müssen, weil wir vor Gott nur mit der Wahrheit bestehen können. Heute ruft uns unsere Regierung und unser Volkskanzler auf, für Recht und Freiheit unseres Volkes unsere Stimme zu erheben und der Wahrheit die Ehre zu geben, gegenüber einer Welt, die uns Freiheit und Gleichberechtigung vorenthalten will und mit den Waffen der Verleumdung und Lüge gegen uns kämpft. Da gibt es für uns als Deutsche und als evangelische Christen nur eine Antwort, daß wir uns geschlossen hinter unsere Regierung stellen... 'Und ob die Welt voll Teufel wär und wollt uns gar verschlingen, so fürchten wir uns nicht so sehr, es muß uns doch gelingen'; nun heißt es, den Worten Taten folgen zu lassen und heute zu der Wahrheit das 'Ja' zu sprechen, das von uns gefordert wird. Nur auf einem aufrichtigen Volke kann Gottes Segen ruhen."

All jene "Volksgenossen", die weder durch staatliche noch kirchliche Propaganda zur freiwilligen Stimmabgabe motiviert werden konnten, sahen sich am Wahltag einem enormen psychischen Druck ausgesetzt. Die NSDAP-Gauleitung hatte alle Ortsgruppen der Partei angewiesen, sich rechtzeitig Wählerverzeichnisse zu besorgen und am Wahltage die Wahlbeteiligung der einzelnen Bürger selbst zu kontrollieren. Wer bei früheren Wahlen durch Nichtteilnahme "aufgefallen" war, sollte schon vorher auf seine Pflicht hingewiesen werden. Eine öffentliche Kontrolle der Wahlbeteiligung wurde zusätzlich dadurch erreicht, daß jeder Wähler nach seiner Stimmabgabe genötigt wurde, ein Wahlabzeichen für 5 Pfg. zu kaufen und öffentlich zu tragen.[40] Das ganze System bösartiger psychologischer Unterdrückung, mit dem die Wahlbeteiligung erzwungen werden sollte, kommt in folgender Anordnung der Gaupropagandaleitung an die Ortsgruppenleiter zum Ausdruck:

"Um schon vorher einen Überblick über die Nichtwähler und wahlsäumigen Volksgenossen zu bekommen, müssen sofort die Wählerlisten der Stimmbezirke bei den Kommunalbehörden daraufhin geprüft werden, wer bei den verflossenen Wahlen seiner Pflicht nicht nachgekommen ist. Diese Volksgenossen sind schon mehrere Tage vor der Wahl durch zuverlässige Amtswalter zu besuchen und unter Hinweis auf die ungeheure Verantwortung, welche mit dem Wahlakt verbunden ist, aufzufordern, dieses Mal unbedingt zur Wahlurne zu gehen.
Um am Wahltage selbst schon in den Mittagsstunden einen Überblick über die Säumigen bzw. Nichtwähler zu bekommen, ist die gesamte Parteigenossen- und Anhängerschaft anzuweisen, ihrer Wahlpflicht s c h o n i n d e n f r ü h e n M o r g e n s t u n d e n nachzukommen. Auch die breiten Massen der Bevölkerung sind hierzu aufzufordern, daß sie durch ihre frühzeitige Stimmabgabe der Volksabstimmung noch einen besonders spontanen Charakter verleihen.
Um mittags 12 Uhr muß dann der Schlepperdienst einsetzen, ... der stündlich die aus den Stimmlisten ersichtlichen Säumigen auffordert, schnellstens ihre Pflicht zu tun. In den letzten zwei Stunden vor Anschluß des Wahlaktes sind die Besuche der Schlepper in den Wohnungen der Stimmberechtigten, die bis zu diesem Zeitpunkt ihrer Wahlpflicht noch nicht genügt haben, 1/2stündlich zu wiederholen.
Bahnhöfe und Abfahrtspunkte für Ausflugskolonnen sind schon frühzeitig ebenfalls durch einen Sonderdienst zu besetzen, welche die etwaigen Ausflügler eindringlichst

befragen, ob sie vor Antritt ihrer Reise bereits ihrer Wahlpflicht genügt haben, oder ob sie sich im Besitze eines Wahlscheines befinden. Trifft beides für die Ausflügler nicht zu, so sind dieselben unter allen Umständen zu veranlassen, vor Antritt ihrer Reise zu wählen, selbst wenn sie dadurch den Zug versäumen oder gar auf ihr Wochenende verzichten müssen."

Angesichts der teuflischen Mischung aus euphorischer Propaganda und psychischem Terror waren verständlicherweise nur wenige Bürger bereit, dem Regime das "Ja" zu seiner Politik zu verweigern. Konnten denn jene, die am liebsten mit "Nein" gestimmt hätten, wirklich sicher sein, daß das Wahlgeheimnis gewahrt blieb, auch wenn Innenminister Dr. Frick mit Rücksicht auf das Ausland jede Manipulation offiziell verboten hatte?[42] Außerdem mußten potentielle Nein-Sager die Atmosphäre in den Wahllokalen als außerordentlich bedrückend empfinden, wo die uniformierten Parteigenossen das Bild beherrschten. Leute, die sich bei den Nazis profilieren wollten, stimmten offen ab. Nicht selten machten Parolen die Runde wie: "Was brauchen wir Wahlkabinen. Wir stimmen ja doch alle für Hitler!" Kein Wunder also, wenn die meisten Sozialdemokraten und Kommunisten, soweit sie nicht von dem Sog der Begeisterung mitgerissen waren, bis auf wenige Ausnahmen ebenfalls "Ja" sagten. Viele hatten einfach Angst, später öffentlich beschuldigt zu werden, mit "Nein" gestimmt zu haben. Wie konkret diese Angst war, illustriert das Verhalten einiger Braker Sozialdemokraten, die wenige Wochen zuvor aus der "Schutzhaft" entlassen waren. Sie verabredeten sich, ihren Stimmzettel auf der Rückseite mit einem kleinen, versteckten Kreuz zu kennzeichnen und mit "Ja" zu stimmen. Hätte man sie später beschuldigt, zu den Nein-Sagern zu gehören, hätten sie ihre Ja-Stimmen nachträglich leicht wieder identifizieren können.[43]

Daß solche Furcht vor einem Bruch des Wahlgeheimnisses keineswegs unbegründet war, belegen Vorgänge in Heiden, wo die Hitlerjugend in der Woche nach der Wahl folgendes Flugblatt verteilte:[44]

Deutsche Volksgenossen!

Wir veröffentlichen die Namen aller derer, die am 12. November mit "Nein" stimmten und somit zu Verrätern unseres Volkes wurden. Erscheint am Sonntag um 8 1/2 Uhr auf dem Marktplatz. Wer nicht kommt und dem Urteil zustimmt, verurteilt sich selbst mit. Deutschlands Jugend vernichtet alle, die sich ihrer Zukunft entgegenstellen."

Eine Aussage des früheren Ortsgruppenleiters von Berlebeck aus dem Jahre 1948 illustriert, mit welchen Mitteln sich die Nazis die notwendigen Informationen besorgt hatten und daß es sich bei den Akteuren keineswegs um untergeordnete, aber übereifrige Parteifunktionäre handelte:[45]

"Soweit mir noch erinnerlich ist, habe ich auf mündliche Anweisung der damaligen Kreisleitung gehandelt, wonach nach Möglichkeit versucht werden sollte, innerhalb der Ortsgruppe die Neinwähler festzustellen. Die Methode einer solchen Feststellung wurde nicht angegeben. Als Bürgermeister und gleichzeitiger Stützpunktleiter konnte ich ganz allein eine geeignete Methode anwenden, ohne weitere Personen hinzuziehen zu müssen. Ich habe die Wahlumschläge unauffällig numeriert und an die Wähler in der Reihenfolge

ihres Erscheinens im Wahllokal, die aus einer numerierten, während des Wahlvorganges aufgestellten Liste ersichtlich war, ausgehändigt...
Nach Beendigung des Wahlvorganges habe ich persönlich die Umschläge geöffnet, die Stimmzettel an die Wahlhelfer weitergereicht und hierbei unauffällig die Umschläge der Neinwähler beiseite gelegt."

All diese Fakten müssen bekannt sein, will man das Abstimmungsverhalten der Bevölkerung richtig werten. Inwieweit zusätzlich schlichte Fälschungen beim Ergebnis vorgenommen wurden, ist nicht mehr feststellbar, aber beispielsweise bei einer Stadt wie Schwalenberg zu vermuten, wo angeblich alle Wähler mit "Ja" gestimmt haben sollen.

Insgesamt wurden in Lippe bei der Volksabstimmung 103.784 Ja-Stimmen (= 91,5%), 6.861 Nein-Stimmen (= 6,1%) und 2.792 ungültige Stimmen (= 2,4%) abgegeben.[46] Die Wahlbeteiligung betrug 95,3%. Bei der Reichstags-"Wahl" erhielt die NSDAP 89,6%; hier betrug die Wahlbeteiligung 93,9%. Die entsprechenden Vergleichszahlen für das gesamte Reichsgebiet lauteten bei der Volksabstimmung: 93,5% stimmten mit Ja, 4,8% mit Nein, während 1,7% ungültig stimmten. (Wahlbeteiligung 96,3%). An der Reichstagswahl nahmen 95,2% teil, von denen 92,2% für die NSDAP votierten.[47] Auffällig bei diesen Ergebnissen ist die Tatsache, daß die lippische NSDAP, die nach 1928 immer bessere Ergebnisse erzielte als die Gesamtpartei, jetzt aber mit einer – aus ihrer Sicht – deutlich schlechteren Stimmenausbeute aus diesem Wahlgang hervorging. Doch ist es bei den geschilderten Begleitumständen dieses Urnenganges kaum möglich, diese Differenz befriedigend zu erklären.

Unter den lippischen Gemeinden gab es eine breite Streuung der Wahlergebnisse. Noch war also die Zeit der generellen 99%-Resultate nicht gekommen. Von den Städten war Oerlinghausen – für die Nazis sicherlich nicht überraschend – diejenige, die dem Regime mit 82,7% die geringste "Zustimmung" bescheinigte. Noch mehr Bürger wagten in einigen Landgemeinden, die Regierungspolitik offen zu mißbilligen: In Ehrsen-Breden (21,7%), den Oerlinghauser Nachbargemeinden Bechterdissen (20,4%), Lipperreihe (20,4%) und Asemissen (19,7%), in Pivitsheide V.L. (24,4%), Billinghausen (21,7%), Wissentrup (21,5%), Remmighausen (20,0%) und Öttern-Bremke (19,8%) stimmten bei der Reichstagswahl jeweils rund ein Fünftel der Wähler mit Nein. Mit Ausnahme von Öttern-Bremke und Wissentrup waren dies Gemeinden, in denen zu Beginn des Jahres bei der Landtagswahl die SPD noch die stärkste Partei gewesen war.

Was bedeutete nun die 90prozentige Zustimmung für den NS-Staat? War es ein überwältigender "geistiger Sieg"[48], und hatte die *Landes-Zeitung* recht, wenn sie prophezeite:[49]

"Es gibt in Zukunft kein zersplittertes, haderndes und parteizerklüftetes Deutschland mehr. Es gibt nur noch ein Volk, das mit heißem Herzen einem von höchster Verantwortung beseelten Menschen durch dick und dünn in die Zukunft folgt und seinen eigenen Willen in innerster Gemeinschaft mit dem des Führers erlebt."

Scheinbar war demnach der Monopolanspruch der Nazis bestätigt worden; scheinbar hatte sich das deutsche Volk seinen neuen Herren willig hingegeben. Doch all diese Ergebnisse waren nur durch Terror und Massensuggestion möglich geworden –

selbst die Insassen des Konzentrationslagers Dachau stimmten mit angeblich 100% für Hitler.[50] In jeder Hinsicht zuzustimmen ist daher einem Bericht, den der britische Botschafter Phipps in jenen Tagen an seine Regierung schickte, in dem er das Augenmerk auf eine Tatsache lenkte, die bei dem 90%-Ergebnis leicht in Vergessenheit gerät:[51]

"Grob gesagt hatte von jeweils zehn Deutschen einer den moralischen Mut, gegen Herrn Hitler zu stimmen. Es ist für diejenigen, denen die jüngste Entwicklung in Deutschland bekannt ist, schwieriger, eine Erklärung dafür zu geben, woher der zehnte Mann die Kühnheit aufbrachte, sich gegen die Regierung zu wenden, als weshalb die anderen neun sie unterstützten."

Doch es war mehr als dieser zehnte Teil der Deutschen, der dem Regime die innere Gefolgschaft versagte, wie im folgenden Kapitel zu schildern sein wird. Nach Abschluß von Machtergreifung und Gleichschaltung war diesen Unwilligen aber nur der Rückzug ins Private oder im Ausnahmefall in die Illegalität geblieben. Trotz aller schönfärbenden Berichte von Gestapo und Partei blieben zahlreiche Kräfte aktiv: "Immer wieder ist zu beobachten, daß alte Gedankengänge aus dem Rüstzeug des Klassenkampfes der vergangenen Epoche anklingen und sofort auf Einverständnis stoßen." So klagte der Regierungspräsident in Minden in einem Bericht an den preußischen Innenminister im September 1934.[52]

Gaukommissar der NSDAP in Lippe
Arbeitsamt Detmold

Detmold, den 24. November 1933

Staatsminister
Detmold, 2 5. NOV. 1933
Tgb Nr. / Aktenzeichen
1386

An

Herrn Staatsminister R i e c k e

i. Hse. Landesregierung

D e t m o l d

Betr.: Wahlergebnisse in Lippe. Beiliegende Liste.

In der Anlage übersende ich Ihnen die nach Prozenten aufgestellten Wahlergebnisse einzelner Ortshhaften in Lippe. Es ergibt sich folgendes Bild :

Sehr gut ist der Lippische Norden ! (Ausser Silixen). Und der Osten (ausser Blomberg). In Blomberg sind die schlechten Verhältnisse bezüglich der Wahlresultate auf die Missstände innerhalb der Ortsgruppe zurückzuführen.

Bearbeitet und mit guten Stützpunkten versehen muss das Gebiet von Hohenhausen (Bentrup, Talle, Bavenhausen) werden .

Während die Stadt Detmold gut gewählt hat, sind die Ortschaften unmittelbar um Detmold herum noch sehr beobachtungsbedürftig. Es sind die besten Ortsgruppenleiter einzusetzen. Sie sind zu ersetzen in : Heidenoldendorf, Heiligenkirchen und Pivitsheide.

Die nach Bielefeld zu liegenden Ortshhaften Lippes sind ebenfalls einer Beobachtung zu unterziehen. Ursachen für die schlechten Wahlresultate in Lage und Salzuflen liegen anscheinend in den Orts - gruppen selbst.

Detm., 29.11.33
r nächsten Parteibesprechung.

Anlage

Heil Hitler !
Gaukommissar der NSDAP in Lippe

Widerstand gegen den NS-Staat

Mehrfach ist in der vorstehenden Darstellung über die nationalsozialistische Machtergreifung darauf hingewiesen worden, daß dieser Prozeß in Lippe verhältnismäßig glatt und ohne größere Widerstände verlief. Vereinzelte Beispiele für Versuche, sich zumindest teilweise dem totalen Macht- und Herrschaftsanspruch der neuen Diktatoren zu entziehen, sind geschildert worden. Sie veranschaulichten gleichzeitig, wie vergeblich und aussichtslos solches Bemühen war. Im folgenden soll nun systematischer die Frage nach Opposition und Widerstand gegen das nationalsozialistische Herrschaftssystem im Jahre 1933 untersucht werden, ein – wie noch zu zeigen sein wird – nicht unproblematische Unterfangen.

Die erste Schwierigkeit besteht darin, daß bis heute in der Geschichtswissenschaft keine unstrittige Übereinkunft darüber besteht, was als Widerstandshandlung oder -haltung gelten kann. In erster Linie ist dies neben den unterschiedlichen politischen und ideologischen Wertungsmustern darauf zurückzuführen, daß diese Problematik in der deutschen Öffentlichkeit in der Vergangenheit nur ein äußerst geringes Interesse gefunden hat. Lange Zeit galt als richtig, was Günther Weisenborn vor über 20 Jahren schrieb: "Größe und Bedeutung der gesamten Widerstandsbewegung sind bis heute in der Öffentlichkeit wenig bekannt oder werden sogar verschwiegen."[1] Die letzten Jahre haben dann endlich eine empfindsamere Aufmerksamkeit und eine Differenzierung der nötigen Fragestellungen gebracht.

Geprägt durch die Nachkriegsauseinandersetzung zwischen Kapitalismus und Kommunismus, insbesondere während der annähernd 20 Jahre langen Phase des Kalten Krieges, und die wiederbelebten bürgerlichen Vorurteile gegen die traditionelle Arbeiterbewegung[2] nahm auch die Diskussion um deutschen Widerstand einen höchst einseitigen Verlauf. Zu lange und zu einseitig standen nämlich in der Bundesrepublik der bürgerlich-konservative und der militärische Widerstand kurz vor dem offenkundigen Zusammenbruch des Regimes im Mittelpunkt des Interesses, ließ sich das Image, das jenen Widerstandskämpfern zugeordnet wurde, doch leicht für eine westlich orientierte, antikommunistische Republik als verpflichtendes Vorbild verwenden.

Träger des Widerstands waren nach dieser Interpretation einzelne und vereinzelte, tatkräftige und entschlossene Männer und Frauen der alten Eliten, die scheinbar losgelöst von ihrem gesellschaftlichen Umfeld und nur ihrem nicht korrumpierten Gewissen folgend, danach strebten, den grausamen Alleinherrscher zu beseitigen. Ein solches Widerstandsverständnis entsprach daher auch der vielfach vorherrschenden, mit Blick auf Hitler personalisierenden Betrachtung des Nationalsozialismus insgesamt. Daß in diesem Bild der Arbeiterwiderstand, vor allem der kommunistische, keinen Platz hatte, versteht sich dabei von selbst. Symptomatisch für ein solches öffentliches Bewußtsein ist ein Urteil des Bundesgerichtshofes aus dem Jahre 1961. Das höchste Gericht der Bundesrepublik wies die Entschädigungsansprüche eines Drehers zurück, der nach 1939 konsequent den Kriegsdienst verweigert hatte und dafür im Straflager und Strafbataillon mißhandelt worden war, indem es über die Gültigkeit von Widerstand urteilte:[2a]

"Erforderlich ist eine Handlung, die auf einer einigermaßen sinnvollen Planung beruhte und vom damaligen Standpunkt aus geeignet war, der NS-Herrschaft Abbruch zu tun oder wenigstens ihre schlimmen Folgen in beachtenswerter Weise zu mildern ... Die Widerstandshandlung muß nach ihren Beweggründen, Zielsetzungen und Erfolgsaussichten als ein ernsthafter und sinnvoller Versuch zur Beseitigung des bestehenden Unrechtszustandes gewertet werden können."

Eine wahrhaft beschämende Begründung, bindet sie doch das Recht zum Widerstand an den voraussichtlichen Erfolg. Steht dieser nicht zu erwarten, bleibt nur schweigendes Mitläufertum. Mag in anderen Lebensbereichen auch häufig der mögliche Erfolg als ausschlaggebendes Kriterium für ein Handeln angesehen werden, seine Anwendung auf Widerstandshandlungen gegen ein Unrechtssystem, die immer auch zugleich moralische Entscheidungen voraussetzen, ist gänzlich abwegig und unzulässig.

Glücklicherweise gehört ein solch enger, in Grenzen sogar elitärer Widerstandsbegriff inzwischen der Vergangenheit an, auch wenn es in der Geschichtswissenschaft immer noch starke Tendenzen gibt, nur jene Handlungen als Widerstand gelten zu lassen, "die wenigstens in der Tendenz die Beseitigung des NS-Regimes zum Ziel hatten".[3] Stattdessen setzt sich heute ein Verständnis von Widerstand durch, das nicht nur systematischen, organisierten und programmatischen Widerstand gelten läßt, sondern auch vielfältigen Widerstand im Alltag zur Kenntnis nimmt und würdigt. Dieser war zwar zu keiner Zeit eine breite Volksbewegung und bedeutete auch zu keinem Augenblick eine nennenswerte Bedrohung des verbrecherischen Staates; aber er war immerhin so gewichtig – und ist deshalb erinnerungswürdig –, daß er das Regime nötigte, ein immer enger geknüpftes Netz von Gestapo-Polizisten, Sicherheitsdienst-Beamten, Spitzeln, Denunzianten und fanatisierten Parteifunktionären vom Blockwart aufwärts zu unterhalten.

Die begrüßenswerte Neuorientierung zugunsten des erweiterten Widerstandsbegriffs hat beispielhaft Eingang gefunden in eine Erklärung der Kultusminister-Konferenz vom 4.12.80, aus der hier einige Gedanken zitiert werden sollen, da sich an ihnen die folgende Darstellung und Bewertung des Widerstandes in Lippe orientiert:[4]

"Sichtbar ist heute, daß es nicht nur den systematischen und programmatischen Widerstand politischer Gruppen gegeben hat (z.B. Goerdeler-Kreis, Kreisauer-Kreis, Neubeginnen etc.), sondern auch einen weitverbreiteten Widerstand im Volk, der sich in Formen der Nichtanpassung, der Verweigerung im Einzelfall, oft der passiven Resistenz geäußert hat. Sichtbar ist auch, daß es unterschiedliche weltanschauliche und politische Motive waren, die zum Widerstand geführt haben ... Gemeinsam ist jedoch allen Erscheinungen des Widerstandes der Ausgangspunkt:
- *Die Auflehnung gegen den totalen Zugriff der NS-Politik auf das Alltagsleben;*
- *die moralische Empörung gegen Rechtsbrüche;*
- *die Parteinahme für Verfolgte;*
- *der Versuch, in einem total gelenkten Staat ein Minimum an moralischer Verantwortung, sei es auch nur im engsten Kreis von Familie, Gemeinde, Kirche, aufrechtzuerhalten....."*

Eine solche Betrachtungsweise ist nur konsequent, anerkennt sie doch letztlich all jene Widerstandshandlungen, die das Regime selbst als Ausdruck von Gegnerschaft einstufte und bestrafte. Wenn der Reichsorganisationsleiter und Chef der DAF, Dr. Ley, den totalitären Anspruch der Partei so formulierte: "Im nationalsozialistischen Deutschland gibt es nicht so etwas wie ein privates Individuum", so ist der Konsequenz, die Rothfels daraus zieht, zuzustimmen: "Wenn man dies in Rechnung stellt, so wird klar, daß es schon eine Art Opposition war oder besser eine 'potentielle' Form des Widerstands, 'kein Zeichen von Nazi-Betätigung' zu geben."[5]

Diese Ausweitung des Widerstandsbegriffs führt zwangsläufig zu einer weiteren Schwierigkeit in der Darstellung. Jetzt genügt es nicht mehr, die ehrenwerten sichtbaren Taten einiger markanter Einzelpersonen oder Gruppierungen aufzuzeichnen; jetzt verdienen auch die Handlungen oder Verweigerungen all jener Namenlosen Erwähnung, die dafür KZ-Haft, Gefängnis, "Schutzhaft", berufliche Nachteile oder einfach schlimme Angst "vor den offenen und versteckten Waffen des Staates"[6] im Falle ihrer Entdeckung oder bei Denunziation riskierten. Dabei versteht sich von selbst, daß bloße punktuelle oder momentane Unzufriedenheit mit der Realität des 3. Reiches bei gleichzeitiger grundsätzlicher Zustimmung nicht als Widerstand mißverstanden werden darf, selbst wenn das Regime mit Sanktionen reagierte.

Bis 1939 büßten eine Million deutsche Bürger ihr oppositionelles Verhalten mit einem Aufenthalt in Lagern oder Gefängnissen, über 200.000 wurden in der gleichen Zeit in Gerichtsverfahren aus politischen Gründen verurteilt, bis 1945 wurden von der Strafjustiz ca. 13.000 Hinrichtungen (ohne die Opfer der Militärgerichtsbarkeit) verfügt.[7] Dies sind Zahlen, die unsere Hochachtung fordern, verbergen sich hinter ihnen doch Schicksale von Menschen, die heute meistens namenlos geworden sind.

Vor allem in der Anfangsphase gab es ungezählte Bürger, die sich den Formierungsansprüchen des neuen Staates widersetzten, wenn auch mit unzureichenden Mitteln. Ihre Bereitschaft zum Risiko für sich persönlich und ihre Familien, die in vielen Fällen nichts anderes bedeutete, als menschlichen Anstand nicht in Vergessenheit geraten zu lassen, entlarvt das nationalsozialistische Trugbild einer angeblichen Volksgemeinschaft. "Gesellschaftliche Verweigerung" nennt R. Löwenthal solchen vielfach unpolitischen Widerstand, da er sich gegen den Anspruch des Staates auf die totale Erfassung und Beherrschung der Gesellschaft richtete.[8] Die große Mehrheit unseres Volkes – durch traditionell unzureichende demokratische Erziehung zu staatsbürgerlichem Selbstbewußtsein gegen staatliche Vorherrschaft ohnehin schlecht gewappnet – ließ sich schnell durch die raffinierte und ausgeklügelte Mischung von Terror und Propaganda und die baldigen angeblichen Erfolge auf wirtschaftlichem und außenpolitischem Gebiet vom Regime einvernehmen. Eine Minderheit aber konnte von Euphorie und Terror nicht beeindruckt werden.

Eine Chronik des Widerstandes in Lippe muß aus mehreren Gründen lückenhaft bleiben. Fast alle lippischen Polizei- und viele Gerichtsakten wurden vor Kriegsende von den Nazis vernichtet. Ähnliches gilt auch für die Unterlagen über die Verhängung von "Schutzhaft" und Einweisungen in Konzentrationslager. Die Presse erhielt bald nach der letzten Reichstagswahl vom 5.3. Weisung, über Verhaftungen nur noch mit ausdrücklicher staatlicher Genehmigung zu berichten. Schließlich bewirkt der neue Widerstandsbegriff selbst die Unvollständigkeit in der Darstellung. Zivilcourage und Verweigerung sind häufig aktenmäßig nicht erfaßt, wie die demonstrative Verweigerung des Hitlergrußes, das Abhören ausländischer Sender, eine kritische Predigt, eine unterlassene Anzeige, Hilfe für Verfolgte oder Warnung vor Haussuchungen und Verhaftungen (wie sie z.B. von dem Braker Polizisten Burkamp berichtet wird[9]). Eine intensive Befragung von Zeitgenossen und eine systematischere Sichtung des noch ungeordneten Aktenbestandes der NSDAP-Kreisleitung im Staatsarchiv Detmold (L113) könnten weitere Beispiele für die beschriebenen Formen von Widerstand im Alltag zutage fördern. Zu einer solchen Untersuchung sei an dieser Stelle ausdrücklich aufgerufen.

Nachdem die Arbeiterbewegung durch den Sieg des Nationalsozialismus "sang- und klanglos"[10] untergegangen war, versuchten bald zahlreiche ihrer Gruppierungen auf sehr vielfältige Weise und mit durchaus unterschiedlichen Zielvorstellungen gewerkschaftliches, sozialdemokratisches, sozialistisches und kommunistisches Bewußtsein wachzuhalten. In Lippe sind von solchen Gruppen nur sozialdemokratische und kommunistische nachweisbar, die in der Nachfolge ihrer verbotenen Parteien propagandistisch aktiv blieben. Splittergruppen wie Neubeginnen, KPD-Opposition, Sozialistische Arbeiterpartei oder Internationaler Sozialistischer Kampfbund waren hier nicht bekannt.

Angesichts der bereits geschilderten unterschiedlichen Bewertungen und Konsequenzen, die SPD und KPD mit der Einsetzung der Hitler-Regierung verbanden, verwundert es nicht, daß sich auch die Formen des Widerstandes ihrer nicht anpassungswilligen Mitglieder zumindest in den ersten Jahren grundsätzlich voneinander unterschieden. So blieb für die Masse der Sozialdemokraten der – innerparteilich sehr umstrittene – Legalitäts- und Wohlverhaltenskurs verbindlich. Sofern man sich nicht den neuen Machthabern anpaßte, wartete man erst einmal ab, ob sich die Hoffnungen auf einen Erhalt der Parteiorganisation nicht doch erfüllten. Freilich führte diese Haltung, die am bittern Ende, drei Tage vor dem Verbot der SPD, sogar die Parteispaltung in Inlands- und Exil-SPD bewirkte, auch zu verbreiteter Resignation und verhinderte eine Vorbereitung auf die Illegalität. Noch im Mai informierte die Bielefelder Bezirksleitung alle Ortsvereine, also auch die lippischen, "daß illegale Schriftstücke von uns nicht versandt werden."[11] Auch in den Polizeiberichten finden sich schon in dieser Zeit Feststellungen wie: "Die SPD und die Freien Gewerkschaften sind nicht mehr aktiv in Erscheinung getreten."[12]

Es waren sicherlich ehrenwerte Motive – neben der Bewahrung der Parteiorganisation vor allem die Hoffnung, die Entlassung der gefangenen Genossen zu erreichen –, die die Berliner Parteiführung den Weg der teilweisen Anpassung an das Regime gehen ließen.[13] Daß es ein Irrweg war, wurde am 22.6.33 offenkundig: Die SPD wurde zur volks- und staatsfeindlichen Partei erklärt und verboten.

Von da an hielt die übergroße Mehrheit der Mitglieder offenen, organisierten Widerstand angesichts der inzwischen vielfach erfahrenen Brutalität für sinnlos. Zudem hatte sich die offene Auseinandersetzung innerhalb der Partei um die illusionäre Wohlverhaltenspolitik desorientierend ausgewirkt und mögliche Bereitschaft zum aktiven Widerstand gelähmt. In der Folgezeit waren es vor allem jüngere Sozialdemokraten, die jetzt im ganzen Reich aktive Widerstandtätigkeit aufnahmen.

In Lippe – so berichten übereinstimmend mehrere der damals Engagierten[14] – beschränkte sich der Widerstand nahezu ausschließlich auf das Verteilen illegaler

Flugschriften. Vorübergehend sollen aber auch einzelne jüngere Sozialdemokraten aus Lemgo versucht haben, mit einer angeblichen SPD-Zelle in Holland Kontakt aufzunehmen.[15] Solche Beispiele blieben aber vermutlich Einzelfälle, denn Ende Oktober 1933 berichtete der Detmolder Oberstaatsanwalt: "Von einer illegalen Tätigkeit der früheren SPD ist bisher nichts zu merken gewesen."[16] Nun vermitteln Polizeiakten sicherlich nicht immer eine korrekte Wiedergabe der Wirklichkeit, doch wird diese Feststellung im wesentlichen von früheren SPD-Funktionären bestätigt.[17] Auch Rauchschwalbe kann hierzu keine anderen Angaben machen.[18]

Statt aktivem Widerstand praktizierten anpassungsunwillige Sozialdemokraten in Lippe wie im Reich jene Art von passivem Widerstand, der sich mit dem Begriff Gesinnungstreue sachgerecht bezeichnen läßt. Ziel war also nicht die Massenagitation, sondern Information und Aufklärung im kleinen Kreis. In unpolitischen Gruppen wie Wander- und Musikvereinen und auf geselligen Veranstaltungen versuchte man, Ersatz für die verbotenen Ortsvereine zu finden. So wollte man das Regime überstehen, indem man innerhalb bestehender Vereine, aber außerhalb der Zugriffsmöglichkeiten von Polizei und Gestapo scheinbar unpolitisch, doch persönlichen oppositionellen Zusammenhalt zu bewahren suchte.[19]

Von den lippischen Sozialdemokraten wurden etliche solcher erfolgreicher Versuche berichtet; einige seien hier genannt: In Schötmar trafen sich sozialdemokratische Arbeiter unter falscher Flagge als Volkstanzgruppe. Arbeiter von Hoffmann's Stärkefabriken ermutigten sich gegenseitig im Salzufler Wanderverein. Zur Tarnung wurde der nicht informierte SA-Mann und Betriebsratsvorsitzende als Begleiter mitgenommen.[20] Nach der Auflösung der Arbeitervereine in Hiddesen fanden sich viele ihrer Mitglieder im Mandolinen-Verein wieder zusammen.[21] Nachdem der ehemalige Landtagsabgeordnete Mellies in Heidenoldendorf ein Geschäft eröffnet hatte, wurde es schnell zum Treffpunkt vieler Sozialdemokraten, die dort auch Flugblätter zur Verteilung abholten, so daß der Argwohn der Polizei bald geweckt wurde.[22] In Lemgo-Brake organisierten sich frühere Mitglieder der Arbeiter-Jugend in einer Musikgruppe. Eine besondere moralische Ermutigung vermittelte ihnen später die Teilnahme an einer "Wilhelm Tell"-Aufführung, die vom Guttemplerorden am 25.8.35 auf dem Biesterberg dargeboten wurde. In aller Öffentlichkeit konnte die Gruppe Zusammenhalt geloben, ohne doch erkannt zu werden, mit den Worten des Rütli-Schwurs:

Wir wollen sein ein einzig Volk von Brüdern,
In keiner Not uns trennen und Gefahr.
Wir wollen frei sein, wie die Väter waren,
Eher den Tod! als in der Knechtschaft leben[23]

Andere Möglichkeiten für Sozialdemokraten, sich gegenseitig moralisch aufzurüsten und sich mit Informationen zu versorgen, waren auch am Arbeitsplatz gegeben, obwohl dort mit zunehmender Stabilisierung des Systems das gegenseitige Mißtrauen wegen des verbreiteten Spitzeltums immer stärker zunahm. Wie stark aber noch 1934 die Zurückhaltung weiter Teile der Arbeiterschaft gegenüber den Verführungen des Nationalsozialismus war, belegen Berichte aus Fabriken. Sie widerlegen die Propaganda, die lautstark triumphierte, der deutsche Arbeiter sei von Adolf Hitler gewonnen worden. So urteilte ein Polizeispitzel über die antifaschistische Solidarität in Humfelder und benachbarten Betrieben im Februar 1934: Selbst in Betrieben mit nationalsozialistischen Werksleitungen gäben die Roten weiterhin den Ton an; Nazi-Parteigenossen und SA-Leute seien dort nur geduldet.[24] Konkret wird eine solche "milieugebundene Verweigerung"[25] in einer Anzeige eines SS-Mannes bei der Polizei illustriert:[26]

"Ich arbeite seit August dieses Jahres (1933, d. Vf.) als ungelernter Arbeiter in der Firma "Lippische Eisenindustrie A.G." in Remmighausen. Neben verschiedenen S.A.-Leuten, die dort in dem Betriebe arbeiten, und neben einer ganzen Anzahl vernünftiger Arbeiter sind dort auch verschiedene ehemalige Angehörige des Reichsbanners beschäftigt. Seit einiger Zeit, seitdem diese ehemaligen Reichsbannerangehörigen wissen, daß ich S.S.-Mann bin, werde ich von diesen Leuten andauernd insofern provoziert, als sie mir beim Vorbeigehen ihre Beine in den Weg stellen, sodaß ich stürzen soll und mich durch Pst-Pst-Rufe auf sich aufmerksam machen. Sodann heben diese Leute ihre Arbeitskittel hoch und zeigen die Koppelschlösser ihrer Gürtel, die aus den ehemaligen Reichsbannerkoppelschlössern bestehen.
Heute morgen, als ich wieder in ähnlicher Weise provoziert wurde, habe ich dann einem Arbeiter, der Albert mit Vornamen heißt, das Reichsbannerschloß abgerissen. Ein anderer Arbeiter, den ich wiedererkennen werde, wollte mich daraufhin schlagen, weswegen ich ihn zurückstieß. Daraufhin nahm der Arbeiter Holländer, der Reichsbannermann war und der auch schon einmal inhaftiert war, eine Eisenstange und machte eine nicht mißzuverstehende Bewegung, als ob er mich damit schlagen wollte. Sodann verabredeten sich die ehemaligen Reichsbannerangehörigen in der Presserei, mich heute abend zu verprügeln.
Ich kenne die Leute nicht alle dem Namen nach. Meine im Betriebe befindlichen S.A.-Kameraden und ich sind aber in der Lage, die Leute wiederzuerkennen und herauszuholen. Ein Teil von diesen Arbeitern haben auch vor der Wahl (d.h. vor dem 12.11.33, d.Vf.) noch marxistische Propaganda betrieben. Auch hier bin ich in der Lage, die betreffenden Leute wiederzuerkennen."

All diese Beispiele passiver Gesinnungstreue bedeuteten freilich noch keinen aktiven Widerstand. Im Gegensatz zu anderen Reichsgebieten sind aus Lippe für 1933 nur wenige Beispiele aktiven und offenen Widerstandes von Sozialdemokraten überliefert. Einige mögliche Gründe hierfür seien genannt.

Zum einen stand die eher konservative lippische SPD auch in früheren, ruhigeren politischen Zeiten immer im Schatten des politisch aktiveren Bielefelder Bezirks. Zum anderen wurden bald nach dem 5.3. zwei der einflußreichsten lippischen Sozialdemokraten verhaftet: Parteisekretär Emil Feldmann und der *Volksblatt*-Redakteur Felix Fechenbach. Damit erhielt zwangsläufig das Verhalten des herausragendsten lippischen Sozialdemokraten, Heinrich Drakes, Leitbildcharakter. Was er (nicht) sagte und (nicht) tat, mußte folglich zum lokalen Orientierungspunkt für seine lippischen Parteifreunde werden.

Im Mittelpunkt stand damit ein Mann, der den Nationalsozialismus lange Zeit unterschätzt hatte[27] und der zu den NS-Staatsorganen, sicherlich nicht zur NS-Ideologie, ein für den Außenstehenden zweideutiges Verhältnis entwickelte. Seine "tiefe Verwurzelung in einem stark legalistischen Denken"[28], seine Orientierung und Fixierung auf die Interessen der Staatsgewalt, seine Loyalität zu Staat und Nation waren offenbar stärker als sein soziales und demokratische Denken. Drake war in jenen Monaten eben nicht – wie manche meinten – Sozialdemokrat oder "Marxist", sondern in erster Linie Landespräsident a.D. und Staatsmann, der den Interessen Lippes (wie er sie sah) zu dienen glaubte.

So hatte ihm "sein hohes Pflicht- und Verantwortungsgefühl"[29] geboten, der verfassungsmäßigen, mit der Regierungspolitik aber wenig vertrauten Landesregierung unter Dr. Krappe selbstverständlich seine Hilfe bei dem Regierungswechsel zur Verfügung zu stellen. Jetzt sollten die Nationalsozialisten die Möglichkeit haben, ihre Fähigkeiten unter Beweis zu stellen, da ihre Vorgänger kläglich versagt hätten.[30]

Sein späterer Nachfolger, Staatsminister Riecke, zu dem Drake ein Verhältnis entwickelte, das "gemessen an den damaligen Umständen wohl als recht gut eingeschätzt werden darf"[31], urteilt in seinen "Erinnerungen" wie folgt über seinen Vorvorgänger[32]: "Er war ein honoriger, wenn auch oft recht sturer Mann. Ich habe ihn bereits wenige Tage nach meinem Amtsantritt aus der Schutzhaft entlassen und dafür gesorgt, daß er seine – wenn auch nicht sehr reichliche – Pension nicht, wie vorgesehen, nur für zwei Jahre, sondern auf Lebenszeit erhielt.[33] ...Ich habe verschiedentlich zur Klärung von Geschehnissen, die in seine Amtszeit fielen, Gespräche mit ihm geführt."[34]

Bei der geschilderten Staatsloyalität mußte der Vorwurf des Hoch- und Landesverrats, den die Hitler-Regierung gegenüber den ins Exil geflüchteten Sozialdemokraten erhob, bei Heinrich Drake volle Wirkung erzielen. Für eine solche Abkehr von Staat und Nation konnte er keinerlei Verständnis aufbringen. Sie empörte ihn maßlos.[35] Die Konsequenz, die er daraus zog, war am 23.6.33 der Austritt aus der SPD – einen Tag, *nachdem* die Partei verboten worden war.

Für das politische Bewußtsein der lippischen Sozialdemokraten mußte es demoralisierend wirken, als der *Kurier* am 27.6. meldete: Drake ist aus der SPD ausgetreten! Vor einigen Jahren fand Rauchschwalbe Drakes Austrittsbrief in Emil Feldmanns Nachlaß.[36] Drake begründet darin seinen Austritt mit den Vorwürfen an die Parteileitung im Reich: Sie habe ihren früheren Vorsitzenden Otto Wels, der sich inzwischen bei der Exil-SPD in Prag aufhielt, nicht ausgeschlossen; außerdem habe sie den Vorwurf der Hitler-Regierung nicht entkräftet, "bei einer Geheimversammlung der SPD-Führer sei landesverräterisches Material gefunden worden."

Mag man solche Kritik noch als Beleg für Drakes Leichtgläubigkeit gegenüber der NS-Strategie abtun – erschreckend wirkt, wie er in seinem Austrittsschreiben die vorausgehenden drei Monate nationalsozialistischen Terrors einschätzte: Für den ehemaligen sozialdemokratischen Landespräsidenten waren sie ein Versuch, "eine Volksgemeinschaft auf sozialem Grunde herzustellen."

Drakes wenig eindeutige Haltung zu den Machthabern des Dritten Reiches ist vermutlich auch die Ursache für ein langlebiges Gerücht: Er habe die Stelle eines höheren Regierungsbeamten in der NS-Regierung angestrebt, oder man habe ihm diese sogar angeboten. Doch dies ist eine zu oberflächliche Interpretation. Wie dargestellt worden ist, war seine Haltung zu den Staatsorganen nicht von irgendwelchen höheren materiellen Interessen bestimmt, sondern entsprang seiner tief empfundenen Bindung an Staat und Nation, unabhängig von der Frage, wer die staatliche Macht innehatte. Darüber hinaus wird das zitierte Gerücht von Riecke klar dementiert.[37]

Ein anderer führender lippischer Sozialdemokrat, der wohl eher zu organisiertem Widerstand fähig und bereit gewesen wäre, war Felix Fechenbach. Diese Einschätzung teilten offenbar auch seine Gegner, denn sie hatten ihn bekanntlich schon am 11.3. in "Schutzhaft" genommen und im Gegensatz zu allen anderen Sozialdemokraten und den meisten Kommunisten noch immer nicht wieder freigelassen. Zu tief saßen wohl die Wunden, die Fechenbach ihnen im *Volksblatt* zugefügt hatte, nicht zuletzt durch seine regelmäßigen Kolumnen des "Nazi-Jüsken"[38], in denen er peinliche Interna aus der lippischen NSDAP ausplauderte und bissig glossierte. Seine Quellen waren vielfältig; doch ein Großteil des Materials stammte von Dr. Fuhrmann, dem von Steinecke ausgebooteten früheren Landesleiter der NSDAP. Über verschiedene Mittelsmänner ließ er Fechenbach mehrfach Material zukommen.[39]

Zu spät wurde Fechenbach klar, wieviel Wut und Verbitterung sich bei der lippischen Partei- und SA-Führung gegen ihn aufgestaut hatten. Das erkannte er – wenn überhaupt – erst kurz vor seiner Ermordung, nachdem er unmittelbar nach der Machtergreifung die Bereitschaft der Nazis zur Brutalität noch unterschätzt hatte. Selbst im Juli 1933 traute er ihnen offenbar noch soviel Edelmut zu, daß er sich an die Regierung wandte und um noch ausstehende Gehaltszahlungen ersuchte.[40]

Ein Komplott der lippischen Partei- und SA-Führer machte Fechenbachs Leben am 7.8.1933 ein abruptes Ende. Zunächst hatte die Landesregierung am 13.7. die Bayrische Politische Polizei ersucht, Fechenbach ins KZ Dachau abgeben zu können. Während der Autofahrt am 7.8. von Detmold nach Warburg, wo der Transport mehrerer für Dachau bestimmter politischer Gefangener zusammengestellt werden sollte, wurde Fechenbach von den SA- und SS-Schergen Grüttemeyer, Wiese, Focke und Segler heimtückisch erschossen. So jedenfalls befand das Schwurgericht Paderborn im Jahre 1969.[41] Offen blieb jedoch die Frage, welche übergeordneten politischen Funktionsträger diesen planmäßigen Mord (so das Landgericht Paderborn 1948) angeregt, veranlaßt und befohlen hatten.[42]

Somit stand die lippische Sozialdemokratie im Sommer 1933 weitgehend führerlos dar, zumal auch andere maßgebliche Funktionäre mehrfach verhaftet wurden. Auch von der Bielefelder Bezirksleitung erfolgten offenbar keine Anstöße zu aktiverem Widerstand. Doch ist noch zu berichten von einigen Einzelaktionen lippischer Sozialdemokraten, die allerdings aktenmäßig nicht belegt sind und ausschließlich nach den Erinnerungen der Beteiligten dargestellt werden können.

Als erstes sei ein Unternehmen von Pivitsheider Sozialdemokraten genannt, das noch während des Landtagswahlkampfes stattfand. Als Hitler am 6.1. von Augustdorf nach Horn fuhr, so wird berichtet,[43] habe ihm eine Gruppe von ca. 10 Sozialdemokraten und Reichsbannermännern in der Dörenschlucht aufgelauert, um ihn zu erschießen. Wider Erwarten sei die Autokolonne jedoch nach Lopshorn abgebogen und habe diesen Weg über Hiddesen nach Horn genommen, so daß die im Hinterhalt Lauernden ihr etwas abenteuerlich erscheinendes Unterfangen nicht realisieren konnten.

> Am 7.August sollte der seit längerer Zeit in
> Schutzhaft befindliche Redakteur Felix Fechenbach,der ehem.
> Privatsekretär Kurt Eisners in München,in das Konzentra-
> tionslager Dachau überführt werden.Gelegentlich einer Rast
> in der Nähe von Warburg i/Westf.gegen 4 Uhr nachmittags ver-
> suchte F.sich dem Weitertransport durch die Flucht zu ent-
> ziehen.Die Begleitmannschaft musste von der Waffe Gebrauch
> machen,F.wurde verwundet und starb nach seiner Einlieferung
> am späten Abend im Krankenhause.
>
> An die Lippische Presse.
>
> Ausführliche Berichte sind unerwünscht.

Über eine andere Einzelaktion liegen konkretere Details vor, die zwangsläufig ihre Glaubwürdigkeit erhöhen.[44] Mehrfach fuhr der Sozialdemokrat und Reichsbannerführer Erich Stock (Brake) nach Amsterdam und nahm dort mit dem Gewerkschaftsfunktionär Jan M. Snel in der Paramaribostraße Kontakt auf. Regelmäßig brachte er von diesen Reisen einige hundert auf extrem dünnem Papier gedruckte Informationsblätter mit, um sie dann an W. Bröker (Detmold), F. Winter (Silixen), A. Flohr und W. Deppe (Lemgo) zur Weiterverteilung zu übergeben. Letzterer sammelte auch bei Freunden das Geld zur Finanzierung dieser Reisen. Durch einen Bielefelder Kontaktmann "Willy" erhielt Stock eine Rotationsmaschine zur Vervielfältigung von Schriften. Andere Kontaktmänner aus Bielefeld und Herford (O. Grube) organisierten zusätzlich Treffen an der Weserbrücke bei Vlotho und innerhalb Lippes. Der genaue Treffpunkt wurde jeweils verschlüsselt durch eine Buchstaben-Zahlen-Kombination unter der Briefmarke einer Postkarte mitgeteilt. Mit Hilfe einer Rasterkarte konnte so der Treffpunkt ausgemacht werden, wo dann Informationen ausgetauscht und illegale Schriften übernommen werden konnten. Auch andere Sozialdemokraten berichteten, daß sie 1933 noch illegales Material verteilt haben.[45] Dabei handelte es sich aber fast immer um Material, das außerhalb Lippes hergestellt worden war.

Zusätzlich zu den genannten illegalen Verbindungen muß es aber noch weitere gegeben haben. Mehrfach wird nämlich in den Prager *Deutschland-Berichten* der Sopade (Exil-SPD) bis 1937 über Vorkommnisse und Personen in Lippe berichtet.[46] Wer die Meldungen dorthin übermittelte, ist nicht bekannt. Unbekannt ist z.B. auch,

Grundsätzlich anders motiviert und orientiert als der sozialdemokratische Widerstand war der Widerstand der Kommunisten. Wie oben bereits ausgeführt wurde, hatte die KPD schon in den Jahren vor 1933 die ihrer Auffassung nach faschistischen Regime bekämpft. Den Sieg des Nationalsozialismus begriff sie nicht als ihre eigene Niederlage. Vor diesem Hintergrund ist die Unerschrockenheit vieler Kommunisten *auch* aus der bloßen Fortführung ihres radikalen Kampfes gegen Kapitalismus und "bürgerliche Diktatur"[48] zu werten, kurz, als verschärfter Klassenkampf zur Beschleunigung der angeblich unmittelbar bevorstehenden proletarischen Revolution.

Es liegt hier also eine vergleichbare Fehleinschätzung über die Dauer der Nazi-Herrschaft vor, wie sie bei den Sozialdemokraten zu beobachten war. Nur waren es eben andere Konsequenzen, die man daraus zog, bedingt durch die Ablehnung der KPD gegenüber der parlamentarischen Demokratie. Der Glaube an die baldige Revolution ließ die KPD auf eine Fortführung der bisher schon praktizierten Massenagitation als Massenwiderstand setzen.

Konsequenterweise versuchte die KPD ihre gesamte, nur leicht veränderte Organisation in die Illegalität zu führen. Insofern ist Peukerts These zuzustimmen: Die KPD war nicht vorbereitet auf den nötigen Rollenwechsel von einer aggressiven, öffentlichkeitsorientierten Agitation zu einer vorsichtigeren, illegalen Arbeit.[49] Die illusionäre "Naherwartung" der revolutionären Krise des kapitalistischen Systems war der Nährboden für die halsbrecherischen Aktionen der ersten Wochen, für den Optimismus, die Geschlossenheit und die Widerstandsfähigkeit der Kommunisten.[50] Das führte im Ergebnis jedoch dazu, daß es den Nationalsozialisten recht leichtfiel, so viele Kommunisten in Gefängnissen und KZs gefangenzuhalten und zu foltern, daß im Sommer 1933 eine völlige Neuorganisation erforderlich wurde.

Zwar hatte sich die Partei auf Beschluß ihres Zentralkomitees Ende 1932 in Ansätzen auf die Illegalität vorbereitet, doch hatten die entsprechenden Anordnungen an der Basis noch nicht verwirklicht werden können. Anfangs hatte nicht nur die KPD geglaubt, daß irgendwelche Verbote nicht vor den Reichstagswahlen vom 5.3.33 zu erwarten seien. Die Verhaftungswelle nach dem Reichstagsbrand traf sie daher beinahe völlig unvorbereitet.

In Lippe leitete die KPD entsprechend den Weisungen des Zentralkomitees auf ihrem Parteitag am 4.12.32 in Lage eine Reorganisation ein.[51] Zwar wurde noch nicht der Aufbau eines für die illegale Arbeit geeigneten Apparates begonnen; es wurde aber immerhin mit der Einführung des Fünfergruppensystems die Voraussetzung für eine selbständige und bewegliche Aktivität kleiner illegaler Gruppen geschaffen, da ihnen gleichzeitig eine größere Unabhängigkeit von der Unterbezirksleitung zugebilligt wurde. Außerdem wurde das Instrukteur-System zügig ausgebaut: Beauftragte der Bezirksleitung in Essen (oder auch der Unterbezirksleitung) konnten unmittelbar und unter Umgehung anderer Parteistellen mit den neuen kleinen Zellen Kontakt aufnehmen und sie anleiten.

> **Anstatt Arbeit und Brot:**
> Lüge und Mordhetze
> in Rundfunk und Presse
>
> Nationalsozialist erwache!
> Trotz Verfolgung und Unterdrückung, die Zukunft gehört dem Kommunismus. Auch D u mußt für die soziale und nationale Befreiung, gegen den Faschismus kämpfen.

> **Heraus mit Ernst Thälmann u. allen proletarisch-politischen Gefangenen**
> 12 000 revolutionäre Freiheitskämpfer in faschistischen Kerkern!
> Erhebt Eure Stimme!
> Proletarier! Am Kohlenstoß, an der Maschine ist deine Macht stärker als alle faschistischen Bajonette.
> Rüstet zum politischen Massenstreik — Gegen die faschistische Diktatur — Für die Befreiung deiner Klassengenossen aus den faschistischen Kerkern und Mordhöllen.

Vorstehende Handzettel wurden von dem Unterzeichneten am Himmelfahrtstage (25.5.33) gegen 9 Uhr vorm. an der Strasse auf dem Bent in Hiddesen (Wohnung Christeit bis Eingang zum Heidental) an Fernsprechmasten angeklebt, festgestellt und abgemacht. Weitere Zettel konnten in Hiddesen u. Heidenoldendorf bisher nicht ermittelt werden.

       Hiddesen, den 26. 5. 1933.

Trotz dieser Vorkehrungen saßen Anfang März nahezu alle auf Unterbezirks- und Ortsvereinsebene wichtigen Funktionäre in "Schutzhaft". Die beiden führenden lippischen Kommunisten hatten allerdings rechtzeitig untertauchen können, standen aber für die Organisation und Fortführung der illegalen Parteiarbeit nicht mehr zur Verfügung. Wilhelm Vehmeier war beauftragt, in Ostwestfalen und im angrenzenden (heutigen) Niedersachsen Widerstandsgruppen zu gründen. Schon Mitte März wurde er von der Polizei enttarnt und vom Oberlandesgericht Hamm wegen Vorbereitung zum Hochverrat zu 15 Monaten Gefängnis verurteilt. Adolf Scholz konnte sich dem Zugriff der Polizei länger entziehen. Im Auftrage der Essener Bezirksleitung der KPD übernahm er unter dem Pseudonym Leo Clemens[52] die Leitung der Internationalen Arbeiter-Hilfe (IAH) im Ruhrgebiet, bis auch er am 6.12.33 verhaftet wurde.[53] Auch ihn verurteilte das OLG Hamm zu 2 Jahren und 9 Monaten Gefängnis; im Anschluß daran wurde er ins KZ Sachsenhausen überführt.

Solange der größte Teil der aktiven lippischen Kommunisten in den Gefängnissen saß, ruhte selbstverständlich jegliche Untergrundtätigkeit. Nachdem die meisten von ihnen wieder entlassen waren, machten sich einige im April und Mai daran, die illegale Arbeit zu organisieren.[54] Ihr Ziel war es dabei vor allem, sich untereinander mit Informationsmaterial zu versorgen und in der Öffentlichkeit mit Aufklebern, Flugblättern und Zeitungen gegen das nationalsozialistische Propagandamonopol anzugehen ("Lüge und Mordhetze in Rundfunk und Presse"[55]). Flugblätter riefen zur Vorbereitung eines politischen Massenstreiks auf[56] – Welch eine Illusion! – und proklamierten: "Trotz Verfolgung und Unterdrückung, die Zukunft gehört dem Kommunismus."[57] In den Zeitungen wie dem "Kämpfer", dem Organ des Unterbezirks Bielefeld, der auch als Vorlage für die "Lippische Rote Post" verwendet wurde, dem "Roten Volksblatt für Detmold und Umgebung" und der "I.A.H.-Zeitung" wurde die ideologische Arbeit fortgeführt, wurden unterdrückte Nachrichten verbreitet und die Sendungen von Radio Moskau empfohlen: "Nun erst recht jeden Abend Welle 1481 Moskau."[58]

Die antikommunistische Brutalität der Nazis bewirkte, daß die anfänglichen Fehleinschätzungen einer realistischeren Betrachtungsweise in diesen Zeitungen Platz machte: "'Abwirtschaften lassen' – Genossen! Nur ein Mensch, der dem Faschismus helfen will, kann der Arbeiterklasse einen so niederträchtigen Ratschlag geben. Niemals stürzt Hitler von alleine."[59] In einem blieb sich die KPD aber auch noch Ende 1933 treu. Trotz verbaler Aufrufe zur Einheitsfront mit den Sozialdemokraten (gegen deren Führung) setzte sie ihre Sozialfaschismusthese in vereinfachter Form fort: "Sozialdemokratische Arbeiter, wir wenden uns an Euch! In unzähligen Versammlungen haben wir Euch nachgewiesen, daß Eure Partei, das Eure Führer den Faschismus in Deutschland hochgezüchtet haben."[60] Und noch Ende 1933 rief der KPD-Führer F. Heckert die Kommunisten im Reich zum Kampf gegen die Sozialdemokraten auf: "Für die Arbeiterklasse gibt es wirklich einen Feind – das ist die faschistische Bourgeoisie und die Sozialdemokratie, ihre soziale Hauptstütze."

Es ist bei einem solchen Feindbild verständlich, daß es nur zu wenigen Kontakten zwischen Sozialdemokraten und Kommunisten zu Beginn des Dritten Reiches im gemeinsamen Widerstand kam. Für Lippe können nur im Raum Blomberg/Großenmarpe solche Beziehungen nachgewiesen werden, wo zeitweise einzelne Sozialdemokraten auch kommunistische Flugblätter verteilten.[61]

Die vielfältige kommunistische Propagandatätigkeit führte zwangsläufig zu einer konzentrierten polizeilichen Überwachung, die schließlich so "erfolgreich" war, daß zu Beginn des Jahres 1934 auch die neue, illegale Infrastruktur der KPD zerschlagen war. Am Beginn der systematischen Untergrundarbeit stand zunächst die Notwendigkeit, die Partei wieder zu organisieren. Diese Aufgabe übernahm in Verbindung mit einigen von der "Schutzhaft" nicht gebeugten lippischen Parteimitgliedern der Bezirksinstrukteur Bernhardt Beutner (Deckname "Bubi"). Vor dem faktischen KPD-Verbot war er Leiter der Abteilung Agitation und Propaganda beim Unterbezirk Bielefeld gewesen. Er setzte in ganz Lippe "Gebietsinstrukteure" ein, zunächst W. Jäger (sen.) (Bad Meinberg), M. Niebur (Lage), F. Büker (Heidenoldendorf), F. Bracht (Lemgo), F. Ehlenbröker (Knetterheide) und etwas später F. Strunk (Ubbedissen) in Verbindung mit E. Berke (Oerlinghausen), H. Kölling (Lüdenhausen) sowie K. Amenda (Schwelentrup). Von ihnen wurde Niebur mit der Koordination der Wiederaufbauarbeit in Lippe betraut. Sie alle hatten die Aufgabe, neue KPD-Ortsgruppen zu gründen, Versammlungen und "Stubenversammlungen" mit nicht mehr als vier Teilnehmern durchzuführen, Beiträge zu kassieren und Material zu verteilen, das Beutner ihnen mitbrachte.

Nach einem später von der Polizei entdeckten Organisationsplan war die KPD-Lippe im Juni 1933 in die genannten acht Instrukteurgebiete eingeteilt, denen weitere Ortsgruppen mit folgenden Mitgliederzahlen zugeordnet waren:

	Mitgliederzahl
Oerlinghausen	5
Asemissen	6
Helpup	?
Bad Salzuflen	5
Schötmar	7
Knetterheide	5
Wüsten	5
Lage	25
Sylbach	5
Heiden	5
Ehrentrup	6
Heidenoldendorf	10
Detmold	6
Pivitsheide	5
Bad Meinberg	5
Horn	12
Wöbbel	4
Lüdenhausen	3
Bösingfeld	5
Asmissen	3
Schwelentrup	5
Barntrup	5

Lemgo	15
Brake	5
Hörstmar	3
Lüerdissen	3

Als die Reorganisation der lippischen KPD nach Auffassung des Unterbezirks Bielefeld, zu dem jetzt auch Lippe gehörte, nur ungenügende Fortschritte machte, kam es zu mehreren Aussprachen mit dem Bielefelder Leiter Rudolf Larsch (Deckname "Emil") und lippischen Kommunisten unter Führung von M. Niebur. Nach einer sorgfältigen Bestandsaufnahme entschloß sich Larsch Mitte August, einen neuen Bezirksinstrukteur nach Lippe zu senden, diesmal einen, nach Auffassung der Polizei, besonders fähigen Organisator: Magnus Hartmann (Deckname "Kurt"), seit 1931 Organisationsleiter im Unterbezirk Bielefeld.

Zielbewußt setzte dieser seit dem 5. September die Anstrengungen fort, die illegale Tätigkeit der KPD zu beleben. Auf einer "Hauptversammlung" Mitte September im Hörstmarschen Holz wurden nach Diskussionen über Mitgliederwerbung und Beitragseinzug auch grundsätzliche organisatorische und personelle Entscheidungen getroffen: Niebur sollte auch in Zukunft politischer Leiter in Lippe bleiben; bei Einrichtung eines zweiten lippischen Bezirkes sollte F. Bracht (Lemgo) an dessen Spitze treten. Daneben wurden H. Göbel als Organisationsleiter, F. Büker als Agit-Prop-Leiter und A. Beckmann (alle Heidenoldendorf) als Kassierer eingesetzt.

Nach dem Widerstandsverständnis der KPD waren neben dem organisatorischen Wiederaufbau weitere Hauptaufgaben die Herstellung und Verbreitung von Propagandamaterial sowie das Kassieren und Weiterleiten von Mitgliedsbeiträgen. Zusätzlich wurden Spendensammlungen für die Rote Hilfe durchgeführt. Diese Sammlungen zur Unterstützung von Gefangenen und deren Familien fanden in Teilen Lippes bis 1945 statt.[62] Das Propagandamaterial wurde zum Teil fertig gedruckt von Hartmann aus Bielefeld mitgebracht, zum Teil aber auch in Lippe hergestellt. Zu diesem Zweck sollte bei Büker ein Keller zu einer illegalen Druckerei ausgebaut werden. Der Plan scheiterte jedoch, da der mit der Ausbauarbeit beauftragte Maurer den Auftrag als zu gefährlich zurückgab und Büker bald darauf verhaftet wurde. Trotzdem war es ihm zuvor gelungen, etliche illegale Druckerzeugnisse zu produzieren. Neben den einzelnen Flugblättern, für die auch Jäger sen. die Vorlagen geliefert hatte, sind hier vor allem zwei Ausgaben der "Lippischen Roten Post" zu nennen. Die erforderlichen Geräte und das Papier hatte "Bubi" Beutner zuvor nach Lippe geschickt; später brachte er jeweils die fertigen Wachsplatten mit, so daß damit anschließend während der Nacht in Bükers Nähstube beide Male 1000 bis 1500 Exemplare gedruckt werden konnten.

Die hier geschilderte Untergrundarbeit lippischer Kommunisten fand im September und Oktober ihr abruptes Ende. Intensive polizeiliche Beobachtungen und zahlreiche Haussuchungen – vor allem bei Büker wurde das entscheidende Material über die Infrastruktur der Partei gefunden, auf dem auch diese Darstellung beruht – führten ab Mitte September zu etlichen Verhaftungen. Als Reaktion darauf zog die KPD-Bielefeld Hartmann am 22.9. aus Lippe ab und ersetzte ihn Anfang Oktober durch Josef Lemke, ehemaliges Mitglied des Herforder Kreistages.

Doch schon bald gelang der Polizei ein weiterer entscheidender Schlag: Am 23.10. wurde Lemke in Lage verhaftet. Aufgrund des bei ihm vorgefundenen Materials konnte auch Hartmann am 27.10. in Osnabrück ergriffen werden. Als eine Woche später auch Larsch der Polizei in die Hände fiel, bedeutete das nach weiteren Verhaftungen auch in Lippe das vorläufige Ende des Versuchs lippischer Kommunisten, ihre politische Arbeit in der Illegalität weiterzuführen, zumal auch vorher schon ihre Tarnorganisationen "Volkshilfe mit Bestattungsfürsorge" und "Proletarische Freidenker" ausgehoben worden waren.[63] Im März 1934 stellte der Oberstaatsanwalt Detmold fest: "Im Lande selbst sind in den letzten Monaten keine Wahrnehmungen über eine erneute Wiederaufbautätigkeit der KPD gemacht worden." Nur auf "Stubenversammlungen" wagten in diesen Monaten Kommunisten, politischen Kontakt untereinander zu halten. Doch schon bald gelang es in Lemgo der Ehefrau von A. Scholz, gemeinsam mit F. Möller sowie W. Greiling in Schötmar, erneute Verteilerringe aufzubauen, bis auch sie wiederum der Polizei ins Netz gingen.

Wieviele Sozialdemokraten, Kommunisten und andere kritische Bürger für ihre Gegnerschaft zu den Nationalsozialisten unmittelbar nach der Machtübernahme mit Gefängnis oder "Schutzhaft" büßen mußten, kann nicht exakt bestimmt werden, da die entsprechenden Akten vernichtet worden sind. Jedoch ermöglichen die erhalten gebliebenen Abrechnungen über die Schutzhaftkosten eine relativ genaue Schätzung.[64] Danach waren im Gerichtsgefängnis Lemgo im April 1933 36 Personen inhaftiert, für die 401 Verpflegungstage abgerechnet wurden. Überträgt man dieses Zahlenverhältnis auf ganz Lippe, so kann man annehmen, daß die abgerechneten 2545 Verpflegungstage für ungefähr 230 politische Gefangene anfielen. Weitere rund 30 Gefangene waren in preußischen Gefängnissen, vornehmlich in Hameln, inhaftiert. Daher dürfte die von Henne[65] genannte Zahl, der für die Monate März und April allein 400 - 500 Kommunisten annimmt, deutlich überhöht sein. Nach der Zerschlagung der Gewerkschaften stieg die Zahl der Häftlinge noch einmal merklich an: Es wurden 3623 Tage abgerechnet. Entlassungen und Verlegungen in preußische Gefängnisse ließen diese Zahlen auf 600 - 850 Verpflegungstage im Herbst sinken. Der niedrigste Stand wurde mit weniger als 400 im Dezember erreicht.

Ab Juli 1933 mußten die Verhafteten für ihren unfreiwilligen Aufenthalt zahlen. Damit kamen noch zusätzliche Belastungen auf manche Familien zu, wie anschaulich im folgenden Brief eines Reichsbannermannes aus Schötmar dokumentiert wird:[66]

"Vom hiesigen Amt erhielt ich beiliegenden Mahnzettel. Da ich nicht in der Lage bin die betreffenden Kosten zu bezahlen ersuche ich Sie, die Sache zurück zu ziehen.
Mein wöchentlicher Verdienst beträgt 31 M bei schwerster Akordarbeit wie Sie aus beiliegender Bescheinigung ersehen, hiervon gehen ab

an Sozialbeiträgen sowie Bürgersteuer	6,00 M pro Woche
für Mittagessen pro Tag 60 Pf x 7	4,20 " "
für Brot Butter Fettwaren u. Abendessen	10,00 " "
für Reisegeld alle 4 Wochen 6,00 M	1,50 " "
für Tabak, Haarschneiden, Bier usw.	? nur zum Ansehen
Schuhsohlen Kleidung	21,70
Verbleiben für meine Familie	9,30 M
in Worten Neunmark-dreißigpfennig	

Sollten sie meinem Ersuchen nicht entsprechen so muß ich annehmen das Ihnen jegliches Verständnis über die soziale Lage der Wanderarbeiter fehlt, werde mich dann mit höheren Stellen in Verbindung setzen. Sollten mich die Kosten vom Lohn einbehalten werden, wird mir die Lebensmöglichkeit genommen und werde dann meine Arbeit aufgeben müssen."

Für die enorme Anzahl politischer Häftlinge waren die Gefängnisse in Lippe natürlich nicht eingerichtet, so daß - wie oben dargestellt - schon frühzeitig Gefangene in benachbarte preußische Haftanstalten verlegt wurden. Als dennoch keine ausreichende "Entspannung" in dieser Hinsicht eintrat, schlug Staatsminister Riecke auf einer gemeinsamen Besprechung mit Vertretern des Landes Schaumburg-Lippe und des preußischen Regierungsbezirks Minden am 5.8.33 vor, ein gemeinsames Konzentrationslager für 200 Insassen in der Augustdorfer Senne zu errichten. Bis zur Herstellung eines solchen KZs bat Riecke um die Genehmigung Preußens, lippische "Schutzhäftlinge" in das KZ Papenburg/Börgermoor überführen zu dürfen.[67] Der Regierungspräsident in Minden leitete beide Gesuche befürwortend an das preußische Innenministerium weiter. Eine positive Entscheidung über den Bau eines lippischen KZs erübrigte sich schließlich, als zu Weihnachten eine Teilamnestie wirksam wurde und dadurch mancher "Schutzhäftling" entlassen wurde.[68]

Zieht man eine Bilanz des Widerstandes der ersten Stunde, so ist unbestritten, daß der Widerstand aus der Arbeiterbewegung "der umfangreichste, der opferreichste und der konsequenteste (war), weil er sich nicht nur gegen diese oder jene Erscheinungsform, nicht nur gegen 'Auswüchse' des faschistischen Systems richtete, sondern gegen dieses prinzipiell, gegen seine Grundlagen und die Hauptziele seiner Politik."[69] Mit einer solchen Feststellung soll selbstverständlich nicht geleugnet werden, daß es 1933 auch in den Mittelschichten Opposition gegen die Nazis gegeben hat. Das mutige Auftreten des Pfarrvikars Hossius am 1.5. sei hier noch einmal als Beispiel genannt. In ihrer grundsätzlich anderen Einstellung, Bewußtseins- und Interessenlage hatten die bürgerlichen Schichten jedoch ein prinzipiell anderes Verhältnis zum deutschen Faschismus. Erinnert sei in diesem Zusammenhang erneut an das bemerkenswerte, da entlarvende Zitat der *Landes-Zeitung* vom Februar 1933: "Aber man soll ... das ideenmäßig Gute im Nationalsozialismus nicht verschütten, sondern soll es sich auswirken lassen."[70]

Opfer und Intensität des KPD-Widerstandes werden seit den 70er Jahren von der Geschichtswissenschaft anerkannt, auch wenn dieser Erkenntnisstand sich noch nicht in den Massenmedien und den Schulbüchern wiederfindet.[71] Zwar schwächte die KPD

Entstandene Kosten für Inschutzhaftnahme
von Personen aus politischen Gründen.

Lfd. Nr.	Name	Wohnort	verpflegt vom- bis	Betrag RM. Pf.
1	Dingersen, sen.und jun.und Delker	Wüsten	Transportkosten pp. nach Salzuflen zum Amtsgericht am 4.3.33.	11 50
2	Verhaftung der Kommunisten in Sylbach, Hölsen und Ehrsen(Verf. 13.3. 1933.) Transportkosten pp.			12 75
3	Dingersen und Albert,	Wüsten	13.3.abends-17.3.vor m. 2 mal je 3¼/5 Tage	11 -
4	Schmiedeskamp u. Gen.	Holzhausen	13.3.-31.3.1933.	93 75
5	Krüger, Hermann	Oberwüsten pp.	18.3.abends-20.3.33 vorm. 1⅓ Tag	2 -
6	Rieke, Ernst	Ehrsen	13.4. nachm.-15.4. vorm. 1 2/3 Tag	2 50
7	" "	"	Transportkosten nach Herford in das Zellen= gefängnis am 15. 4. 1933	1 20
8	Strunk, August	Ehrsen	22.4. nachm.-24.4.-6.5.1933 =nachm.=vorm.19 2/3 Tage	29 50
9	Nagel, Eduard	Knetterkeide	22.4. nachm.-24.4. 1933 nachm.= 2 Tage	3 -
10	Nagel, Eduard	"	28.4. 1933=1Tag	1 50
11	Redeker, August	Bösingfeld	20.3. nachm.-6.4.33 vorm.= 16 2/3 Tage	25 -
12	Rottschäfer, Ernst	Knetterheide	22.5. morgens-25.5. 33 vorm.=3 Tage	4 50
13	Schmiade, Oskar	Dallbaum	22.5. morgens-27.5.33 nachm.= 5⅓ Tag	8 -
14	Stille, Heinrich	Oberwüsten	8.6. vorm,=28.5.33 nachm.=2 ⅓ Tag	3 50
15	Dingersen, August	Wüsten	Arznei lt. Rezept Dr. Roschke vom 23.3.33	3 16

Der Amtmann   Schötmar,den 12. Juni 1933.   212 86

Es wird hierdurch bescheinigt, daß die vorstehend berechneten Kosten tatsächlich entstanden sind.

durch ihre "ultra-linke" Politik die Gegner des Nationalsozialismus. Doch handelte es sich andererseits bei der Masse der kommunistischen Widerstandskämpfer um "überzeugte, tapfere und anständige Kämpfer für eine bessere Welt",[72] die die Entartung des leninschen Kommunismus zu Stalins bürokratischer Diktatur nicht akzeptieren wollten. "Sie kämpften gegen Hitler ... nicht im Namen des ebenso verbrecherischen Regimes Stalins, dessen wahre Natur sie vor 1933 nicht kannten und auch in den Jahren der Moskauer Prozesse nicht glauben wollten, weil sie von diesen aus der Nazipresse erfuhren. Sie kämpften für das Vorbild einer erträumten Sowjetunion, 'wo das Herz so frei dem Menschen schlägt.'"[73]

Der hier geschilderte Widerstand konnte das NS-Regime nie wirklich gefährden. Auch die Frage nach dem "besseren" Widerstandskämpfer ist wenig sinnvoll, denn die höhere Risikobereitschaft der Kommunisten, die auch Ausdruck einer unrealistischen Einschätzung der politischen Situation war, besaß keine höhere Moral oder größere Wirksamkeit als der Widerstand eines Sozialdemokraten oder eines demokratischen Bürgerlichen, der einem bedächtigen Wort im vertrauten Kreis mehr traute "als einem seines Adressaten keineswegs sicheren 'Heil-Moskau-Flugzettel'".[74]

Insofern liegt die Bedeutung des Widerstandes nicht so sehr in dem erhofften unmittelbaren Erfolg, sondern in seinen Forderungen und Mahnungen, soziale Demokratie zu verwirklichen. Diese Gegner des Nationalsozialismus hofften, nach dem Ende der Terrorherrschaft mit ihren Programmen und Vorstellungen eine humanere Gesellschaft verwirklichen zu können. Sie hofften, daß sie dann stark und standhaft genug sein würden, gegen neue und alte Widerstände eine soziale und demokratische Wirklichkeit erringen zu können. Damit standen sie zweifellos der Gesellschaftsordnung des Bonner Grundgesetzes und seinem Auftrag, den demokratischen und sozialen Rechtsstaat zu schaffen, näher als die Mehrheit der Widerstandskämpfer des 20. Juli. Diese lange Zeit vergessene oder verdrängte Tatsache wieder in Erinnerung zu rufen ist auch Absicht dieses Buches.

Anmerkungen zu den Seiten 1 bis 7

Anmerkungen

Vorwort

1 Mommsen (1977), S. 445
2 Lukacs (1966), S. 11f.

Lippe vor der Landtagswahl vom 15.1.1933

1 *Lippische Landes-Zeitung (LZ)* 1.1.1933
2 Detaillierte Untersuchung des Wahlergebnisses bei K.H.Henne (1976), S. 375-393
3 Goebbels (1934), S. 140
4 Goebbels (1934), S. 220; Shirer, (1963), Bd. 1, S. 196
5 Goebbels (1934), S. 229
6 Kühnl (1975), S. 160-162
   Der Anteil der deutschen Unternehmer an der Einsetzung der Hitler-Regierung ist in der Geschichtswissenschaft heftig umstritten. Vgl. H.A. Turner jr. (1985); Stegmann (1973), S. 399ff.; Neebe (1981)
7 Rieckes Lebenserinnerungen im Staatsarchiv Detmold sind derzeit noch gesperrt. Ein Auszug wurde dem Verfasser von Riecke zur Verfügung gestellt.
8 Ciolek-Kümper (1976), S. 61f.
9 Staatsarchiv Detmold (StA DT) L 113 IV zu 2-3
10 StA DT L 113 IV zu 3
11 ebd.
12 StA DT L 113 IV 9
13 StA DT L 113 IV zu 2-3
14 StA DT L 113 IV zu 3
15 *Volksblatt* 20.9., 10.10., 11.10.33
16 ebd., 18.7., 20.9., 10.10., 11.10.33
17 ebd., 10.10.32
18 StA DT L 113 IV zu 3
19 Gespräch mit dem ehemaligen Gaupressewart Dr. Schröder
20 StA DT L 113 IV 20. Schreiben an MdR Sprenger.
   Diese Feststellung erscheint glaubhafter als die Behauptung des *Volksblattes* am 30.3.32, in den vorausgehenden Monaten seien "viele" höhere Beamte durch ihre Tätigkeit in der NSDAP aufgefallen. Vermutlich handelt es sich hier nur um eine propagandistische Übertreibung, zumal als Beleg nur der Name des Landesbankrates Dr. Spelge genannt wird.
21 StA DT L80Ie-I-1-48. Anderslautende Angaben in örtlichen Akten (z.B. Stadtarchiv Lemgo A 1697, I) wurden von der NS-Landesleitung korrigiert.
22 StA DT L 113 IV 23
23 StA DT D 72 Dr. A. Meyer Nr. 8
24 Ebert (1983)
25 Ciolek-Kümper (1976)
26 Henne (1976), S. 547-558
27 Schröder (1938), S. 46 u. 55
28 Goebbels' Wahlkampf, in: *Hakenkreuz über Lippe* (1983), S. 26

Anmerkungen zu den Seiten 7 bis 12

29 *Lippischer Kurier (LK)* 7.1.33
30 Aufruf des Gauleiters Dr. Meyer, StA DT L 113 IV zu 3
31 *LK* 7.1.33
32 *LK* 9.1.33
33 *LZ* 30.12.32
34 Gespräch mit dem ehemaligen Gauschatzmeister Eickel. Diese Aussage wird bestätigt durch Goebbels auf dem Reichspressetag 18.11.34, sie seien "herumgelaufen in der ganzen Weltgeschichte, um 20.000 Mark irgendwo zu pumpen, damit wir den lippischen Wahlkampf führen konnten."
35 StA DT D3 Detmold Nr. 45
36 Schröder (1940), S. 24
37 Aufruf Dr. Meyer, StA DT L 113 IV zu 3; Kittel (1957), S. 275
38 StA DT D 72 Dr. Meyer
39 *LK* 4.1. - 14.1.33. Ein Verzeichnis der Redner und ihrer Funktionen findet sich im Anhang.
40 Schröder (1938), S. 65
41 ebd., S. 119
42 Staercke (1975), S. 198
43 Schröder (1938), S. 74 und 87.
44 *Volksblatt* 4.1., 5.1., 6.1., 7.1., 9.1., 10.1., 13.1.33
45 Gespräch mit Dr. Schröder
46 Gespräch mit F. Eickel
47 StA DT L 113 IV zu 2-3
48 Henne (1976), S. 559f.
49 *Lippische Tageszeitung (LTZ)* 1.-14.1.33
50 *LZ* 11.1.33
51 Gespräch mit W. Vehmeier
52 *Lippische Post (LP)* 7.1.33, 14.1.33. *Lippischer Allgemeiner Anzeiger (LAA)* 11.1.33
53 *LP* 16.1.33. Schröder (1938), S. 113
54 Schröder (1938), S. 126
55 ebd., S. 141
56 *LP* 7.1.33. *LAA* 7.1.33
57 *Volksblatt* 12.1.33
58 *Volksblatt* 2.1.33
59 ebd. 4.-14.1.33
60 StA DT L 113 IV 35, Flugblatt "Lipper, aufgepaßt"
61 *Volksblatt* 3.1.33
62 ebd.
63 ebd.
64 ebd., 10.1.33
65 *Volksblatt* 8.8.32
66 ebd., 18.7.32
67 ebd., 11.2.32
68 ebd., 2.8.32
69 ebd., 4.11.32
70 ebd., 19.12.32
71 Kleßmann/Pingel (1980), S. 92
72 Fest (1974), S. 500

Anmerkungen zu den Seiten 12 bis 21

73 *Volksblatt* 2.1.33
74 Fest (1974), S. 500
75 Henne (1976), S. 558
76 *Felix Fechenbach* (1980), S. 38

Der Weg zur NS-Landesregierung Dr. Krappe

1 *LZ* 1.8.32 und 7.11.32
2 StA DT L 80Ia-I-2-7 Bd. 6
3 *LZ* 8.11.32 und 17.1.33
4 Henne (1976), S. 563f
5 *Volksblatt* 13.12.32
6 Gespräch mit Steinecke 1965
7 Ciolek-Kümper (1976), S. 267 ff
8 *Volksblatt* 16.1.33
9 Eidesstattliche Erklärung des Freiherrn von Schroeder vom 21.7.47, in: Czichon (1976), S. 78; Muth (1986), S. 463-480 und 529-541
10 Bracher (1964), S. 691
11 Engelmann (1975), S. 257
12 ebd., S. 259f.
13 StA DT L 76 A 8 a-c
14 *LTZ* 16.1.33
15 *LAA* 17.1.33
16 ebd., 18.1.33
17 Henne (1976), S. 594f.. Hennes Buch zeichnet sich durch einen außerordentlichen Materialreichtum aus. Es fordert gleichzeitig zu umfassender Diskussion heraus, da zahlreiche subjektiv-eigenwillige Interpretationen zum Widerspruch reizen.
18 ebd., S. 554ff.
19 *LP* 26.1.33
20 *LAA* 26.1.33
21 *Lippische Volkszeitung (LVZ)* 2.2.33
22 Gespräch mit Dr. Schröder
23 *LZ* 8.2.33
24 StA DT L 113 A Karton 7
25 StA DT L 113 IV zu 2-3
26 *Volksblatt* 30.1.33. *LP* 18.1.33. *LAA* 30.1.33
27 Gespräch mit H. Kesting jun.
28 Gespräch mit W. Vehmeier
29 Gespräch mit H. Kesting jun.
30 StA DT D 72 M.Wolf, S. 123
31 *LAA* 7.2.33
32 *LP* 8.2.33
33 *LP* 8.2.33
34 *LAA* 8.2.33
35 *Volksblatt* und *LAA* 8.2.33
36 *LZ* 8.2.33
37 *Verhandlungen des Lippischen Landtages*, Sitzung vom 7.2.33, S. 3
38 ebd., S. 3

Anmerkungen zu den Seiten 21 bis 27

39 Henne (1976), S. 600
40 *Landtagsverhandlungen* 7.2.33, S. 2
41 Gespräch mit W. Vehmeier
42 *Landtagsverhandlungen*, 7.2.33, S. 6
43 ebd., S. 6f.
44 *LZ* 8.2.33
45 *Landtagsverhandlungen*, 7.2.33, S. 9
46 ebd., S. 10
47 ebd., S. 11

Die Regierungsübernahme durch die Nationalsozialisten im Urteil der Öffentlichkeit

1 Schulze (1977), S. 777
2 Schulze (1975), S. XV
3 ebd., S. XIX
4 *Volksblatt* 31.1.33
5 *Volksblatt* 16.8.32: Schlagzeile: "Deutscher Nationalsozialismus gleich italienischer Faschismus".
6 Lademacher in: *Abendroth-Forum* (1977), S. 429f.
7 Bracher/ Sauer/ Schulz (1960), S. 64
8 Es ist auch sicherlich kein Zufall, daß nicht wenige führende Sozialdemokraten der Nachkriegszeit 1933 in Widerspruch zur damaligen Vorstandsmehrheit standen und sich deshalb in sozialistischen Splittergruppen organisiert hatten.
9 Steinbach (1983), S. 12
10 Steinbach in: Lill/ Oberreuter (1984), S. 32
11 Von zur Mühlen in: Löwenthal (1982), S. 57
12 Matthias in: Matthias/ Morsey (1960), S. 197
13 Schulze (1975), S. XXXI
14 Grebing (1966), S. 212. In ihrem Aufsatz "Über den Zusammenhang von Gewaltlosigkeit und demokratischen Weg zum Sozialismus", *Archiv für Sozialgeschichte* 18(1978), S. 594ff. wendet sich Grebing jedoch gegen die einseitige Kritik am Legalitätskurs und wirbt um Verständnis für die Überlegungen der SPD-Parteiführung angesichts der damaligen Rahmenbedingungen: "Es gibt historische Lagen, in denen humane Prinzipien und auf ihnen beruhende Bewegungen nicht erfolgreich sein können." (S. 600). Grebing ist sich aber bewußt, daß ihre Position "gegen den überwiegenden Trend in der Historiographie" gerichtet ist. (S. 603).
15 *Volksblatt 3.2.33*
16 ebd., 1.2.33
17 ebd., 7.2.33
18 Wehrmann (1984), S. 95, behauptet in diesem Zusammenhang, Drake habe "in böser Vorahnung" und "als Vision" das drohende Unheil nach einer NS-Machtübernahme richtig "prophezeit", als er Hoffmann von Fallersleben zitierte: "Ganz Europa eine Kaserne – Alles Dressur und Disziplin!" In Wirklichkeit setzte aber auch Drake auf eine Niederlage der NSDAP und einen Sieg der demokratischen Kräfte. Wehrmann vergißt den zweiten Teil des Zitats aus dem *Volksblatt* vom 18.2.33, in dem Drake dem Zitat von Fallersleben bewußt entgegensetzt: "Aber wir erinnern uns der flammenden Worte Freiligraths:
  So kommt denn an trotz alledem!

Ihr hemmt uns, doch ihr zwingt uns nicht,
Unser die Welt trotz alledem!"
19 StA DT L80IeP Nr. 59, Bd.3
20 *Volksblatt* 6.2.33
21 *Volksblatt* 3.2.33
22 *LAA* 8.2.33
23 *Landtagsverhandlungen* 7.2.33, S. 10
24 Marßolek/ Ott (1986), S. 83
25 Steinberg (1969), S. 67
26 Weber (1981), S. LXV
27 Weber (1964), S. 157ff.
28 ebd., S. 157
29 Geis u.a. (1982), S. 222
30 Weber (1969), S. 345. Daß die Fixierung auf den falschen Gegner (angesichts der damaligen Machtverhältnisse) kein einseitiges "Privileg" der KPD war, belegt folgende Feststellung des damaligen ostwestfälisch-lippischen SPD-Bezirksvorsitzenden Carl Schreck vom Juni 1932: "Gegen den Hitler-Terror gilt es sich zu verteidigen, vergessen wir aber niemals, daß die Kommunisten unsere schlimmsten Feinde sind. Einheitsfront mit ihnen führt uns ins Verderben." Zitiert in: Harder-Gersdorf u.a. (1981), S. 210
31 Weber (1981), S. 84
32 Zitiert bei Steinberg (1969), S. 97
33 Peukert (1980), S. 43
34 ebd., S. 70
35 Wehner (1982), S. 76
36 StA DT L80IeP Nr. 12 Bd. 2
37 ebd.,; *LP* 2.2.33
38 *LAA* 4.2.33
39 *LZ* 4.2.33
40 StA DT D 23 Detmold Nr. 4038
41 Henne (1976), S. 582
42 ebd., S. 589
43 ebd., S. 592f. und 618
44 Engelmann (1975), ebd.262f.
45 Weber (1983), S. 124
46 Schumacher in: *Abendroth-Forum* (1977), S. 442
47 Kühnl in: *Abendroth-Forum* (1977), S. 433
48 Abendroth (1965), S. 119
49 Löwenthal (1981), S. 4. Zu den Mitgliedern dieser Gruppen gehörten u.a. die später führenden Sozialdemokraten W. Brandt, F. Erler, W. v. Knoeringen und R. Löwenthal.
50 Kühnl (1966), S. 66f.
51 Engelmann (1975), S. 273
52 *LZ* 5.2.33; *LP* 6.2.33
53 StA DT L80eI-IV-5-2 Bd. 1 und D 21B Zug. 124/1953 Nr. 13

Erste Unterdrückungsmaßnahmen und der Wahlkampf zur Reichstagswahl vom 5.3.33

1 StA DT M1IP Nr. 600, 20.2.33
2 StA DT M1IP Nr. 1067

Anmerkungen zu den Seiten 34 bis 44

3   Riecke, "Erinnerungen", S. 62
4   Becker (1983), S. 36ff.
5   *LK* 27.2.33
6   Kühnl (1975), S. 207f.
7   Fest (1974), S. 536
8   Bracher/ Sauer/ Schulz (1960), S. 55
9   *LVZ* 6.2.33
10 Höhne (1983), S. 276f.
11 ebd., S. 277
12 Krappe (1920)
13 StA DT M1IP 600
14 *LTZ* 12.2.33
15 Stadtarchiv Lemgo A 1305
16 StA DT L80Ia-III-4-4-Bd. 15
17 ebd.
18 StA DT L 113 IV 20
19 ebd., Schreiben vom 28.9.39
20 *Landtagsverhandlungen* 16.2.33, S. 37ff.
21 ebd., S. 38
22 ebd., S. 38
23 StA DT L 80 I Pers. Nr. 2700
24 *Landtagsverhandlungen* 15.2.33, S. 17ff.
25 *LZ* 12.2.33
26 StA DT L 113 IV zu 2-3
27 *LZ* 13.2.33
28 *Landtagsverhandlungen* 16.2.33, S. 32ff.
29 ebd., S. 32ff.
30 StA DT L 80Ie-IV-5-1 Bd. 1
31 *Landtagsverhandlungen*, S. 35
32 *LP* 16.2.33
33 *LZ* 15.2.33
34 *LTZ* 14.2.33
35 *LZ* 17.2.33
36 *LZ* 19.2.33
37 *LK* 7.2.33
38 *LK* 11. und 15.2.33
39 *LZ* 16.2.33
40 *Landtagsverhandlungen* 16.2.33, S. 35
41 *LVZ* 21.2.33
42 *LZ* 25.2.33
43 Goebbels (1934), S. 256
44 Bullock (1959), S. 255
45 Kühnl (1975), S. 200-203
46 Czichon (1976), S. 81, Fest (1974), S. 543
47 Goebbels (1934), S. 267
48 Bracher/ Sauer/ Schulz (1960), S. 66ff.
49 ebd., S. 67
50 *LP* 6.3.33

Anmerkungen zu den Seiten 44 bis 48

51 Fest (1974), S. 549
52 StA DT L 80IeP Nr. 59 Bd. 1
53 ebd.
54 *LZ* 12.2.33
55 *LZ* 3.3.33, *LVZ* 4.4.33, *LK* 22.2.33, *LAA* 6.3.33
56 *LAA* und *LZ* 4.3.33
57 *LTZ* 28.2.33
58 *LTZ* 6.3.33
59 StA DT D 23 DT 4038
60 StA DT L80IeP Nr. 59 Bd. 1
61 StA DT L80IeP Nr. 12 Bd. 2
62 *Volksblatt* 2.2.33
63 ebd., 25.2.33
64 *Volksblatt* Febr. 1933, StA DT L80IeP Nr. 59, Bd. 3
65 *Volksblatt* 4.2.33
66 ebd., 22.2.33
67 ebd., 18.2.33
68 ebd., 18. und 25.2.33
69 StA DT D105 Schötmar Nr. 63
70 ebd.
71 *Volksblatt* 1.3.33
72 *Volksblatt* 18.2.33
73 *LTZ* 28.2.33
74 *Lippische Nachrichten* (*LN*) 4.3.33
75 Hofer (1983), S. 10ff. Dagegen: Backes u.a. (1986)
76 Bracher/ Sauer/ Schulz (1960), S. 82ff.
77 Goebbels (1934), S. 254
78 Alle lippischen Zeitungen vom 2.3.33
79 *LP* 2.3.33
80 *LAA* 3.3.33
81 *LTZ* 3.3.33
82 *LP* 3.3.33
83 *LZ* 2.3.33, StA DT D 105 Schötmar Nr. 63
    Warum V. Wehrmann (1984) angesichts dieses für das gesamte Reich unbestrittenen Sachverhalts davon spricht, "mit dem Gleichschaltungsgesetz vom 31. März ... verschwand die KPD aus dem öffentlichen Leben und die Verhaftung ihrer Parteiführer begann" (S. 94), ist unerfindlich. Ähnlich abwegig ist auch seine folgende Behauptung (S. 95): "In den Monaten März - Mai wurden die politischen Machtpositionen der nicht-nationalsozialistischen Parteien durch die Verhaftung der Landtagsabgeordneten sowie der Partei- und Gewerkschaftssekretäre zerschlagen." Hier kann Wehrmann nur KPD und SPD meinen, nicht aber DVP, DNVP, Volksdienst und Zentrum.
    Wehrmanns Quellenauswahl ist sicherlich außerordentlich verdienstvoll und informativ. Die Schwächen des Buches liegen freilich in einigen von Wehrmanns eigenen einführenden Kommentaren.
    Historisch nicht zu halten sind auch etliche seiner Feststellungen über die Frühgeschichte der lippischen NSDAP, wie Auswertungen von Akten aus den Beständen M 4, M 15 und L 113 des Staatsarchivs Detmold ergeben haben.
84 *LN* 3.3.33

85 ebd.
86 *LTZ* 3.3.33
87 *LP* 3.3.33
88 *LZ* 4.3.33
89 Pätzold/ Weißbecker (1981), S. 211
90 Bracher/ Sauer/ Schulz (1960), S. 73
91 *LP* 4.3.33
92 *Staatsanzeiger für das Land Lippe* 1933, S. 125
93 *LTZ*, *LAA* und *LVZ* vom 9.3.33
94 *LAA* 9.3.33
95 *LP* 4.3.33
96 *LTZ* 3.3.33
97 Moczarski (1978)
98 *LN* 4.3.33
99 *LP* 6.3.33
100 *LZ* 3.3.33, *LAA* 3.3.33
101 *Volksblatt* 1.3.33
102 *LZ* 2.3.33
103 *Reichsgesetzblatt* 1923, Teil 1, S. 905f
104 *LK* 1.3.33
105 *LK* 4.3.33
106 *LZ* 5.3.33
107 *LZ* 3.3.33
108 Ein in den Kriegen der Niederlande gegen Spanien im 16./17. Jahrhundert entstandenes religiöses Lied. Es wurde in der Weimarer Republik häufig gesungen wegen seines Textes, u.a. "Er läßt von den Schlechten die Guten nicht knechten." Die Schlußzeile lautete: "Herr, mach uns frei!"
109 Bullock (1959), S. 263. Fest (1974), S. 549
110 Schulze (1977), S. 787

SA-Willkür nach der Wahl vom 5.3.33

1 *LVZ* 8.3.33
2 Hüls (1974), S. 52f.
3 Milatz (1968)
4 Bericht des französischen Botschafters an seine Regierung, in: Becker (1983), S. 127
5 vgl. Pingel (1978), S. 70
6 Matzerath (1970), S. 66
7 *LZ* und *LN* 7.3.33
8 *LAA* 7.3.33
9 *LZ* 7.3.33
10 *LZ* 7.3.33
11 StA DT L80Ie-IV-5-2 Bd. 1 betr. Kalldorf
12 *LTZ* 8.3.33
13 *LP* 7. und 8.3.33
14 *LZ*, *LTZ*, *LK* und *LAA* 8.3.33
15 *LP* und *LK* 8.3.33
16 Bracher/ Sauer/ Schulz (1960), S. 147

Anmerkungen zu den Seiten 56 bis 65

17 Hoegner (1978), S. 97f.
18 *LTZ* 7.3.33
19 *LTZ* 8.3.33
20 *LK* 6.3.33
21 StA DT L 80Ie-IV-5-2 Bd. 1
22 *LTZ* 8.3.33
23 *LP* 7.3.33
24 *LVZ* 9.3.33
25 *LZ* 10.3.33
26 *LZ* 10.3.33
27 StA DT D 105 Schötmar Nr. 63
28 Bracher/ Sauer/ Schulz (1960), S. 872
29 *LZ* 12.3.33
30 *LTZ* 12.3.33
31 *LZ, LTZ, LN* 12.3.33
32 *LZ* 12.3.33
33 StA DT L 80Ie-IV-5-2 Bd. 1
34 *LZ* 13.3.33
35 StA DT M 1 I P Nr. 612
36 Bracher/ Sauer/ Schulz (1960), S. 870
37 *LK* 13.3.33
38 *LTZ* 12.3.33
39 *LZ* 12.3.33. StA DT L 80Ie-IV-5-2 Bd. 1
40 StA DT D 21 B Zug. 124/1953 Nr. 7
41 ebd.
42 *LP* und *LN* 13.3.33
43 StA DT L80Ie P Nr. 59 Bd. 3
44 *LN* 8.3.33
45 *Volksblatt* 28.2.33
46 Gespräch mit B. Pump, dem damaligen Vorsitzenden der SPD Detmold
47 Schueler (1981), S. 241
48 *LZ* und *LTZ* 12.3.33. StA DT D21C Zug. 20/ 1978, Nr. 1 Bl. 187
49 *LTZ* 12.3.33
50 *LK* 13.3.33
51 Die folgende Darstellung beruht auf dem offiziellen Bericht des SA-Sturmführers Werder. StA DT L80Ia-II-4-10
52 *LN* 13.3.33
53 StA DT L80Ia-III-4-10
54 *LZ* 22.3.33
55 StA DT L80Ia-III-4-10
56 ebd.
57 ebd.
58 ebd.
59 ebd.
60 *LN* und *LTZ* 9.3. und 12.3.33
61 *LK* und *LTZ* 13.3.33
62 *LZ* 15.3.33
63 Bracher u.a. (1983), S. 73ff.

Anmerkungen zu den Seiten 65 bis 72

64 So wurden z.B. in der Nacht vom 6./7.3.33 von 80 Polizisten und Hilfspolizisten unter Leitung des Landespolizeidirektors Pforr Haussuchungen in 40 Häusern in Oerlinghausen durchgeführt. *LN* 7. und 9.3.33, *LAA* 8.3.33.
65 StA DT L 113 A Karton 7
66 *LTZ* 7.3.33
67 ebd., *LAA* 7.3.33, *LVZ* 9.3.33
68 StA DT D 105 Schötmar Nr. 51
69 StA DT L 113 A Karton 7
70 Gespräch mit B. Pump

Das neue Regime etabliert sich mit Terror und Propaganda
Erste Maßnahmen gegen Sozialdemokraten

1 *LZ* 14.3.33
2 ebd.
3 ebd.
4 ebd.
5 *LP* 15.3.33
6 *LZ* 17.3.33
7 *LK* 14.3.33
8 *LK* 15.3.33, *LP* 16.3.33
9 *LP* 16.3.33
10 *LP* 18.3.33
11 *LK* 24.3.33
12 Mommsen (1979), S. 25
13 StA DT L80IeP Nr. 59 Bd. 3
14 Fest (1974), S. 547
15 *LP* 24.3.33
16 *LP* 8.4.33
17 StA DT L80Ie-IV-5-1 Bd. 1
18 *LZ* 26.3.33
19 StA DT L80Ie-IV-5-1 Bd. 1
20 Adam (1979), S. 39. Bracher (1964), S. 180ff.
21 *LK* 27.3.33
22 *LK* 18. und 20.3.33
23 *LN* 18.3.33
24 Lambracht (1971), S. 181
25 ebd., S. 182
26 StA DT L80Ia-II-2-8 Bd. 1
27 StA DT D100 Lemgo Nr. 256
28 StA DT D 100 Lemgo 256
29 StA DT L80Ia-II-2-8 Bd. 1
30 *LK* 7.4.33
31 *LZ* 29.3.33
32 StA DT D 100 Lemgo 256
33 *LK* 27.3.33
34 StA DT D 100 Lemgo Nr. 1207
35 *LP* 29.3.33

Anmerkungen zu den Seiten 72 bis 83

36 *Staatsanzeiger*, 1933, S. 151
37 *Lippische Gesetz-Sammlung*, 1933, 20.3.33
38 ebd.
39 StA DT L80IeP Nr. 12 Bd. 2
40 ebd.
41 StA DT L80Ia-IV-2-10
42 ebd. und StA DT D21B Zug. 34/1976 Nr. 121
43 StA DT L80Ie-IV-5-2 Bd. 1
44 ebd.
45 StA DT D21B Zug. 34/1976 Nr. 121. Aussage des früheren Bürgermeisters Drögenkamp.
46 *LVZ* 5.5.33, *LP* 13.4.33

Die Potsdamer Rührkomödie

1 Kühnl (1973), S. 150
2 Bracher/ Sauer/ Schulz (1960), S. 149
3 Bracher/ Sauer/ Schulz (1960), S. 149f; Fest (1974), S. 555f; Bullock (1959), S. 265f.
4 *LK* 20.3.33
5 *LZ* 22.3.33
6 *LP* 22.3.33
7 Laut *LK* vom 23.3.33 war es der Posaunenchor von St. Johann.
8 *LK* 27.3.33
9 *Reichsgesetzblatt* 1933, Teil 1, S. 134ff.
10 StA DT L80Ia-VI-4-2
11 Czichon (1976), S. 83f.

Die Boykotteure gegen die Juden

1 *LK* 28.3.33
2 Vogt (1962), S. 182
3 *LZ* 29.3.33
4 *LZ* 30.3.33
5 *LP* 29. und 30.3.33
6 *LZ* 30.3.33
7 *LTZ* 30.3.33
8 *LP* 6.4.33
9 *LK* 4.4.33
10 *LZ* 2.4.33
11 *LK* 6.4.33
12 StA DT L80Ie-5-2 Bd. 2
13 StA DT L 113 IV 24
14 StA DT L80Ie-IV-5-2 Bd. 1
15 ebd.
16 StA DT L 113 IV 24
17 StA DT L80Ie-IV-5-2 Bd. 1
18 *LZ* 4.4.33
19 StA DT L80Ie-IV-5-2 Bd. 1

Anmerkungen zu den Seiten 83 bis 94

20 Bracher/ Sauer/ Schulz (1960), S. 279. *LP* 1.4.33
21 *LK* 10.4.33
22 *LK* 19.4.33
23 *LK* 18.5.33
24 *LK* 10.5.33
25 *LP* 15.6.33
26 *LK* 8.7.33
27 Brüdigam (1978), S. 49; Hofer (1971), S. 90f.

Denunziation und Anpassung

1 StA DT L80 III 4322
2 StA DT L80Ie-IV-5-2 Bd. 1
3 ebd.
4 Kühnl (1960), S. 197f.
5 Bracher/ Sauer/ Schulz (1960), S. 173 und 498
6 StA DT L80I Pers. 2301.; Kittel (1978^2), S. 306
7 Kittel (1978), S. 306
8 StA DT L80I Pers. 2301
9 *LP* 24.3.33
10 Kittel (1978), S. 306 erwähnt die Existenz einer Kommission für Maßnahmen nach dem Gesetz vom 7.4.33
11 StA DT L76 C 3b
12 ebd.; L76 E 2a; L113 IV 20; L80I Pers. 2301
13 StA DT L80I Pers. 2301
14 StA DT L76 C 3a Bd. 1
15 StA DT L80I Pers. 2301
16 Süvern (1979), S. 171; *LK* 4.4.33
17 *LK* 27.4.33
18 Gespräch mit Dr. Schröder
19 *LK* 23.3.33
20 StA DT L 113 IV zu 3
21 StA DT L 113 IV zu 2-3
22 Staercke an Dr. Schröder 28.5.49. Schreiben im Besitz des Verfassers
23 StA DT L 113 IV zu 2-3
24 ebd.
25 *LZ* 19.2.33
26 *LTZ* 31.3.33.
27 *LK* 22.4.33
28 *Lippische Staatszeitung* (*LStZ*) 17.10.33
29 StA DT L76 A 8a-c
30 StA DT D 70 Nr. 57 Lückemann
31 Staercke an Dr. Schröder 28.5.49. Schreiben im Besitz des Verfassers.
32 ebd.
33 StA DT L 80Ia-II-1-21 Bd. 1
34 ebd.
35 *LTZ* 10.6.33
36 *LK* 12.6.33

Anmerkungen zu den Seiten 94 bis 99

37 Gespräch mit Dr. Schröder
38 StA DT L80Ia-II-1-21 Bd. 1
39 ebd.
40 ebd.

Führerkult

1   Matzerath (1970), S. 70
2   *LStZ* 14.1.34
3   *LP* 16.3.33
4   *LP* 22.3.33
5   *LK* 18.3.33
6   *LZ* 21.4.33
7   *LK* 17.9.33
8   *LZ* 29.4.33 und *LVZ* 19.12.33
9   *LVZ* 10.10.33 und *LStZ* 8.10.33
10 *LZ* 21.4.33
11 *LK* 4.5.33
12 *LK* 1.9.33
13 Gemeinde Kalletal an den Verf. am 17.1.83
14 Beschluß des Hauptausschusses vom 13.2.85
15 Beschluß des Rates vom 11.11.85
16 Gemeinde Kalletal an den Verf. am 17.1.83
17 Stadt Horn-Bad Meinberg an den Verf. am 19.11.82
    Ein juristisch gangbarer Weg wird aufgezeigt in: *Demokratische Gemeinde*, Nr. 4, 1987, S. 22
18 Goebbels (1934), Tagebucheintragung zum 17.4.33
19 *LZ* 19.4.33
20 *LP* 21.4.33
21 *LP* 31.3.33
22 *LP* 21.4.33
23 *LP* 19.4.33
24 *LZ* 4.5.33
25 *LP* 19.4.33
26 *LK* 18.4.33
27 *LP* 21.4.33
28 *LK* 22.4.33
29 *LK* 21.4.33
30 Hitler (1938), S. 198.
31 *LK* 20.4.33
32 Glaser (1961), S. 67
33 *LTZ* 16.4.33

Gleichschaltung in den Gemeinden

1   *Lippische Gesetz-Sammlung* 1933, S. 49
2   ebd., S. 35f.
3   StA DT L80Ia-II-2-8 Bd. 1

4   So z.B. in Hiddesen *LK* 4.4.33
5   *LK* 8.4.33
6   *LZ* 30.4.33
7   *LZ* 3.5.33
8   *LK* 2.5.33 und *LZ* 3.5.33
9   *LZ* 19.5.33
10 *LZ* 30.4.33
11 *LK* 26.4.33
12 Text im Besitze des Verfassers
13 *LZ* 28.4.33
14 *LTZ* 29.4.33
15 ebd. und *LZ* 30.4.33
16 *LK* 7.4.33
17 *LK* 25.4.33
18 *LK* 10.4.33
19 ebd.
20 StA DT L 113 IV zu 3
21 *LK* 19.4.33
22 StA DT L 113 IV zu 3
23 *LTZ* 30.4.33
24 *LTZ* 29.4.33
25 Becker (1983), S. 219
26 *LK* 8.5.33
27 ebd.

Die Zerschlagung der Gewerkschaften

1   StA DT L 113 IV zu 3
2   StA DT D100 Detmold Nr. 312
3   *LZ* 26.3.33
4   *LK* 15.4.33
5   StA DT M2 Bielefeld Nr. 218. S. 315ff.
6   Bracher/ Sauer/ Schulz (1960), S. 177 und 180
7   ebd., S. 180
8   z.B. Dörentrup in: StA DT L80IIa-XVII-1-2 Bd.1
9   *LK* 6.4.33
10 *LK* 11.4.33
11 *LK* 11.4.33
12 Lauber/ Rothstein (1983), S. 23 uns 42ff.
13 Nur in Lippe, Baden und Mecklenburg-Schwerin war der 1.Mai bereits Feiertag der Arbeit, ebd., S. 23
14 Beier (1975), S. 36
15 Lauber/ Rothstein (1983), S. 23
16 Beier (1975), S. 11
17 ebd., S. 29 und 34
18 ebd., S. 31
19 Lauber/ Rothstein (1983), S. 44f.
20 Beier (1975), S. 38. *LK* 22.4.33

Anmerkungen zu den Seiten 107 bis 115

21 Bracher/ Sauer/ Schulz (1960), S. 181
22 Lauber/ Rothstein (1983), S. 24
23 Vgl. die kirchlichen Nachrichten in den Zeitungen jener Tage
24 *LZ* 2.5.33
25 *LK* 2.5.33
26 *LTZ* 3.5.33
27 Alle lippischen Zeitungen vom 2./3. Mai 1933
28 *LVZ* 2.5.33
29 *LK* 24.4.33
30 StA DT L 113-I-10
31 *LZ* 2.5.33
32 *LZ* 28.4.33
33 *LK* 4.5.33
34 *LZ* 2.5.33
35 *LZ* 3.5.33
36 Wehrmann (1984), S. 301
37 ebd., S. 299
38 StA DT L80Ia-XXVIII-2-1-6
39 Wehrmann (1984), S. 297ff.
40 *LZ* 2.5.33
41 ebd.
42 *LK* 2.5.33
43 StA DT L 113-I-10 und *LK* 24.4.33
44 *LTZ* 2.5.33
45 *LZ* 2.5.33
46 *LK* 24.4.33 und 29.4.33
47 *LK* 24.4.33
48 Bracher/ Sauer/ Schulz (1960), S. 183
49 Lauber/ Rothstein (1983), S. 53
50 Bracher/ Sauer/ Schulz (1960), S. 183
51 Becker (1983), S. 280
52 Bracher/ Sauer/ Schulz (1960), S. 181f.
53 StA DT M1-IP-643
54 StA DT L80IIa-V-11 Nr. 32 Bd. 1: Ob die Landesregierung in Unkenntnis der Pläne der Reichsführer der NSDAP zu diesem Zeitpunkt bereits die damals zeitweise erwogene andersartige Gleichschaltung der lippischen Gewerkschaften vorbereitete, muß eine offene Frage bleiben.
55 *LK* 3.5.33
56 *LN* 6.5.33 und StA DT L 80 Ie-IV-5-2 Bd. 1; *LK* 3.5.33
57 StA DT L80Ie-IV-5-2 Bd. 1
58 Telef. Auskunft Familie Wagner. Die Mitteilung in Kessler u.a. (1984), S. 49, Wagner sei einige Wochen später an brutalen Mißhandlungen durch die Nazis gestorben, entspricht nicht den Tatsachen.
59 Gespräch mit G. Tischer, früher Redakteur an der *Lippischen Tageszeitung*.
60 Beier (1975), S. 19
61 *LK* 4.5.33
62 *LK* 2.5.33

Anmerkungen zu den Seiten 115 bis 123

63 *LK* 4.5.33
64 ebd.
65 StA DT D23 Detmold Nr. 4120
66 *LK* 4.5.33
67 Einladung an den Unterkassierer W. Scheuß im Besitz des Verfassers.
68 *LTZ* 6.5.33
69 ebd.
70 *LN* 8.5.33
71 *LN* 10.5.33
72 StA DT L80Ie-IV-5-1 Bd. 1
73 StA DT L80IIa-IV-11 Nr. 32 Bd. 1 und L76E 6a
74 Schoenbaum (1970), S. 117
75 Bracher/ Sauer/ Schulz (1960), S. 185f.
76 *LN* 13.5.33, *LZ* 16.5.33, *LK* 26.5.33
77 Kühnl (1975), S. 245f. und 249ff.
78 Schoenbaum (1970), S. 135ff.
79 *Deutschland-Berichte der Sozialdemokratischen Partei Deutschlands (Sopade)*, Jg. 1934, S. 36ff., 136ff., 226ff.

Die Gleichschaltung der Vereine und Verbände

1 StA DT L 113 IV 26
2 Gespräch mit Heinrich Stölting, Brake.
3 StA DT D105 Schötmar Nr. 52
4 StA DT L 113 IV 26
5 StA DT D105 Blomberg Nr. 47
6 *LK* 19.8.33
7 *LK* 17.5.33
8 StA DT L 80 L Nr. 42
9 *LZ* 7.5.33
10 *LP* 27.4.33
11 *LP* 12.4.33
12 StA DT L 113 IV 26
13 *LK* 4.5.33
14 *LVZ* 24.6.33
15 StA DT L80Ie-IV-5-2 Bd. 1
16 Gespräch mit A. Röhr, einem der Betroffenen.
17 *LZ* 23.5.33
18 StA DT L 113 IV 26
19 *Staatsanzeiger* 3.5.1933, S. 203; *LP* 17.5.33
20 *LK* 11. und 12.5.33
21 *LK* 11.5.33
22 Starke (1986), S. 239ff.
23 StA DT L 113 IV 26
24 ebd.
25 ebd.
26 *LK* 1.6.33
27 *LZ* 23.5.33

Anmerkungen zu den Seiten 123 bis 131

28 Hitler (1938), S. 476
29 *LZ* 17.5.33

Die Einsetzung des Reichsstatthalters und das Ende des Parteienstaates

1 Sengotta (1976), S. 10f.
2 StA DT L76C 15a: Dr. Meyers Aussage vom 20.10.33 und Rieckes eigene Aussage lt. Schreiben Schönlau vom 4.9.33
3 Schreiben Dr. Schröders an den Verfasser.
4 Die *Lippischen Nachrichten* berichten hierüber schon am 15.4.33
5 Diese Darstellung beruht auf Mitteilungen von Dr. A. Schröder.
6 Sengotta (1976), S. 68f.; StA DT L76C 15a
7 StA DT L76C 15a und *LK* 8.5.33
8 Sengotta (1976), S. 76
  Sengotta irrt sich, wenn er zwei zusätzliche Telegramme der gleichen Absender vom 7.5.33 annimmt.
9 ebd., S. 76ff.
10 StA DT L80Ia-I-1-4 Bd. 1
11 ebd.
12 Die These wird auch heute noch von dem ehemaligen Staatsminister Riecke bestätigt. (Brief an den Verfasser). Dr. Schröder weist sie als falsch zurück.
13 StA DT L76C 15a
14 StA DT D21B Zug. 38/1959 Nr. 91
15 *LK* und *LZ* 31.5.33
16 StA DT L 113 IV zu 3, Steineckes "Denkschrift" von 1935
17 Rieckes "Erinnerungen", S. 56
18 StA DT L 113A Karton 7
19 Ein Hinweis darauf findet sich sogar in den *Deutschland-Berichten*, Jg. 1934, S. 325
20 StA DT L 113A Karton 7 und D21B Zug. 38/1959 Nr. 91
21 StA DT L 113A Karton 7
22 ebd.
23 StA DT L76C 15a
24 StA DT L 113 III 4
25 So der NSDAP-Reichsrevisor. StA DT L 113 IV zu 3: Steineckes "Denkschrift"
26 StA DT L 113 III 8
27 *LTZ* 24.5.33
28 StA DT L 113A Karton 7
29 Mitteilung Dr. Schröders an den Verfasser
30 Riecke "Erinnerungen", S. 57
31 StA DT L 113 IV 20
32 StA DT L 113A Karton 7
33 StA DT L80Ia-I-6-12
34 ebd. und M1IP Nr. 645 Blatt 234f
35 StA DT M1IP Nr. 645 Blatt 234
36 StA DT L80Ia-I-6-12
37 ebd.
38 Riecke, "Erinnerungen", S. 61
39 StA DT L80Ia-I-6-12

Anmerkungen zu den Seiten 131 bis 139

40 ebd.
41 *LTZ* 24.5.33
42 ebd.
43 Riecke, "Erinnerungen", S. 57
44 *Lipp. Gesetz-Sammlung*, 4.4.33, S. 35
45 StA DT L80Ia-II-2-7 Bd. 3
46 Rauchschwalbe (1980), S. 281ff.
47 StA DT L10 Tit.1 Nr. 232
48 Gespräch mit August Berlin
49 Bracher/ Sauer/ Schulz (1960), S. 194ff.
50 *LP* 27.6.33
51 *LK* 27.6.33, *LTZ* 28.6.33
52 *LP* 12. und 13.4.33
53 Das lippische Zentrum meldete der Landesregierung am 31.7. den erfolgten Vollzug. *LK* 4.8.33
54 *Reichsgesetzblatt* 1933, Teil 1, S. 479
55 ebd., S. 240

Die kulturelle und geistig-ideologische Gleichschaltung

1 Bracher/ Sauer/ Schulz (1960), S. 289f.
2 *LTZ* 15.8.33
3 StA DT L 113 IV zu 3
4 Gespräch mit G. Niebuhr (Lage). StA DT L 80 L Nr. 19.; Sengotta (1976), S. 294ff.
5 Gespräch mit G. Niebuhr
6 StA DT D 70 Nr. 57
7 Filmanzeigen in lippischen Zeitungen 1933
8 *LK* 12.5.33
9 *LK* 30.5.33
10 *LK* 24.5.33
11 *LK* 22.6.33
12 *LK* 16.5.33
13 *LStZ* 3.10.33
14 *LK* 28.4.33
15 *LK* 22.6.33
16 *LK* 24.8.33
17 Rauchschwalbe (1980), S. 281; Gespräch mit A. Flohr (Lemgo).
18 *LK* 10.4.33
19 *LZ* 4.5.33
20 StA DT L80Ia-XXXII-2-1
21 ebd.
22 *LZ* 30.6.33
23 Hitler (1938), S. 452
24 StA DT L80III Nr. 4318. Wehrmann (1984), S. 221ff.
25 *LZ* 12.5.33
26 *LTZ* 14.5.33
27 *LK* 15.5.33
28 *LTZ* 13.10.33 und *LK* 9.8.33

Anmerkungen zu den Seiten 139 bis 147

29 LK 9.5.33
30 *Staatsanzeiger*, 11.5.33, S. 212
31 LK 14.9.33
32 StA DT D 9 Detmold 1 Nr. 884
33 LK 19.8.33
34 LK 11.7.33
35 LZ 2.10.33
36 ebd.
37 LZ 5.10.33
38 StA DT L80Ia-II-4-6 Bd. 13
39 Bracher/ Sauer/ Schulz (1960), S. 327 und 329
40 Scholder (1977), S. 280
41 *LTZ* 16.4.33. *LK* 3.6.33. *LTZ* 4.6.33
42 *LTZ* 27.5.33
43 *LTZ* 31.5.33
44 Scholder (1977), S. 284
45 Gespräche mit A. Flohr (Lemgo) und Pastor Bödeker (Detmold)
    Im Gefolge der sich verschärfenden staatlichen Kirchenpolitik distanzierte sich Ewerbeck von den Nationalsozialisten, ohne aber den Weg zur Bekennenden Kirche zu finden.
46 Glum (1962), S. 232
47 LK 23.7.33
48 Schreck (1969), S. 3
49 Scholder (1977), S. 566
50 LK 22.7.33
51 StA DT L80Ia-XXVIII-2-1 Bd. 6
52 *Staatsanzeiger* 1933, S. 265
53 Gebhardt (1976), S. 439
54 *LTZ* 14.12.33
55 Schreck (1969), S. 5f. führt alle Pfarrer namentlich auf.

Die Propaganda für Frieden und Arbeitsbeschaffung vor der Volksabstimmung vom 12.11.33

1 Vgl. Bracher/ Sauer/ Schulz (1960), S. 348ff.
2 Bullock (1959), S. 321
3 ebd., S. 322
4 *LStZ* 3.11.33
5 StA DT L 113 II 9
6 *LStZ* 25.10.33
7 *LStZ* 26.10.33
8 StA DT L 113 II 9
9 ebd.
10 LK 19.5.33 und 26.7.33
11 *LP* 12.12.33
12 Zitiert bei Barkai (1977), S. 126
13 ebd.
14 Mottek u.a. (1975), S. 313
15 Barkai (1977), S. 125f. und 181
16 *LP* 3.12.33

Anmerkungen zu den Seiten 148 bis 158

17 *LK* 5.7.33
18 StA DT L80ID-XVIII-2-10
19 *LK* 19.4.33
20 *LP* 27.12.33
21 *LK* 18.8.33
22 StA DT D100 Lemgo Nr. 99
23 Stadtarchiv Lemgo A 2029
24 *LTZ* 26.7.33
25 *LK* 16.8.33
26 *LZ* 8.10.33
27 *LK* 16.7.33
28 StA DT L76 C 3b; *LTZ* 24.5.33, *LK* 11.8.33
29 *LK* 14.6.33
30 *LK* 12.8.33
31 *LK* 23.7.33
32 *LK* 10.8.33
33 StA DT D3 Detmold Nr. 55; *LP* 27.12.33
34 *LTZ* 8.11.33
35 *LStZ* 30.10.33
36 StA DT L 113 II 9 und Stadtarchiv Lemgo A1824
37 ebd.
38 *LStZ* 12.11.33
39 *LZ* 12.11.33
40 *LStZ* 12.11.33
41 StA DT L 113 II 9
42 ebd.
43 Gespräch mit H. Stölting (Brake)
44 StA DT L 113 III 14
45 StA Dt D21B Zug. 43/1960, Nr. 121
46 Alle lippischen Ergebnisse nach *LZ* und *LStZ* 13. und 14.11.33
47 Michaelis u.a. (1958ff), S. 56
48 *LZ* 14.11.33
49 ebd.
50 Michaelis (1958ff.), S. 58
51 ebd., S. 57
52 StA DT M1IP Nr. 630

Widerstand gegen den NS-Staat

1 Weisenborn (1962), S. 5
2 Ministerpräsident J. Rau am 27.6.84 in der Alten Synagoge in Essen, in: *Geschichte, Politik und ihre Didaktik* 12(1984), S. 131
2a Markmann (1984), S. 17f.
3 M. Broszat, zitiert in: Schramm (1980), S. 17
4 Markmann (1984), S. 99
5 Rothfels (1961), S. 32
6 ebd., S. 28
7 Weisenborn (1962), S. 30 und 301

Anmerkungen zu den Seiten 158 bis 164

8 Löwenthal u.a. (1982), S. 18ff.
9 Gespräch mit E. Stock (Brake)
10 Abendroth (1965), S. 118
11 StA DT M 4 Nr. 32
12 StA DT M1IP Nr. 601 Blatt 443
13 Matthias/ Morsey (1960), S. 184
14 Gespräche mit A. Berlin, W. Stoll, G. Kemmler u.a.
15 Gespräch mit A. Flohr
16 StA DT M1IP Nr. 602 Blatt 259
17 Gespräche mit A. Berlin, B. Pump, A. Flohr
18 Rauchschwalbe (1982), S. 287f.
19 Löwenthal (1982), S. 61
20 Gespräch mit A. Langemann und E. Rieke
21 Gespräch mit H. Henne
22 Gespräch mit G. Kemmler. StA DT D21B Zug. 124/1953 Nr. 36
23 Gespräch mit A. Berlin
24 StA DT L 113 III 2
25 Löwenthal (1982), S. 20ff.
26 StA DT D21B Zug. 124/ 1953 Nr. 4
27 Gespräch mit A. Flohr
28 Rombeck-Jaschinski (1984), S. 169
29 ebd., S. 170
30 ebd., S. 179
31 ebd., S. 175
32 Riecke, "Erinnerungen", S. 58
33 Diese Behauptung wird in differenzierter Form von Rombeck-Jaschinski bestätigt. (S. 175)
34 Riecke, "Erinnerungen", S. 58
35 Rauchschwalbe (1980), S. 286
36 ebd., S. 286f.
37 Schreiben an den Verf. vom Juli 1986.
    Der Verf. ist sich der Tatsache bewußt, daß diese Darstellung über Drakes Verhältnis zum Nationalsozialismus nur der Versuch einer Interpretation sein kann. Manche These muß spekulativ bleiben, da konkrete Belege derzeit noch fehlen. Die vorstehenden Wertungen sind aber dennoch nicht willkürlich, da sie das Ergebnis zahlreicher Gespräche mit Drakes Zeitgenossen und Parteigenossen sind und sich auch weitgehend mit den Interpretationen bei Rombeck-Jaschinski decken.
38 Teilweise veröffentlicht in Steinbach (1983)
39 Gespräch mit B. Pump
40 *LK* 14.7.33
41 Einzelheiten über den Mord bei Schueler (1981), S. 244f.
42 Ein Ermittlungsverfahren gegen Staatsminister Riecke, der schon 1939 gerüchteweise beschuldigt wurde, den Auftrag zum Mord gegeben zu haben, wurde 1964 eingestellt. (StA DT D21C Zug. 20/1978, Nr. 1). Riecke bestätigt im übrigen die sachliche Richtigkeit des Urteils des Paderborner Gerichts (Schreiben an den Verf. vom Januar 1982).
43 Gespräche mit G. Kemmler und W. Stoll
44 Gespräche mit E. Stock und A. Berlin
45 Gespräche mit A. Berlin, B. Pump und W. Stoll
46 siehe Jg. 1934 S. 216, 317f., 325, 653f.

1935 S. 921
1936 S. 19, 555, 785, 820
1937 S. 1568, 1613
47 StA DT M1IP Nr. 602 Blatt 339f.
48 Geis (1982), S. 222
49 Peukert (1980), S. 78
50 Kleßmann in: Klepmann/ Pingel (1980), S. 82
51 Henne (1976), S. 608ff.
52 StA DT D21B Zug. 124/1953 Nr. 34
53 ebd.; Steinberg (1969), S. 142f.
Soweit nicht anders angegeben, beruht die folgende Darstellung über die illegale Tätigkeit der KPD auf den Berichten des Oberstaatsanwaltes Detmold vom 24.10.33, 5.12.33 und 8.3.34. StA DT M1IP 602 Blatt 255ff. und 315ff. sowie L76 C 3b.
54 StA DT L80IeP Nr. 12 II
55 ebd.
56 ebd.
57 StA DT D 83 Nr.30 "Der Kämpfer" Mai 1933
58 StA DT M1 IP 602 Blatt 236
59 StA DT D 83 Nr. 30 "Der Kämpfer" Mai 1933
60 Weber (1981), S. LIX
61 Gespräch mit W. Stoll
62 Gespräch mit W. Vehmeier
63 StA DT D23 Detmold Nr. 4063
64 StA DT L80IIb-II-1-23 Bd. 3
65 Henne (1976), S. 611
66 StA DT D105 Schötmar Nr. 51
67 StA DT M1IP Nr. 645 Blatt 258ff.
68 ebd., Blatt 271
69 Kühnl (1975), S. 399
70 *LZ* 19.2.33. Es war hoffentlich nur Gedankenlosigkeit, die die *LZ* 50 Jahre später dazu verführte, SA, SS und Stahlhelm als "nationale Verbände" zu bezeichnen: *LZ* 5.3.83
71 Peukert (1980), S. 18
72 Weber in: Löwenthal (1982), S. 100
73 Löwenthal (1982), S. 23
74 Peukert in: Kleßmann/ Pingel (1980), S. 82

Quellen- und Literaturverzeichnis

Quellen

Deutschland-Berichte der Sozialdemokratischen Partei Deutschlands (Sopade) (1980), Frankfurt.
Lippische Gesetz-Sammlung 1933
Michaelis, Herbert, u.a.(1958ff) *Ursachen und Folgen. Vom Deutschen Zusammenbruch 1918 bis zur staatlichen Neuordnung Deutschlands in der Gegenwart*, Bd. 10, Berlin.
Reichsgesetzblatt 1923, 1933.
Staatsanzeiger für das Land Lippe 1933.
Verhandlungen des Lippischen Landtages 1933.
Akten des Staatsarchivs Detmold
Akten des Stadtarchivs Lemgo

Zeitungen:
Lippischer Allgemeiner Anzeiger 1933, *LAA*
Lippischer Kurier 1933, *LK*
Lippische Landes-Zeitung 1932, 1933, 1983, *LZ*
Lippische Nachrichten 1933, *LN*
Lippische Post, 1933 *LP*
Lippische Staatszeitung 1933, 1934, *LStZ*
Lippische Tageszeitung 1933, *LTZ*
Lippische Volkszeitung 1933, *LVZ*
Volksblatt 1932, 1933
Vorwärts 1933

Rechtschreibung und Zeichensetzung wurden in den zitierten Quellen nicht verändert.

Literatur

Abendroth, W. (1965), *Sozialgeschichte der europäischen Arbeiterbewegung*, Frankfurt.
Abendroth-Forum (1977), Marburg.
Adam, U.D. (1979), *Judenpolitik im Dritten Reich*, Königstein.
Backes, U., u.a. (1986), *Reichstagsbrand. Aufklärung einer historischen Legende*, München.
Barkai, A. (1979), *Das Wirtschaftssystem des Nationalsozialismus*, Köln.
Becker, J. und R. (1983), *Hitlers Machtergreifung*, dtv-Dokumente, München.
Beier, G. (1975), *Das Lehrstück vom 1. und 2. Mai 1933*, Frankfurt
Bracher, K.D. (1964[4]), *Die Auflösung der Weimarer Republik*, Villingen.
Bracher, K.D. (Hrsgb.) (1983), *Nationalsozialistische Diktatur*, Düsseldorf.
Bracher, K.D., Sauer, W., Schulz, G. (1960), *Die nationalsozialistische Machtergreifung*, Köln .
Brüdigam, H. (1978), *Das Jahr 1933*, Frankfurt.
Bullock, A. (1959), *Hitler*, Düsseldorf.
Ciolek-Kümper, J. (1976), *Wahlkampf in Lippe*, München.
Czichon, E. (1976[4]), *Wer verhalf Hitler zur Macht?*, Köln.

Ebert, A., (1/1983), "Als Hitler über die Dörfer ging", *Lippische Blätter für Heimatkunde*.
Engelmann, B. (1975), *Einig gegen Recht und Freiheit*, München
Fest, J.C. (1974⁷), *Hitler*, Frankfurt.
Gebhardt, B. (Hrsgb.) (1976⁹), *Handbuch der deutschen Geschichte*, Bd. 4, Stuttgart.
Geis, M., u.a. (Hrsgb.) (1982), *Widerstand und Exil der deutschen Arbeiterbewegung 1933 - 1945*, Bonn.
Glaser, H. (1962⁵), *Das Dritte Reich*, Freiburg.
Glum, F. (1962), *Der Nationalsozialismus*, München.
Goebbels, J. (1934), *Vom Kaiserhof zur Reichskanzlei*, München.
Grebing, H. (1966), *Geschichte der deutschen Arbeiterbewegung*, München.
Grebing, H. (1978), "Über den Zusammenhang von Gewaltlosigkeit und demokratischem Weg zum Sozialismus", *Archiv für Sozialgeschichte* 18, S. 594ff.
Hakenkreuz über Lippe, (1983), Detmold
Harder-Gersdorf, E. (1981), *Beiträge zur Geschichte der Bielefelder Arbeiterbewegung*, Bielefeld.
Henne, K.H. (1976), *Die lippische Arbeiterbewegung im Kampf gegen Verelendung und Faschismusgefahr während der letzten Jahre der Weimarer Republik*, Detmold.
Hitler, A. (1938), *Mein Kampf*, München.
Hoegner, W. (1978³), *Flucht vor Hitler*, München.
Höhne, H. (1983), *Die Machtergreifung*, Hamburg.
Hofer, W. (1971³), *Die Diktatur Hitlers*, Konstanz.
Hofer, W. (1983), "50 Jahre danach. Über den wissenschaftlichen Umgang mit dem Dritten Reich", *Geschichte in Wissenschaft und Unterricht* Hft. 1, S. 10ff.
Hofer, W. (1957), *Der Nationalsozialismus*, Frankfurt.
Hüls, H. (1974), *Wähler und Wahlverhalten im Land Lippe während der Weimarer Republik*, Detmold.
Hüser, K. (1983), "'Lippische Durchbruchsschlacht' im Januar 1933. Eine nationalsozialistische Legende und ihre ideologischen Folgen", *Lippische Mitteilungen aus Geschichte und Landeskunde* Bd 52, S. 245ff.
Jungsozialisten Lippe (1980), *Felix Fechenbach*, Detmold.
Kessler, K., u.a., (Hrsgb.) IG Metall Detmold) (1984), *Die Vergangenheit begreifen, um die Zukunft zu bewältigen*, Detmold.
Kittel, E. (1957), *Geschichte des Landes Lippe*, Köln.
Kittel, E. (1978²), *Heimatchronik des Kreises Lippe*, Köln.
Kleßmann, Ch./Pingel, F. (Hrsgb.) (1980), *Gegner des Nationalsozialismus*, Frankfurt.
Koselleck, R. u.a. (Hrsgb.) (1977), *Objektivität und Parteilichkeit*, München.
Krappe, E. (1920), *Beiträge zur Lehre der Notverordnung*, (Diss.), Breslau.
Kühnl, R. (1966), *Das Dritte Reich in der Presse der Bundesrepublik*, Frankfurt.
Kühnl, R. (1975), *Der deutsche Faschismus in Quellen und Dokumenten*, Köln.
Kühnl, R. (1973), *Formen bürgerlicher Herrschaft* Bd. 1, Reinbek
Lambracht, H. (1971), "Nachträgliche Bemerkungen zum 'Lippischen Schulkampf'", *Lippische Mitteilungen aus Geschichte und Landeskunde* Bd. 40, S. 177ff.
Lauber, H., Rothstein, D. (1983), *Der 1. Mai unter dem Hakenkreuz*, Gerlingen.
Lill, R./ Oberreuter, H. (Hrsgb.) (1984), *20. Juli – Portraits des Widerstands*, Düsseldorf.
Löwenthal, R. u.a. (Hrsgb.) (1982), *Widerstand und Verweigerung in Deutschland 1933 - 1945*, Bonn.
Löwenthal, R. (1981), *Die Widerstandsgruppe "Neu Beginnen"*, Berlin.
Lukacs, G. (1966), *Von Nietzsche zu Hitler*, Frankfurt.
Mannzmann, A., u.a. (1979), *Hitlerwelle und historische Fakten*, Königstein.
Markmann, H.-J. (1984), *Der deutsche Widerstand gegen den Nationalsozialismus 1933 - 1945*, Mainz.

Marßolek, I./Ott, R. (1986), *Bremen im 3. Reich*, Bremen.
Matthias, E./ Morsey, R. (Hrsgb.) (1960), *Das Ende der Parteien*, Düsseldorf.
Matzerath, H. (1970), *Nationalsozialismus und kommunale Selbstverwaltung*, Stuttgart.
Milatz, A. (1968), *Wähler und Wahlen in der Weimarer Republik*, Bonn.
Moczarski, K. (1978), *Gespräche mit dem Henker*, Düsseldorf.
Mommsen, H. "Aufstieg der NSDAP und nationalsozialistisches Herrschaftssystem", in Mannzmann (1979), S. 14ff.
Mottek, H., u.a. (1975), *Wirtschaftsgeschichte Deutschlands* Bd. 3, Berlin-Ost.
Muth, H. (1986), "Das 'Kölner Gespräch' am 4. Januar 1933", *Geschichte in Wissenschaft und Unterricht*, Bd. 37, S. 463ff. und 529ff.
Neebe, R. (1981), *Großindustrie, Staat und NSDAP 1930 - 1933*, Göttingen.
Pätzold, K., Weißbecker, M. (1981), *Geschichte der NSDAP 1920 - 1945*, Köln.
Peukert, D. (1980), *Die KPD im Widerstand*, Wuppertal.
Pingel, H. (1978), *Darmstadt 1933*, Darmstadt.
Rau, J. (1984), "Gedanken zum Widerstand", *Geschichte, Politik und ihre Didaktik*, Bd. 12, S. 127ff.
Rauchschwalbe, K. (1980), *Geschichte der lippischen Sozialdemokratie*, Bielefeld.
Rombeck-Jaschinski, U. (1984), *Heinrich Drake und Lippe*, Düsseldorf.
Rothfels, H. (1961), *Die deutsche Opposition gegen Hitler*, Frankfurt.
Schoenbaum, D. (1970), *Die braune Revolution*, Frankfurt.
Scholder, K. (1977), *Die Kirchen und das Dritte Reich*, Bd. 1, Frankfurt.
Schramm, T.-D. (1980), *Der deutsche Widerstand gegen den Nationalsozialismus*, Berlin.
Schreck, K. (1969), *Aus dem Kampf der Bekennenden Kirche in Lippe*, Varenholz.
Schröder, A. (1938), *"Hitler geht auf die Dörfer"*, Detmold.
Schröder, A. (1940), *Mit der Partei vorwärts*, Detmold.
Schueler, H. (1981), *Auf der Flucht erschossen*, Köln.
Schulze, H. (1975), *Anpassung oder Widerstand?*, Bonn.
Schulze, H. (1977), *Otto Braun oder Preußens demokratische Sendung*, Frankfurt.
Sengotta, H.-J. (1976), *Der Reichsstatthalter in Lippe 1933 - 1939*, Detmold.
Shirer, W.L. (1963), *Aufstieg und Fall des Dritten Reiches*, Bd. 1, München.
Staercke, M. (1975), "Die Gleichschaltung der Presse im Land Lippe in der ersten Hälfte des Jahres 1933", *Lippische Mitteilungen aus Geschichte und Landeskunde*, Bd. 44, S. 160ff.
Starke, F. (1986), "Die Gleichschaltung der lippischen Landgemeinden 1933 - 1934. Dargestellt am Beispiel der Gemeinde Lieme, Krs. Lemgo", *Lippische Mitteilungen aus Geschichte und Landeskunde* Bd. 55, S. 239ff.
Stegmann, D. (1973), "Zum Verhältnis von Großindustrie und Nationalsozialismus 1930 - 1933", *Archiv für Sozialgeschichte*, Bd. 13, S. 399ff.
Steinbach, P. (1983), *"Das Schicksal hat bestimmt, daß ich hierbleibe"*, Berlin.
Steinbach, P. (1983), *Sozialdemokratie und Verfassungsordnung*, Opladen.
Steinberg, H.-J. (1969), *Widerstand und Verfolgung in Essen 1933 - 1945*, Hannover.
Süvern, W. (1979), *Erinnerungen aus meinem Leben*, Bd. 2, Lemgo.
Turner jr., H.A. (1985), *Die Großunternehmer und der Aufstieg Hitlers*, Berlin.
Vogt, H. (1962[3]), *Schuld oder Verhängnis?*, Frankfurt.
Weber, H. (Hrsgb.) (1981), *Die Generallinie*, Düsseldorf.
Weber, H. (Hrsgb.) (1964[2]), *Der deutsche Kommunismus*, Köln.
Weber, H. (1983), *Kommunismus in Deutschland 1918 - 1945*, Darmstadt.
Wehner, H. (1982), *Zeugnis*, Köln.
Wehrmann, V. (1984), *Lippe im Dritten Reich*, Detmold.
Weisenborn, G. (1962), *Der lautlose Aufstand*, Hamburg.

Verzeichnis der Interview- und Gesprächspartner

August Berlin, Lemgo, 7.7.1980.
Heinrich Bödecker, Detmold, 28.8.80.
Ferdinand Eickel, Arnsberg, 16.8.80.
August Flohr, Lemgo, 2.4.81.
Heinz Henne, Detmold, 22.4.80
Gustav Kemmler, Detmold-Pivitsheide, 21.7.80.
Hermann Kesting, Detmold, 26.4.84.
Adolf Langemann, Bad Salzuflen-Schötmar, 30.5.80
Gustav Niebuhr, Lage, 10.4.84.
Bernhard Pump, Detmold, 14.10.82.
Hans-Joachim Riecke, Hamburg, 18.1.82 (Schriftliche Auskünfte, Auszug aus seinen "Erinnerungen").
Ernst Rieke, Bad Salzuflen-Schötmar, 30.5.80
August Röhr, Lemgo, 11.4.84.
Wilhelm Scheuß, Detmold, 6.5.80.
Dr. Arno Schröder, Hannover, 10.4.80 und weitere schriftliche und telefonische Auskünfte.
Walter Steinecke, Detmold-Hiddesen, 1965.
Erich Stock, Lemgo-Brake, 10.12.84.
Heinrich Stölting, Lemgo-Brake, 12.1.82.
Wilhelm Stoll, Blomberg-Großenmarpe, 17.7.80.
Georg Tischer, Detmold, 23.7.80.
Wilhelm Vehmeier, Detmold-Pivitsheide, 24.4.80 und 29.7.81.

Verzeichnis der im Text genannten lippischen Städte und Gemeinden

Ahmsen 71
Almena 8
Averdissen 8
Asemissen 46, 53, 153, 168
Asmissen 168
Augustdorf 8, 171
Bad Salzuflen 8, 9, 14, 29, 45ff., 57ff., 66, 70, 79, 86, 95, 97, 100, 108f., 114, 120, 148, 160, 168
Bad Meinberg 14, 47, 168
Barntrup 9, 47, 70, 95, 107, 168
Bechterdissen 53, 71, 153
Belle 71
Berlebeck 53, 99, 152
Billinghausen 53, 153
Blomberg 9, 47, 55, 70, 100, 107, 109, 167
Bösingfeld 8, 29, 33, 47f., 79, 80f., 95, 148, 168
Brake 6, 27, 47, 70, 119, 152, 159f., 164, 169
Detmold 5, 6, 8ff., 19, 29, 32, 45, 47f., 52, 55, 57ff., 68, 70, 73, 76, 79, 83f., 91f., 96f., 100, 107, 109, 111, 114, 116, 122, 126f., 139, 164, 168
Dörentrup 47, 102, 104
Donop 8
Ehrentrup 53, 71, 99, 168
Ehrsen-Breden 9, 153
Elbrinxen 8
Erder 9
Farmbeck 53
Grevenhagen 71
Großenmarpe 122, 167
Heesten 95
Heidelbeck 71
Heiden 9, 152, 168
Heidenoldendorf 71, 123, 160, 168f.
Helpup 8, 168
Herrentrup 8
Hiddesen 9, 95, 160
Hörstmar 35, 169
Hohenhausen 8, 90, 101
Holzhausen 71
Holzhausen-Externsteine 53, 71,
Horn 6, 8, 57f., 64f., 73, 83, 100, 107, 168
Humfeld 8, 161
Jerxen-Orbke 53, 70, 99
Kalldorf 8, 95
Knetterheide 53, 72, 120, 132, 168
Kohlstädt 53, 71, 99f.
Krentrup 95
Lage 8, 29, 47f., 51, 57f., 92, 95, 100f., 109, 135, 140f., 150, 168, 170
Langenholzhausen 8

Lemgo 3, 7ff., 29, 32, 37, 47f., 53, 67f., 70, 73, 76, 85, 95f., 100, 107, 111, 121, 126, 137, 141, 149, 160, 164, 168ff.
Leopoldshöhe 8f., 95
Lieme 8, 109, 122
Lipperreihe 53, 153
Lipperode 8, 71
Lockhausen 8
Lothe 70
Lüdenhausen 8, 122, 168,
Lüerdissen 53, 71, 169
Mackenbruch 53
Matorf 53
Mosebeck 8
Müssen 8, 53
Nienhagen 71
Oerlinghausen 8, 48, 51, 53, 57f., 62ff., 73, 97, 100, 109, 153, 168
Öttern-Bremke 153
Pivitsheide (V.H. und V.L.) 47, 53, 71, 99, 148, 153, 163, 168
Pottenhausen 53
Remmighausen 153, 161
Rischenau 121
Schieder 8
Schlangen 8, 47, 53, 99, 148
Schötmar 8, 47f., 58, 65f., 70, 83, 109, 114, 121, 160, 168, 170
Schwalenberg 8, 71, 77, 140, 153
Schwelentrup 47, 168
Selbeck 53
Silixen 53, 71, 100, 164
Stemmen 53, 71
Sylbach 168
Talle 53, 71
Varenholz 9, 53, 71
Werl-Aspe 53
Wissentrup 53, 153
Wöbbel 71, 109, 168
Wüsten 119, 168

Verzeichnis der wichtigsten Redner der NSDAP im Landtagswahlkampf

R.W. Darré	MdR, NS-Landwirtschaftsideologe
Dr.W. Frick	Vorsitzender der NSDAP-Reichstagsfraktion, Innen- und Volksbildungsminister in Thüringen
Dr. J. Goebbels	Reichspropagandaleiter der NSDAP
H. Göring	Reichstagspräsident
A. Hitler	Parteiführer der NSDAP
H. Kerrl	Präsident des Preußischen Landtags

D. Klagges	MdR, Volksbildungsminister in Braunschweig
W. Kube	Vorsitzender der NSDAP-Fraktion im Preußischen Landtag
W. Loeper	NSDAP-Gauleiter Anhalt-Braunschweig
Dr. A. Meyer	NSDAP-Gauleiter Westfalen-Nord
W. Meinberg	MdR, Stahlhelmführer im Ruhrkampf
August Wilhelm	Sohn Kaiser Wilhelms II., SA-Standartenführer von Preußen
A. Rosenberg	Schriftleiter des *Völkischen Beobachters*, führender Ideologe B.
Rust	NSDAP-Gauleiter Südhannover-Braunschweig
W. Schepmann	SA-Gruppenführer Westfalen
J. Wagner	NSDAP-Gauleiter Westfalen-Süd

Verzeichnis der Abbildungen

Seite 20	"Die neuen Männer", *Lippischer Kurier* 8.2.33
Seite 30	KPD-Flugblatt zur Reichstagswahl vom 5.3.33
Seite 38	Über Polizei-Funk läßt Göring KPD-Versammlungen verbieten
Seite 61	*Lippischer Kurier* 13.3.33: Berichte über die SA-Aktionen vom 11.3.33
Seite 63	Der verhaftete Felix Fechenbach wird in das Landtagsgebäude geführt (11.3.33)
Seite 81	Die Beamtenabteilung der NSDAP fordert nachdrückliche antisemitische Maßnahmen der Landesregierung
Seite 88	Die von Steinecke erstellte Liste (Auszug) zur Gleichschaltung der öffentlichen Verwaltung
Seite 112	Am 1. Mai 1933 vor dem Detmolder Rathaus
Seite 123	Gesuch eines Scharfrichters um Übertragung von Hinrichtungen in Lippe und Schaumburg-Lippe mit folgendem Wortlaut: "Durch das große Vertrauen unseres höchsten und größten Führers den Volkskanzler Adolf Hitler sind Sie zum Reichsstatthalter berufen. In dieser Eigenschaft bitte ich Sie durch Ihre große Gerechtigkeitsliebe mich wieder als Scharfrichter in Ihrer Reichsstatthalterei einstellen zu wollen..."
Seite 128	Spitzelbericht von "Kontrollpolizeibeamten"
Seite 132	Die in Lippe maßgebenden Nazis: Am Tisch sitzend Dr. Meyer (l.) und Riecke (r.); zwischen beiden stehend Wedderwille (l.) und Steinecke (r.)
Seite 133	Bericht im *Lippischen Kurier* vom 23.6.33 über das Verbot der SPD
Seite 145	Aufruf der Hitler-Regierung zur Volksabstimmung vom 12.11.33
Seite 155	Steinecke über das Wahlergebnis vom 12.11.33 in Lippe
Seite 164	Presseanweisung der Landesregierung zum Fechenbach-Mord
Seite 166	Illegale KPD-Flugzettel
Seite 172	Abrechnung über die Kosten der Schutzhaft in Schötmar